北京城市发展报告

（2020~2021）

北京构建新发展格局研究

BEIJING URBAN
DEVELOPMENT REPORT
(2020-2021)

主　编／陆小成

副主编／穆松林

社会科学文献出版社

SOCIAL SCIENCES ACADEMIC PRESS (CHINA)

北京市社会科学院论丛
编辑工作委员会

《北京城市发展报告（2020~2021）》
编　委　会

序言：北京率先构建新发展格局

本书课题组[*]

党的十九届五中全会提出，加快构建以国内大循环为主体、国内国际双循环相互促进的新发展格局。这是党中央着眼于"两个大局"、因时因势作出的重大战略决策。习近平总书记在关于《中共中央关于制定国民经济和社会发展第十四个五年规划和二〇三五年远景目标的建议》的说明中强调，构建新发展格局，是与时俱进提升我国经济发展水平的战略抉择，也是塑造我国国际经济合作和竞争新优势的战略抉择。2021年1月，习近平总书记在省部级主要领导干部学习贯彻党的十九届五中全会精神专题研讨班开班式上强调，进入新发展阶段、贯彻新发展理念、构建新发展格局，是由我国经济社会发展的理论逻辑、历史逻辑、现实逻辑决定的。进入新发展阶段明确了我国发展的历史方位，贯彻新发展理念明确了我国现代化建设的指导原则，构建新发展格局明确了我国经济现代化的路径选择。构建新发展格局事关全局的系统性深层次变革，体现习近平总书记对新发展阶段经济社会发展全局的战略思考和科学谋划。

构建新发展格局，具有丰富的内涵和重要的战略意义。构建新发展格局的核心要义在于面向国内和国际两个市场。一方面，国内市场及其

---

[*] 本书课题组组长：陆小成。主要执笔人：陆小成、穆松林、杨波。

消费的主体地位不能忽视，要充分挖掘我国经济体量大、人口基数大、消费潜力大等超大规模市场优势，加快发展方式转变，以科技创新和制度创新双轮驱动，加快产业结构优化升级，扩大国内市场这一主体力量。另一方面，顺应经济全球化浪潮，面对逆全球化困境，要坚持改革开放的国家战略，主动融入并引领全球化，坚定维护多边贸易体制，将国内经济融入经济全球化当中，进而实现国内循环和国际循环相辅相成、相互促进，实现新发展阶段的高质量发展。构建以国内大循环为主体、国内国际双循环相互促进的新发展格局，是党中央深刻把握我国发展阶段、环境、条件变化，特别是基于我国比较优势变化作出的重大决策，是把握发展主动权的战略性先手棋。① 构建新发展格局，以国内大循环为主体并不排斥国际循环，而是会促进国内国际双循环，以高水平对外开放打造国际合作和竞争新优势，是适应经济发展阶段变化的长期战略，有助于提高自主创新能力。② 构建新发展格局、实现国民经济的良性循环，必须坚持实行供给侧结构性改革、扩大内需、自立自强、对外开放这四大战略和供给侧结构性改革与扩大内需有机结合、自立自强与对外开放有机结合这两个有机结合③。加快构建以国内大循环为主体、国内国际双循环相互促进的新发展格局，贯彻新发展理念，加快发展方式转变，优化产业布局，推动基础设施建设与完善，创新体制机制，畅通商品和生产要素流动，加强科技自主创新，推进供给侧结构性改革与高水平对外开放，加快探索有效的发展路径。

对于北京而言，率先构建新发展格局是伟大机遇也是责任使命。2020 年 10 月，北京市委书记蔡奇同志在编制"十四五"规划各领域代

---

① 刘凯鹏：《构建新发展格局的理论意涵和政策取向》，《马克思主义与现实》2021 年第 4 期，第 171～178 页。

② 原磊：《新发展格局的内涵要义与构建路径》，《经济日报》2021 年 4 月 12 日。

③ 简新华、程杨洋：《构建新发展格局的四大战略和两个有机结合》，《上海经济研究》2021 年第 8 期，第 16～28 页。

表座谈会上强调，要牢固树立新发展理念，坚持首都城市战略定位，立足北京资源禀赋，以科技创新催生新发展动能，以深化供给侧结构性改革激发内生活力，以疏解非首都功能为"牛鼻子"推动京津冀协同发展，以更高水平的对外开放提升北京在全球资源配置中的位势，以高质量发展为根本要求，率先探索形成具有首都特点的新发展格局。2021年1月，北京市委书记蔡奇同志在全市局级正职领导干部学习贯彻党的十九届五中全会精神专题研讨班作开班动员和专题辅导报告时强调，要深刻理解、准确把握我国进入新发展阶段的重大战略判断，增强贯彻新发展理念的思想自觉和行动自觉，在率先探索构建新发展格局的有效路径中拿出北京行动，在全面建设社会主义现代化国家的奋斗征程中走在全国前列。

市委书记蔡奇同志指出，北京要率先探索构建新发展格局的有效路径，积极融入新发展格局，在紧要处落好"子"。具体来说，要落好五个"子"：第一"子"是建设国际科技创新中心。这是国家交给北京的重要任务，是首都城市战略定位的"四个中心"之一。第二"子"是"两区"建设。建设国家服务业扩大开放综合示范区和中国（北京）自由贸易试验区，是北京改革开放的重大战略机遇，为新时代首都高质量发展增添了双翼。第三"子"是数字经济。北京要建设全球数字经济标杆城市，建设智慧城市、数字孪生城市，使数字经济发展不断助推产业转型升级、培育壮大增长新动能，赋能城市治理、为高品质城市生活服务。第四"子"是以供给侧结构性改革引领和创造新需求。第五"子"是深入推动京津冀协同发展。北京要立足自身资源禀赋，推动"五子"齐头并进，形成叠加效应，更好地服务和融入新发展格局。①

本书立足新发展阶段，贯彻新发展理念，构建新发展格局，深刻把

---

① 赵雪松：《"五子"联动推进北京融入新发展格局》，《前线》2021年第7期，第66~68页。

握首都发展要义，落实首都城市战略定位，以北京新版总规为纲，聚焦首都发展问题，为北京率先构建新发展格局作出理论贡献。全书分为四个篇章，从经济、社会、文化、生态等维度，全面分析北京城市发展状况与问题，如聚焦北京数字经济发展、京津冀协同发展、养老、创新、老旧小区改造、文化发展、生态文明建设等问题并进行深入探讨，注重学术性与应用对策研究相结合，基于专业视野从不同维度提出北京率先构建新发展格局的对策建议。核心观点及其主要内容包括以下几个方面。

（一）在城市经济发展方面，积极主动融入新发展格局，借鉴世界级城市群的发展经验，推动京津冀世界级城市群高质量发展，打造国内大循环为主体、国内国际双循环相互促进新发展格局的重要载体；推进北京自贸试验区建设发展，推广"两国双园"模式，增强服务贸易供给侧改革的整体性、协同性；加快城市餐饮服务业数字化转型，推进北京城市餐饮服务数字化；加强数字政府与数字经济统筹规划，加速数字政府与数字经济融合发展，提升数字政府与数字经济协同水平；加快构建全球数字经济标杆城市，打造平衡协调的规制体系、布局融合引领的规划体系、提升数据治理的综合水平

第一，推动京津冀世界级城市群高质量发展。京津冀世界级城市群高质量发展是构建以国内大循环为主体、国内国际双循环相互促进新发展格局的重要载体。京津冀世界级城市群尚未形成较好的空间结构，经济实力悬殊且产业格局具有非协调性，承载要素资源的城市协调发展机制不够优化，社会协调机制需要进一步加强规划设计。建议完善城市复合功能，激活并提升城市群整体价值；增强产业协同联动能力，提升经济韧性和城镇化水平，新发展格局离不开强大的产业体系和完备的产业

链支撑，需要进一步加强京津冀三地在科技创新、人力资本、城市建设等领域的合作，增强京津冀地区的整体发展能力；构建数字化区域交通网络体系，增强要素资源扩散能力；加强公共服务体系规划，提升城市群对要素资源的吸引力。

第二，推进北京自贸试验区建设发展。全球新型国际贸易向跨国公司化、服务化、数字化、绿色化方式转变。北京自贸区自批复规划建设以来，各片区根据发展要求发布了一系列政策支持措施，但在建设过程中也存在一定的问题和短板。北京自贸试验区建设要不断加快完善数字经济法规制度，推广"两国双园"模式，搭建数字贸易平台，增强服务贸易供给侧改革的整体性、协同性，不断吸引跨国公司研发创新总部入驻，大力发展绿色贸易。

第三，加快北京城市餐饮服务数字化进程。新冠肺炎疫情下，北京城市餐饮生活服务业的数字化进程加快。当前北京餐饮服务数字化过程中存在产业链上下游发展不均衡、专业性人才与技能缺失、食材配送环节面临城市路权管理堵点、食品安全协同监管机制不完善和餐饮配送从业人员安全保障体系不健全等问题。应从强化平台支撑、加强数据应用、强化监管协同、优化路权管理、强化人才建设五大方面入手，加快推动餐饮企业一体化、全方位数字化转型，健全北京农产品和餐饮市场大数据系统，保障市民"舌尖上的安全"，提升对餐饮数字化从业人员的劳动保障水平，促进城市产业协调发展。

第四，促进北京数字政府与数字经济融合发展。北京数字政府建设水平及数字经济发展水平居全国前列，北京数字政府建设为数字经济发展提供了新动力，数字经济发展为数字政府建设提供了新需求，二者相互促进。应从顶层设计、转变理念、抓牢契机、深化研究、落实考核、创新驱动、盘活资源七大方面入手，强化数字政府与数字经济统筹规划，秉持数字政府与数字经济前沿思维，推动数字政府与数字经济融合发展，提升数字政府与数字经济协同水平，优化数字政府与数字经济绩效表现，打造数字政府与数字经济基建底座，构筑数字政府与数字经济人才高地。

第五，提升北京大数据开发利用水平。北京在大数据开发利用中还存在管理体制机制不够完善、产业结构不够优化、治理水平有待提升等问题。北京加快打造全球数字经济标杆城市，积极建设平衡协调的规制体系，构建融合引领的规划体系，提升数据治理综合水平。

（二）在城市社会建设方面，构建新发展格局，加强北京市养老照料中心建设，消除"痛点"、解决"难点"、打通"堵点"，推动养老服务业高质量发展，采取有效措施推动首都女性创业发展，维持京津冀城市群住房市场平稳发展格局，实施首都中心城区更新行动，面向北京市老旧小区适老化改造需求，完善老龄社会基础设施体系，促进老年友好型社会建设

第一，破解北京市养老照料中心建设的痛点、难点和堵点。养老照料中心建设是北京市养老服务体系建设中的重要组成部分，也是建成具有首都特色的老年友好型城市的关键。当前养老照料中心的建设中存在不少"痛点""难点""堵点"。在新发展格局下，推动具有首都特色的养老照料中心建设，实现养老服务供给侧与需求侧的协调平衡和良性互动，完善政策支持体系，健全多方协同机制，优化照护服务体系，加大宣传支持力度，以消除"痛点"、解决"难点"、打通"堵点"，充分发挥养老照料中心的居家辐射、社区支持功能，进而推动北京市养老服务业高质量发展。

第二，完善促进首都女性创业发展的政策。在经济社会转型和"双创"发展中，北京女性创业获得了快速的发展，展现了女性创业的重要价值和实践力量，对于推动以创业带动就业以及社会建设具有重要意义。推动首都女性创业发展的实践，制定促进首都女性创业的政策，

强化女性创业的引领作用，着力培养女性创业人才，发挥社会组织助推女性创业的作用，加强对于女性创业的扶持，优化女性创业发展环境。

第三，维持京津冀城市群住房市场平稳发展格局。2016 年北京房价大幅上涨带动了天津、河北及周边城市房价的猛涨，2017 年的"3·17"新政促使北京和周边城市房价的回落，而远离京津冀核心区的城市房价并没有回落，仅增幅收窄。最近四年京津冀城市群房价的波动不大，比较平稳，国家对住房市场的干预政策达到了预期的效果。在"房住不炒"和"住有所居"的原则下，应控制投资性需求，支持刚性住房需求，发展各类保障性住房；完善"租购并举"政策，发展并严格监管租赁市场，京津冀城市群的住房市场将会维持平稳发展的局面，为构建新发展格局创造良好的环境。

第四，实施首都中心城区更新行动。城市更新和城市高质量发展是近年来重要的政策议程和学术界的热门话题，尽管人们越来越认识到城市更新的重要性，但在城市更新与持续性发展理念、系统性规划理念的融合方面尚有所欠缺。明确首都城市中心城区的复兴方案，中心城区的更新和发展进程必须着眼于保护古都的历史特征，保护现有遗产及其原创性，以人为中心；同时应该关注具有遗产价值的建筑，处理好城市社会和经济问题与环境问题。

第五，完善北京市老旧小区适老化改造政策。人口老龄化是 21 世纪我国的基本国情，面对快速人口老龄化发展形势，老旧小区基础设施建设也要顺应从年轻社会向老龄社会转型的形势。调查显示，北京市城六区近八成的老人居住在 2000 年前建成的老旧住宅中；近八成和六成老人分别需要家庭适老化改造和楼房适老化改造；社区照料及老年教育设施比较欠缺。在城市更新的过程中，北京市老旧小区适老化改造要体现包容性，完善适老化改造相关标准和规范，促进全过程的多元主体参与，改造空间从家庭延伸到公共设施等，完善老龄社会基础设施体系，促进老年友好型社会建设，助力积极应对人口老龄化问题。

（三）在城市文化建设方面，构建新发展格局应加快北京市文化产业治理体系建设，推动市郊铁路与文旅产业的融合发展，推动北京文化高质量发展，吸引社会资本参与北京博物馆之城建设，进一步完善北京市旅游咨询站设置标准

第一，加快北京市文化产业治理体系建设。文化产业治理体系是国家治理体系中的重要组成部分，促进文化产业治理体系的发展是完善国家治理体系的必然要求。对北京市文化产业发展现状进行分析，探寻文化产业治理体系建设的规律。从多元共治和联盟链的角度，构建基于区块链的北京市文化产业治理监测平台，技术赋能北京市文化产业的发展与治理。在新发展格局下，完善主体治理机制，加强文化共建共治，强化文化产权服务，保障文化产业健康发展，提升文化内容品质，打造文创产业策源地，创新公众监督方式，降低公众参与难度。

第二，推动市郊铁路与文旅产业融合发展。北京构建新发展格局，迫切需要发达的轨道交通支撑，市郊铁路是未来北京轨道交通发展的重点，其与文旅产业融合发展对于形成首都"大交通""大旅游"格局具有重要意义。要发挥市场在配置资源中的决定作用，构建由文化、铁路、旅游产业元素组成的廊道，形成复合型产业链，全面综合施策，实现市郊铁路与文旅产业共同发展的目标。加强市郊铁路与文旅产业融合发展的资源整合，用好长城文化资源；构建文化体验旅游廊道，用好山区森林资源；构建康养旅游廊道，用好教育场馆资源；构建研学旅游廊道，用好铁路自身资源，在车次和车体等方面满足游客需求。完善市郊铁路与文旅产业融合发展的保障措施，制定市郊铁路旅游总体规划，建设市郊铁路旅游公共服务体系，创新市郊铁路旅游营销方式，发展智慧型市郊铁路旅游，加强市郊铁路旅游运营管理。

第三，推动新发展格局下北京文化高质量发展。京津冀一体化战略为三地的协同发展带来新一轮历史机遇，三地从市场经济、生态环境、交通、产业、公共服务等不同层面进行全方位合作，而文化的协同发展是构建区域城市群建设的重要力量。发挥北京文化资源集聚优势，以文化资源和文化传播为着力点，整合各自的文化特色与优势，激发京津冀地区的文化创造力，促进关联产业耦合，打造文化产业链条，形成京津冀地区互补式的文化发展格局，从根本上提高京津冀区域协同发展的内在驱动力，进而推动北京文化更高水平、更高质量发展。

第四，吸引社会资本参与北京博物馆之城建设。打造"博物馆之城"是新发展阶段北京推进全国文化中心建设的重要内容和关键载体。北京地区博物馆在规模、等级、影响力等方面均居全国前列，但面临"保护难、修缮急、开发弱"等挑战，社会资本参与不足。贯彻新发展理念，构建新发展格局，做好首都文化这篇大文章，吸引社会资本参与，加强政策扶持，完善规章制度，提升服务水平，拓展参与领域，助推北京建设国际一流的"博物馆之城"，促进文化消费，谱写全国文化中心建设的新篇章。

第五，完善北京市旅游咨询站设置标准。北京已经建立覆盖全市的专业化、网络化的咨询服务体系，成为对外树立文明形象的重要窗口。但北京市旅游咨询服务站自开业运营以来，暴露出了选址不合理、不科学、服务功能单一等问题，无法满足越来越多的游客的咨询需要。在对北京现有旅游咨询站点运行现状进行分析的基础上，借鉴世界主要城市的经验，结合北京的具体实际，从不同的维度，制定旅游咨询站的设置标准。未来北京市的旅游咨询站点设置应注重站点功能多样化和特色化，把握宏观趋势，合理布局与建设，结合站点属性设置功能，创新用地形式和运营模式。

（四）在城市生态建设方面，构建新发展格局应进一步厘清城镇化与生态文明之间的关系，同时依托对生态文明建设水平的科学系统评价，加快构建包括生态补偿在内的生态产品价值实现机制，探索绿色低碳发展的同时寻求森林资源碳汇能力的提升

第一，厘清城镇化与生态文明之间的关系。党的十八大以来，城镇化与生态文明之间的关系研究进入了深入期。对 2001 年以来城镇化与生态文明进行可视化的知识图谱分析结果表明，关于城镇化与生态文明之间的关系研究的发文量呈波浪式上升态势，论文成果丰硕、研究层次广泛、研究领域繁多；研究方法呈定性与定量相结合趋势，尤其是 2012 年后定量研究逐年增多，且研究方法多样化、表达方式多元化。研究认为，北京乃至京津冀城市群城镇化与生态文明之间的关系的理论与实践研究、定性与定量相结合的研究、多学科的协同研究、多源数据的实证研究等均是值得关注的重点领域，这将为北京生态文明建设奠定坚实的理论基础。

第二，完善针对城市生态文明建设水平的科学系统评价。北京市生态涵养区可持续发展是首都城市生态建设的基础保障，生态文明建设是生态涵养区发展的重要方面。生态文明评价体系涵盖生态空间优化、生态经济发展、生态环境优良和生态人居舒适等四个方面。测算结果表明，北京市生态涵养区总体水平略低于全市平均水平，四项一级指标中仅生态环境优良指数优于全市平均水平。提升生态涵养区生态文明建设水平应着力于统筹协调各类设施建设，提高经济发展水平，防控突发自然灾害风险，鼓励低碳产业、多功能农业和生态旅游业发展。

第三，构建生态产品价值实现机制，推动绿色低碳发展。生态产品的价值实现彰显绿水青山就是金山银山的发展理念，将丰富的生态价值有效地转化为经济价值，成为实现碳达峰、碳中和目标的重要支撑。在"双碳"背景下，立足新发展阶段，贯彻新发展理念，构建新发展格局，北京应加快构建生态产品价值实现机制，按贡献测算碳汇价值，明确碳排放权等生态产权，构建生态空间资源数据库，畅通多元化生态补偿渠道，建立绿色金融激励机制，构建绿色考核机制，创新绿色低碳发展机制。

第四，探索生态涵养地区生态补偿机制。生态涵养地区生态受偿意愿评估是完善生态补偿机制的基础，基于条件价值法对京津冀城市群生态涵养地区张家口市、承德市的生态受偿意愿开展评估，结果显示，承德市以及张家口市的平均受偿意愿值为 685 元/人。中青年人对于生态补偿的受偿意愿较高，学历越高对生态补偿的受偿意愿也越高，从事养殖业和经营性农业的居民对生态补偿的受偿意愿相对较高。在生态补偿实践中综合考虑当地居民受偿意愿，提高重点生态涵养地区生态保护工作的积极性和主动性。

第五，提升森林碳汇能力助力实现双碳目标。双碳目标是我国构建新发展格局中的重要举措，事关中华民族永续发展。双碳目标对北京森林资源的碳汇能力提出新的要求。结合北京近年来碳排放量特征，测算结果显示，北京森林资源碳汇能力仍远不足以支撑其二氧化碳排放量的中和需求，在假定实现各行业碳排放总量减排 80% 的前提下，北京仍需以年均 5% 的增速提升森林碳汇能力。为实现双碳目标，应在工业、建筑业、交通服务业等领域大力实施节能减排，促进革命式的能源结构优化，同时，继续开展植树造林活动，提升森林碳汇能力。此外，在统计方面要加强森林资源碳汇能力核算体系建设，在能源结构方面做好实施全面去化石能源战略准备。

目　录

城市文化篇

城市生态篇

城市经济篇

新发展格局下京津冀世界级城市群
高质量发展研究

吕静韦[*]

摘　要： 中心城市和城市群正在成为承载经济发展的主要空间形态，既是京津冀协同发展的时代选择和必然归宿，也是构建以国内大循环为主体、国内国际双循环相互促进新发展格局的重要载体。世界级城市群发展具备多核心带动网络化空间结构形成和要素资源先集聚后扩散的特点，而京津冀世界级城市群尚未形成较好的空间结构，经济实力悬殊且产业格局具有非协调性，承载要素资源的城市协调发展机制不够优化，社会协调机制需要进一步加强规划设计。建议完善城市复合功能，激活并提升城市群整体价值；增强产业协同联动能力，提升经济韧性和城镇化水平；构建数字化区域交通网络体系，增强要素资源扩散能力；加强公共服务体系规划，提升城市群对要素资源的吸引力。

关键词： 京津冀　世界级城市群　高质量发展

2018年11月，《中共中央　国务院关于建立更加有效的区域协调发展新机制的意见》明确提出，"建立以中心城市引领城市群发展、城

---

* 吕静韦，天津市社会科学院城市经济研究所副研究员，博士。

市群带动区域发展新模式"，"以北京、天津为中心引领京津冀城市群发展"，为京津冀协同发展和城市群建设进一步指明了方向。十九届四中全会提出"提高中心城市和城市群综合承载和资源优化配置能力"后，十九届五中全会再次强调，"发挥中心城市和城市群带动作用，建设现代化都市圈"和"促进大中小城市和小城镇协调发展"，并提出构建以国内大循环为主体、国内国际双循环相互促进的新发展格局。2021年4月23日，中共中央、国务院《关于新时代推动中部地区高质量发展的意见》强调京津冀协同发展对中西部地区的融通互促作用，为京津冀世界级城市群建设赋予了更加重要的示范引领责任。关注京津冀城市群的城市结构，探索京津冀城市群高质量发展路径，对于有效解决京津冀城市群发展中存在的问题和短板，打通区域协调发展屏障，畅通国内大循环、构建双循环新发展格局具有重要的理论和现实意义。

一　世界级城市群的发展经验

自法国地理学家简·戈特曼提出"城市群"概念后，城市群的形态和影响力不断拓展，逐步由多个城市的集合体发展为在世界范围内有重大影响力的世界级城市群，[①]　其中，具有代表性的世界级城市群包括日本太平洋沿岸城市群、美国东北部大西洋沿岸城市群、中国长三角城市群、北美五大湖城市群、欧洲西北部城市群、英国伦敦利物浦城市群，它们为区域经济社会发展做出了巨大贡献，并呈现基础设施较为完善、城市结构较为合理、要素资源先集聚后扩散、产业分工格局较为科学、政府整体规划适时调整、社会协调机制较为优化等[②]共同特点。

---

① 顾朝林：《城市群研究进展与展望》，《地理研究》2011年第5期。
② 邓曙、王元地：《世界级城市群对成渝地区双城经济圈建设的启示》，《决策咨询》2021年第3期。

（一）配套设施较为完善，呈现网络化空间结构

城市群发展历程一般包括三个阶段，即单个城市独立化发展到点轴式联动发展再到网络化交互发展。[①] 在城市群的发展进程中，城市结构等级合理是世界级城市群建设的有益经验之一。从单城市到单中心城市再到多核心城市结构模式，是世界级城市群的空间结构形态，也是城市化不断进阶的演化规律，一般经历从分散到集聚（城市群发展 1.0 阶段）和从集聚到分散（城市群发展 2.0 阶段）两个过程。以近代城市发展史上的英伦城市群发展进程为例，在 1.0 阶段，国际航道的发展促成交易集中地的形成和工业革命爆发，伦敦生产中心、经济中心的地位逐渐得以巩固，进入 2.0 阶段，城市间的交通网络不断完善，金融、商贸、商务、衣食住行、文化娱乐、交通通信等配套设施不断完善，形成以英国伦敦—利物浦为轴线，包含伦敦、利物浦、曼彻斯特、利兹、伯明翰、谢菲尔德等在内的城市群，即"点—线—面"的城市网络结构。[②]

（二）要素资源呈现先集聚后扩散的特性

要素在城市间的流向是判断城市群发展阶段的重要依据。英伦城市群的发展经验表明，要素资源在城市群发展过程中具有先集聚后扩散的特性。随着行政干预和市场配置能力的提升，要素在城市群内的流动成本不断降低，逐渐由集聚到分散，人口、产业、资源向核心城市周边城市扩散的速度加快。在英伦城市群发展进程中，大量的人力、资本等要素在伦敦集聚，产生了 CBD（中央商务区）等城市商务形态，奠定了伦敦在英伦城市群中的核心地位，随着要素在核心城市的集聚度不断提

---

① 谢惠、张晓光：《京津冀城市群与世界级城市群比较研究》，《中国商论》2020 年第 24 期。

② 王德培：《中国经济 2021：开启复式时代》，中国友谊出版公司，2021，第 183～203 页。

升，"大城市病"成为核心城市难以承受之重，政府对人口、产业的调控和疏解力度加大，城市群由要素集聚的 1.0 阶段进入要素扩散的 2.0 阶段。

（三）产业分工格局较为科学，联动效应显著

长三角城市群以电子、汽车、现代金融等产业为核心，致力于成为具有全球影响力的科创高地与全球重要的现代服务业和先进制造业中心。其中，上海在创新能力、服务业发展水平、科技人才集聚方面具有重要优势，对于创新提升传统产业、推动整体产业链价值链增值等起到积极的引领作用，在长三角产业格局中起到支撑和示范作用；江苏、浙江、安徽分别以制造业集聚、民营经济发达、劳动力充足等优势与上海形成产业对接，其余城市则凭借电子信息、汽车、石油化工等支柱产业优势，与主导产业形成优势互补，对于拉长长三角城市群产业价值链、最终实现产业协调发展、打造具有全球影响力的科创高地和全球重要的现代服务业和先进制造业中心产生联动效能。

（四）政府整体规划适时调整，社会协调机制较为优化

伴随城市群发展的重要现象是城市化，城市化进程的突出特点是人口向一线城市、经济实力强和社会公共服务资源较为丰富的中心城市集聚，随之而来的是城市人口增加和城市承载力相对下降之间的结构性矛盾，解决这一结构性矛盾往往需要政府通过产业结构调整、改善居住环境、争取职住平衡、扩大投资和消费需求等措施不断调整城市规划，促进社会协调机制持续优化，如纽约就经历了联邦新政、城市更新运动等多次城市规划和区域规划。长三角一体化的加快推进与近年来的整体规划密不可分，2019 年《长江三角洲区域一体化发展规划纲要》明确提出，"协同扩大优质教育供给，促进教育均衡发展，率先实现区域教育

现代化";① 2021 年《长三角一体化发展规划"十四五"实施方案》对一体化发展的体制机制的全面建立和科创产业、协同开放、基础设施、生态环境、公共服务等领域基本实现一体化提出了时间节点和具体目标，对率先构建新发展格局、创新一体化发展体制机制进行了详细规划，有利于推动市场经济体制下人流、物流、资金流、信息流和技术流的进一步融合，加速推动长三角一体化发展。

二 京津冀城市群发展的现状与问题

（一）城市群未形成多极化、网络化结构

国家"十四五"规划提出，"发展壮大城市群和都市圈，分类引导大中小城市发展方向和建设重点"，"优化提升京津冀、长三角、珠三角、成渝、长江中游等城市群"，"优化城市群内部空间结构"，"形成多中心、多层级、多节点的网络型城市群"。

从国内城市群的发展情况看，长三角城市群经济规模占全国的比重较高，也是世界公认的六大城市群之一，区域一体化进程较为先进，具有较强的示范性。京津冀城市群与长三角城市群面积相似，同样具有濒临海洋、涵盖直辖市等共同特点，但城市尚处于独立发展阶段，城市群尚未形成多极化、网络化形态，与长三角城市群存在较大差距。

结合我国城市类型的划分标准（见表1），根据 2020 年第七次全国人口普查结果，京津冀与长三角地区在城市类型和城市结构上存在较大区别（见表2），主要体现为特大城市和超大城市数量较少、单个城市和城市群整体结构有待进一步优化。

---

① 《促进长三角基础教育高质量一体化》，https：//baijiahao. baidu. com/s? id = 169362856704 9563228&wfr = spider&for = pc，2021 年 3 月 8 日。

表 1　城市类型划分

类型	划分标准
小城市	城区常住人口 50 万以下的城市
中等城市	城区常住人口 50 万 ~ 100 万的城市
大城市	城区常住人口 100 万 ~ 500 万的城市
	Ⅰ 型大城市：城区常住人口 300 万 ~ 500 万的城市
	Ⅱ 型大城市：城区常住人口 100 万 ~ 300 万的城市
特大城市	城区常住人口 500 万 ~ 1000 万的城市
超大城市	城区常住人口 1000 万以上的城市

资料来源：《国务院关于调整城市规模划分标准的通知》（国发〔2014〕51 号）。各省份 2020 年第七次全国人口普查统计数据，其中，保定市不含定州、雄安新区数据。

表 2　京津冀与长三角城市结构

地区	小城市	中等城市	大城市		特大城市	超大城市
			Ⅰ 型大城市	Ⅱ 型大城市		
北京	门头沟区、怀柔区、平谷区、密云区、延庆区	东城区、石景山区	朝阳区、海淀区	西城区、丰台区、房山区、通州区、顺义区、昌平区、大兴区		
天津	和平区、红桥区、宁河区	河东区、河西区、南开区、河北区、东丽区、津南区、北辰区、宝坻区、静海区、蓟州区		西青区、武清区、滨海新区		
上海		黄浦区、静安区、长宁区、虹口区、金山区、崇明区		徐汇区、嘉定区、杨浦区、青浦区、闵行区、普陀区、奉贤区、松江区、宝山区	浦东新区	

地区	小城市	中等城市	大城市		特大城市	超大城市
			Ⅰ型大城市	Ⅱ型大城市		
河北			秦皇岛市、张家口市、承德市、衡水市	定州市、雄安新区	唐山市、邯郸市、邢台市、保定市、沧州市、廊坊市	石家庄市
江苏			连云港市、淮安市、扬州市、镇江市、泰州市、宿迁市		南京市、无锡市、徐州市、常州市、南通市、盐城市	苏州市
浙江			湖州市	衢州市、舟山市、丽水市	宁波市、温州市、嘉兴市、绍兴市、金华市、台州市	杭州市
安徽			亳州市、蚌埠市、淮南市、滁州市、六安市、芜湖市、安庆市	淮北市、马鞍山市、宣城市、铜陵市、池州市、黄山市	合肥市、宿州市、阜阳市	

资料来源：《国务院关于调整城市规模划分标准的通知》（国发〔2014〕51号）。各省份2020年第七次全国人口普查统计数据，其中，保定市不含定州、雄安新区数据。

从京津冀与长三角的整体城市结构看，城市群结构有待进一步优化，相对而言，长三角城市群为中等以上城市的结构，在大、中、小城市的构成上不够连贯。一是京津冀城市群的城市规模普遍较小，城市群内共有8个小城市和12个中等城市，占总城市数量的44%。二是Ⅰ型大城市及更大规模的城市数量偏少，且主要集中在河北，其中，超大城市仅有石家庄市1个，为长三角城市群的1/2；Ⅰ型大城市有6个，较长三角城市群少8个；特大城市有6个，为长三角城市群的38%。

从面积和行政架构较为相似的京津沪3个直辖市看，对长三角城市群发展具有引领作用的上海在城市结构上较北京和天津更优。北京、上海、天津各有 16 个地级行政区划单位，但上海没有小城市，而北京和天津分别有 5 个和 3 个；上海拥有 1 个特大城市，而北京和天津没有；上海和北京占比最多的城市类型是 Ⅱ 型大城市，且上海的数量最多，北京次之，天津最少。

（二）经济实力悬殊且产业格局具有非协调性

经济实力是推动城市发展的重要动力，不同的经济实力将产生不同的要素吸引力。较弱的经济实力难以为城市和城市群发展提供强有力的支撑。尽管受经济下行压力增大和新冠肺炎疫情等不确定性因素影响，2020 年京津冀和长三角地区的 GDP 仍均有所提升，但两地区之间的差距依然较大。较弱的经济实力导致城乡基础设施建设投入相对较少，难以推进城镇化和城市建设，同时也会降低城市对人流、物流、信息流的容纳力和吸引力，从而影响城市规模扩大。

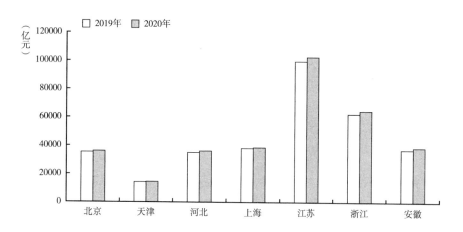

图 1　京津冀与长三角七省市 GDP 情况

资料来源：根据各省市统计公报数据整理。

产业结构的非均衡性影响城市群协同发展。产业是城市发展的载体，是推动城市经济增长、促进城市人口就业的主要动力。产业结构是城市化进程的重要反映，较好的产业结构有利于吸引人口就业，为城市发展提供支撑，其协调性是影响城镇化进程的重要因素。第三产业增加值占 GDP 的比重越高，说明城市化水平越高。[①] 有研究表明，产业结构升级是城市群形态下区域经济一体化发展的有效途径[②]。2019 年京津冀与长三角七省市统计公报显示，产业结构相对较优的省市为北京、上海、天津三个直辖市，第三产业增加值占 GDP 的比重分别达到 83.1%、72.7%、63.5%，其他四个省份的第三产业增加值占 GDP 的比重均在55% 以下。2020 年新冠肺炎疫情突袭而至，七省市中仅有安徽第三产业增加值占比呈现略微下降的趋势，由 51.5% 下降至 51.3%，其他省市均呈现占比上升态势。一方面，疫情导致居民居家办公和生活的时间增加，居民尤其是城市居民对生活性服务业的需求增加，催生了多种新型服务业态；另一方面，随着经济的高质量发展，产业结构升级成为城镇化进程中的必然趋势，疫情等突发事件对这一必然趋势的影响程度有限。

第二产业在城市规模扩张阶段对城市的发展，尤其是中小城市的发展具有显著的促进作用[③]，是城市发展的根基，也是城市群形态稳固的基础。生产性服务发展有利于提升城市生产率，发展生产性服务业能够促进生产力释放，二者之间呈现先降后升的"U"形关系。[④] 从京津冀和长三角地区的产业结构看，京津冀地区的产业结构差异较大，河北的第一产业占比偏高；2019 年河北的第三产业增加值占比分别较北京和天津低 31.5 个和 11.9 个百分点，2020 年这一差距有所拉大；天津和河北的第二产业占比较北京和上海高，但低于江苏、浙江和安徽。从京津

---

① 张自然：《城市规模、空间聚集与经济增长》，《社会科学战线》2020 年第 5 期。

② 张海军、张志明：《金融开放、产业结构升级与经济一体化发展——基于长三角城市群的实证研究》，《经济问题探索》2020 年第 5 期。

③ 梁辉、王春凯：《产业发展对城市蔓延影响的差异性分析——以长江经济带 104 个城市为例》，《长江流域资源与环境》2019 年第 6 期。

④ 吕凯波、任志成：《新人口红利、生产性服务业发展与城市生产率——基于长三角城市群的实证研究》，《南京社会科学》2017 年第 1 期。

冀协同发展进程看，伴随非首都功能的疏解，北京的产业结构将会进一步优化，但天津和河北在承接外溢产业的过程中，第二产业的占比并未相应增加，这不利于京津冀地区的产业链构建和产业协同发展。

表 3　京津冀与长三角三次产业增加值结构比较

地区	2019 年	2020 年
北京	0.4∶16.5∶83.1	0.4∶15.8∶83.8
天津	1.3∶35.2∶63.5	1.49∶34.11∶64.40
河北	10.1∶38.3∶51.6	10.7∶37.6∶51.7
上海	0.3∶27.0∶72.7	0.27∶26.59∶73.15
江苏	4.3∶44.4∶51.3	4.4∶43.1∶52.5
浙江	3.3∶42.1∶54.6	3.3∶40.9∶55.8
安徽	7.9∶40.6∶51.5	8.2∶40.5∶51.3

资料来源：根据各省市统计公报数据整理。

（三）承载要素资源的城市协调发展机制不够优化

在推进京津冀协同发展的进程中，"有为政府"和"有效市场"持续推动北京非首都功能加快疏解，核心城市的产业有序向外疏解，推动京津冀城市群向 2.0 阶段迈进。在此进程中，促进要素由核心城市集聚向非核心城市扩散，是推动京津冀城市群发展的方向和手段。目前，京津冀城市群的发展尚处于要素从分散到集聚的 1.0 阶段向要素从集聚到分散的 2.0 阶段过渡期，人口、技术、资本等要素不断向北京、天津等核心城市转移，城市经济和商业功能呈现核心化趋势，要素和产业扩散趋势尚未形成，承载要素和产业的城市协调发展机制需要进一步完善。

城市协调发展机制的不完善表现为中心城市的引领力弱，不利于城市竞合发展，对资源要素合理流动产生不利影响。北京和天津作为中心城市，对周边城市产生的是虹吸效应还是辐射带动作用在理论和实践上仍存在较大争议，较多研究显示，北京和天津带动京津冀城市群向更高质量和更高水平发展的作用不够显著，高级生产要素持续向中心城市集聚，推动城市产业结构升级和要素吸引力不断提升，边缘城市在城市间的竞合关系中所处的劣势地位依然显著，城市群带动区域发展的新模式和区域板块之间融合互动的良性发展局面尚未形成。同时，中心城市内部缺乏有带动力的窗口城市和样板城市，北京和天津作为超大城市单体来看，规模较大，但是城市内部缺乏具有引领力的特大城市（区）和超大城市（区），而浦东新区作为特大城市不仅是上海高水平改革开放的窗口和引擎，而且对长三角地区也具有较强的引领作用。

同时，基础设施建设投入少也影响了京津冀城市群对要素资源的承载力。市政基础设施总体投资情况是城市建设和发展的重要指标，2018年，城市基础设施占固定资产投资的比重最高的地区为浙江，为32.67%，分别高于北京、天津、河北0.56个百分点、12.95个百分点、32.56个百分点。除了京津冀地区与长三角地区整体存在差距外，京津冀地区内部的差距也非常大，极大影响了城市群发展。公共交通的通达性也是影响城市群发展的重要因素，京津冀地区人均城市道路面积总体低于长三角地区，仅为长三角地区的60.5%，成为影响京津冀城市群建设的重要制约因素。

（四）社会协调机制需要进一步加强规划设计

公共服务资源不均衡弱化了城市群对人口的整体吸引力。教育、医疗资源对人口自然增长和外来人口定居具有重要影响，但京津冀地区的医疗资源配置相较于长三角地区仍有差距，2019年京津冀地区医院数量最少的城市为天津宁河区，拥有3所医院，而长三角地区医院数量最少的城市安徽滁州市，拥有医院9所，尽管均为个位数，但滁州市医院数量是宁河区的3倍。① 在医院数和床位数配比上，长三角地区的医疗

---

① 《中国城市统计年鉴2019》《天津统计年鉴2020》。

资源分布相对更加均衡，体量和规模更加优化。教育资源方面，京津冀地区城市中小学也存在分布不均衡现象，如河北廊坊市小学数量达到134 所，但中学仅有 25 所。随着城市规模的扩大和城镇化进程的推进，城市人口数量会不断增加，对优质教育资源和服务的需求也会增加，中小学数量和质量将在很大程度上影响人口在城市间和城乡间的流动，教育资源配置与人口发展的协调性有待进一步提高，但京津冀协同发展缺乏教育、医疗等方面的专项规划。

三 新发展格局下推进京津冀城市群 高质量发展的对策建议

（一）完善城市复合功能，激活并提升城市群整体价值

畅通国内大循环，打通国际循环，需要优化中心城市产业功能、交通功能、城镇功能、生态功能等复合功能，构建合理的城市功能空间，为双循环格局构建提供有效的空间承载形态。拓展中心城市发展空间，优化中心城市和城市群功能布局，提高中心城市在城市群的"中心"地位，提升中心城市的资源配置权，增强中心城市的资源优化配置能力，加快中心城市转型升级、提升发展质量，辐射带动周边中小城镇发展，发挥中心城市和城市群的空间规模效应，从更大空间尺度破解大城市病和区域发展不平衡不充分的"双重困境"。改革完善财政转移支付同落户人口数量挂钩制度，放宽中心城市落户条件，增强中心城市和城市群对有意愿有能力落户人口的吸纳能力。推动中等城市向大型城市跨越，形成相对稳定和均衡的城市结构，构建网络化城市群空间形态。

（二）增强产业协同联动能力，提升经济韧性和城镇化水平

新发展格局离不开强大的产业体系和完备的产业链支撑，需要进一

步加强京津冀三地在科技创新、人力资本、城市建设等领域的合作。从整体而非单个省域优化区域产业结构，实现世界级城市群产业再造的"换道超车"，增强京津冀地区的整体发展能力。同时，应发挥产业地图的指南作用，强化城市群内产业分工合作，加快构建集产业链、创新链等于一体的产业要素体系，提升城市经济密度，完善利益分配机制，支持上下游企业加强产业协同和创新攻关，处理好高端产业与低端产业、旧动能转换与新动能培育、传统技术改造和新技术利用之间的关系，增强区域产业链韧性。通过规划引领、产业链布局、数字化赋能，借助互联网、大数据和人工智能等现代技术发展趋势，聚焦关键核心技术，加强基础研究合作和重大技术攻关，提升工业产业链的现代化水平，补齐产业链短板，提高京津冀城市规划在关键基础材料、核心基础零部件、先进基础工艺、产业技术基础等方面布局的层次性。鼓励京津冀不同层级的城市联合建设具有国际影响力的产业创新中心，加强京津冀科技创新中心、产业转型试验区的互动与合作，建设具备世界影响力的产业集群和经济引擎。以北京、天津建设国际消费中心城市为契机，积极融入双循环发展格局，打造京津冀消费引擎、产业名片和企业名牌，将国际消费融入城市群名片并转变为现实生产力。

（三）构建数字化区域交通网络体系，增强要素资源扩散能力

依托北京和天津国际消费中心城市建设，加快完善畅通双循环的新型交通基础设施体系，推进京津冀城市群交通一体化建设，为充分发挥京津冀区域乃至全国超大规模市场优势和内需潜力提供融通便利。进一步按照网络化布局、智能化管理和一体化服务的要求，深化京津、京雄、津雄等合作，优化调整区域交通网络体系，加快港路联运、港口群协同化发展，打造一体化国际机场群，构建以快速轨道交通为骨干的多节点、网格状、全覆盖的交通网络，为融入国际大循环提供支撑。实施

"大公交"战略，建立以中心城区为中心、环绕周边郊村的公共交通服务网络，增强城市的轴向拉动力。提升交通智能化管理水平和区域一体化服务水平，发挥京津智慧城市建设的经验和优势，促进城市开发建设中工业化、城镇化、信息化的深度融合，完善信息基础设施及共享平台，推进城市资源共享体系建设，为促进京津冀互联互通提供信息化和数据化支撑。

（四）加强公共服务体系规划，提升城市群对要素资源的吸引力

深化供给侧结构性改革，持续加大对医疗和教育等公共服务资源的优化配置力度。科学预测人口发展趋势，打造科技、教育、公共服务等创新共同体。摒弃单兵作战的思维，树立整体协同推进的思想，聚焦公共服务资源差异化和非均衡性问题，加快补齐教育资源薄弱短板，增强教育资源与城市人口发展的协调性。以雄安新区建设为契机，在"双减"政策落地基础上，鼓励城市间、城乡间教育教学资源进一步合理流动，协同联动京津冀教师队伍和教学资源，促进教育资源在京津冀城市群间的合作交流和优化配置，增强京津冀教育的整体优势和竞争力。科学合理配置大中小城市医疗资源，注重城乡医院数量和规模的优化，提升医院数量与床位数量的匹配度，关注各类医院和医疗机构的分布状况与发展规划，增强优质医疗资源的服务普惠力，促进城市群整体医疗服务水平升级，提高京津冀城市群对人口的集聚能力和对产业、资金、技术的吸纳能力。

参考文献

顾朝林：《城市群研究进展与展望》，《地理研究》2011 年第 5 期。

吕静韦、蔡玉胜：《京津冀城市群视阈下中等城市发展研究——基于与长三角城市群的比较》，《城市》2021 年第 3 期。

吕静韦、董微微：《创新要素、创新环境与经济增长》，《统计与决策》2021 年第 9 期。

魏敏：《新型城镇化与产业结构演变协调发展度测度研究——以湖南省为例的实证分析》，《科研管理》2019 年第 11 期。

张自然：《城市规模、空间聚集与经济增长》，《社会科学战线》2020 年第 5 期。

张海军、张志明：《金融开放、产业结构升级与经济一体化发展——基于长三角城市群的实证研究》，《经济问题探索》2020 年第 5 期。

梁辉、王春凯：《产业发展对城市蔓延影响的差异性分析——以长江经济带 104 个城市为例》，《长江流域资源与环境》2019 年第 6 期。

吕凯波、任志成：《新人口红利、生产性服务业发展与城市生产率——基于长三角城市群的实证研究》，《南京社会科学》2017 年第 1 期。

姚东旭：《京津冀协同创新是否存在"虹吸效应"——基于与珠三角地区对比分析的视角》，《经济理论与经济管理》2019 年第 9 期。

北京自贸试验区建设发展现状、问题及对策

刘　薇[*]

摘　要： 全球新型国际贸易方式向跨国公司化、服务化、数字化、绿色化转变。北京自贸试验区自批复规划建设以来，各片区根据发展要求发布了一系列政策支持措施，但在建设过程中也存在一定的问题和短板。北京自贸试验区建设要不断完善数字经济法规制度，推广"两国双园"模式，搭建数字贸易平台，增强服务贸易供给侧改革的整体性、协同性，不断吸引跨国公司研发创新总部入驻，大力发展绿色贸易。

关键词： 国际贸易　北京自贸试验区　数字服务贸易

在新的发展形势下，我国正在加快构建以国内大循环为主体、国内国际双循环相互促进的新发展格局。自贸试验区建设代表了更大的开放，是促进国际国内双循环的重要载体。全球经济体系不断调整对首都北京的扩大开放提出了更高要求。在新的国际环境和全球产业链、供应链和创新链加速重构的背景下，2020年9月，以科技创新、数字经济和服务业扩大开放为主要特征的北京自贸试验区正式诞生。在紧抓全球

---

* 刘薇，博士，北京市社会科学院经济所副研究员。

新型国际贸易发展特点的基础上，总结一年以来北京自贸试验区的现状及其存在的问题，提出下一步发展对策，具有重要的现实意义。

一　全球新型国际贸易发展新特点

随着新冠肺炎疫情在全球范围内蔓延，全球贸易发展的新趋势更加明显，跨国公司化、服务化、数字化和绿色化成为未来全球贸易发展的新特点。一是新型国际贸易主体由以专业贸易公司为主转向为以跨国公司为主。在全球 500 强企业总收入中，有大约一半为 20% 的跨国制造企业服务收入[①]。二是新型国际贸易方式发生了改变，不再是传统的有形贸易，而是转变为服务贸易。2020 年，国内知识密集型服务进出口总额同比增加 8.3%，在服务进出口总额中，其所占比重高达 44.5%，达到 20331.2 亿元人民币。[②] 在全球范围内，服务贸易年均增速大约为5.4%。[③] 三是新型国际贸易方式向数字化方向深度拓展。制造业服务化趋势日益明显，跨境电商与数字服务深度融合，以跨境电商为代表的新业态、新模式蓬勃发展，以数字技术为支撑、高端服务为先导的数字服务贸易迅速崛起。四是新型国际贸易规则处于重大调整中。国际新一轮开放已经从"边境开放"向"边境内开放"转移，从开放关税、非关税壁垒转向边境内的各项体制和政策等，如竞争中性政策、负面清单管理制度等[④]。五是绿色国际贸易异军突起。可持续发展和保护环境是多边贸易体系的核心目标，特别是"一带一路"沿线国家对发展绿色贸易有巨大的环境治理需求和绿色贸易投资需求。

---

① 《促进我国服务贸易开放发展与竞争力提升》，https：//www.fx361.com/page/2020/1029/7155047.shtml－2020，2020 年 10 月 29 日。

② 《商务部：2020 年中国服务贸易逆差下降 53.9%》，中新经纬，2021 年 2 月 4 日。

③ 《RCEP 下服贸发展迎来新机遇》，https：//www.163.com/dy/article/G7LAOD8V05149FA5.html，2021 年 4 月 15 日。

④ 《全球风险报告》指出贸易可持续发展面临挑战。

二 北京自贸试验区建设现状

中国（北京）自由贸易试验区挂牌时间为 2020 年 9 月 28 日，总面积 119.68 平方公里，具体包括三个片区，分别是高端产业、科技创新以及国际商务服务。

（一）政策突破

根据北京市海淀区公布的《关于促进中国（北京）自由贸易试验区科技创新片区海淀组团产业发展的若干支持政策》，海淀区将会更加关注核心技术，也会更加重视促进共性技术发展，如核心算法等，大力支持智能网联汽车关键核心技术研发及产业化，对企业新增研发经费给予最高 300 万元的补贴。此外，在国际化、知识产权、双创服务、科创基金等方面都有专门的政策安排。对于具有较强示范引领作用的高价值专利培育运营中心，最高将给予 800 万元的资金支持。[①]

表 1 海淀区"两区"建设支持政策要点

领域	要点
产业创新	由中关村科学城牵头实施约 20 项支持政策，这些政策已经得以全方位落实。对企业提供支持和保障，促使企业积极开展基础核心技术和关键共性技术的攻关工作，如核心算法等，大力支持智能网联汽车关键核心技术研发及产业化，支持企业加大研发投入，对企业新增研发经费给予最高 300 万元的补贴。此外，在国际化、知识产权、双创服务、科创基金等方面都有专门的政策安排，对于具有较强示范引领作用的高价值专利培育运营中心，最高将给予 800 万元的资金支持。政策覆盖小微企业、高成长企业、重大产业化平台和项目全生命周期，更加精准、高效地把相关支持措施送到创新合伙人手中，助力打造一个持续升级的创新"雨林生态"

---

① 《海淀区"两区"建设工作领导小组关于印发〈关于促进中国（北京）自由贸易试验区科技创新片区海淀组团产业发展的若干支持政策〉的通知》（海两区发〔2021〕1 号），2021 年 3 月 11 日。

续表

领域	要点
人才	人才领域提出的具体政策措施包括5项。针对在众多科技创新企业工作的员工,如创新型总部企业、海淀组团高新技术企业等,如果满足要求和标准,其有权利申办《北京市工作居住证》。与此同时,通过国内高层次人才引进政策、高端领军人才正高级职称评审"直通车"政策、人才住房保障政策以及优化外国人来华工作许可办理流程,为各类人才在海淀干事创业提供更有力的支持
金融	海淀提出的工作目标包括四个方面:第一,建设全球创业投资中心;第二,促进金融科技的深层融合及创新;第三,进一步提升金融的开放性;第四,强化金融服务实体经济。支持拓展金融科技应用场景,对区域内新设立或新迁入的股权投资基金或管理机构给予房租补贴,努力培育金融发展新动能
电竞	海淀将游戏和电竞产业纳入自贸区科技创新片区的支持范围,积极探索产业发展路径,中关村科学城数字文化产业园2020年产值突破100亿元。政策以全方位支持和专项资金支撑,推动游戏研发和内容创作,支持技术平台建设,支持国际顶尖、国内一流企业及电竞俱乐部集聚,多种方式支持区内优秀电竞直播平台、运营平台、电竞媒体发展

朝阳区"两区"建设专班专门发布《关于促进中国（北京）自由贸易试验区国际商务服务片区朝阳组团产业发展的若干支持政策》,围绕总部企业高质量发展、促进商务服务业发展、促进消费升级、支持金融业发展等方面,提出28条支持政策,包括多种类型的资金支持等,最高补助达1亿元。[①]

表2 朝阳区"两区"建设支持要点

领域	要点
总部企业高质量发展	对新进入的跨国公司地区总部企业,提供一次性奖励,最高额度控制在1000万元人民币以内。针对新迁入的商务服务业企业,如知名度高,也会给予奖励,具体参照指标就是区级可控财力的50%,最高额度是500万元人民币
消费升级	对商圈改造提供支持和帮助。给予企业支持,引导其以改善环境和消费升级为核心,在此基础上改造商圈,同时改造特色商业街区。鼓励举办促消费活动,支持夜间经济发展,支持开展深夜特色街区建设,支持商业新业态、新模式在朝阳区聚集发展,对这些均设立相应的奖励

① 《朝阳区"两区"建设再放新招,28条支持政策重磅发布!》,腾讯新闻,2021年3月31日。

领域	要点
金融	针对每一个独立企业,如果落户,一次性给予奖励,最高奖励额度是 5000 万元人民币。从国际再保险中心的定位来看,对于外资再保险公司也会提供支持。对于注册地为朝阳区,同时行使在华总部职能的外资再保险北京分公司,同样会提供政策支持,将企业看作法人机构。对于公司总部新注册地为朝阳区的,也会提供一次性补助,最高额度是 1 亿元

2021 年 3 月北京市经开区正式发布了《中国（北京）自由贸易试验区高端产业片区亦庄组团首批产业政策》。从第一批政策的规定来看,北京自贸试验区高端产业片区亦庄组团在未来的发展中将会进一步重视以下主导产业,分别是机器人和智能制造、新一代信息技术、生物技术和大健康、高端汽车和新能源智能汽车。进一步推动高端服务业和科技产业之间的深层次融合,促进数字经济的发展和进步,关注"4＋2＋1"产业体系,促进该市经济的高质量发展,将其建设为核心科技成果转化承载区。围绕打造具有全球影响力的新一代信息技术产业集群、打造新能源及高端汽车产业发展核心承载地、打造全球领先新一代创新医疗健康与服务产业集群、打造机器人和先进智能装备产业创新应用高地、培育商务服务及科技服务竞争优势、促进科技文化创意融合、聚焦数字经济产业发展七大项内容细分了 30 项政策。

针对上述提到的主导产业,无论是建设服务平台,还是进行成果转化或者落地重大项目,都会提供相应的资金保障,具体额度是 1000 万～1 亿元人民币。在每一年度,支持大量的新一代信息技术应用示范项目,具体数量大约是 10 个,并为其提供资金保障,最高额度为 1 亿元,以此来促进新一代人工智能重大场景应用示范区建设。针对国家科技创新中心、国家制造业创新中心以及国家实验室都会提供支持,最高额度是 1 亿元人民币。

在商务金融和科技服务领域，每年设立 5 亿元科技创新专项资金引导各类人才扎根北京经开区，同时支持龙头企业搭建产品关键资源共享载体，支持建立区域级别"互联网 +"服务云平台，支持载体内中小企业参与科技奖项申报。

（二）产业升级

为吸引全球高精尖产业资源落地，支持"两区"建设，北京市出台了促进高精尖产业投资的相关政策，包括准入、财税、金融、土地、人才、科技、数据、协同、监管等方面。

表 3　高精尖产业投资政策

领域	要点
准入	在制造业方面，到 2022 年，将会不再限制乘用车制造外资股比，同时，取消同一家外商在我国建立不超过两家生产同类整车产品的合资企业这一限制 在信息服务业方面，不再限制外商在我国投资互联网虚拟专用业务的比例，也不再限制信息服务业务外资比。同时，争取数据中心、云服务和内容分发服务等增值电信业务开放试点
财税	大力支持并且鼓励外商投资进口设备，不再征收关税。针对公司型创业企业，如果投资期限大于一年，那么结合年末个人股东的持股比例，企业不需要缴纳所得税
金融	为外资金融机构提供支持和保障，引导其参与我国的各项试点工作，尤其是外汇管理、人民币国际投资等。为外资银行提供支持，鼓励其获得证券投资基金托管资格。进一步推动新三板改革，实施小升规、规升强、强上市计划，设立外商投资企业境内上市服务平台
土地	促进综合用地模式的协同实施，进一步改革一宗地块多种土地用途制度，同时改革建筑复合使用制度，提升土地的使用率。探索并促进产业链用地，努力完善供应链和产业链，推动产业集群发展；对于隐形冠军企业和快速成长型企业，加大推进标准化厂房建设力度；鼓励研发设计、生产测试、展示体验、运营销售等环节相关业务进入楼宇办公，提高产业经济密度
人才	线上模式和线下模式相结合一起办理证件，同时开设一站式服务窗口，建立一站式服务站点。就职业资格而言，如果人才符合要求且具有境外职业资格，无论是规划还是金融，那么准入门槛都会下降。从生活保障角度来看，对于境外高端人才，为其生活提供支持和帮助。对于境外人才的所有医疗费用，开展区内医院和国际保险实时结算试点

领域	要点
科技	落地高新技术企业"报备即批准"政策,鼓励跨国公司设立研发中心,开展"反向创新";深层次改革科技成果使用权制度,同时深化改革处置权制度,更要改革收益权制度。针对所有的科研工作者,试点科技成果所有权制度,或者试点长期使用权制度,循序渐进构建完善的收益分配制度,建立市场化赋权制度等
数据	在基础设施方面,完善基础设施,建设新一代信息化设施。在数据交易方面,建立完善的交易标准,明确流通定价,完善质量认证体系,建立健全结算体系,提高交易的规范性。针对数字贸易港,以风险控制为基础,先行先试软件实名认证、数据产品进出口等。在数字版权交易平台建设中,要进一步保护知识产权,促进知识产权融资业务的发展,更高效地开展软件以及互联网服务贸易
协同	加快构建"2＋4＋N"的京津冀产业协同发展格局,围绕北京城市副中心、河北雄安新区"两翼"打造创新产业集群,努力打造四大功能区,即曹妃甸示范区、大兴机场临空经济区、张承生态功能区、天津滨海新区,从而构成高水平的合作平台,推动协同创新。此外,进一步促进自由贸易区建设,使其成为京津冀产业合作新平台,强化这三个区域的技术协作与沟通,最终使其自贸区内政服务"同事同标"
监管	及时落实政务服务事项告知承诺制度。就监管和服务而言,对特定的区域,为实行跨境服务贸易负面清单管理制度提供支持和保障,适当地放宽多元化模式下的服务贸易市场准入限制,如跨境支付等。在新经济的发展背景下,采取包容审慎监管方式、事后监管方式监督管理所有的新技术和新产品

三 北京自贸试验区建设中存在的主要问题

　　基于北京自贸试验区各片区的发展特点,经过一年多的规划建设,发现存在以下若干问题。一是北京跨国公司总部资源虽多但实力弱于上海。北京对跨国公司总部型机构母公司总资产的认定要求高于上海,北京为4亿美元,上海为1亿美元,导致2020年上海跨国公司总部数量为763家,远高于北京的200家。从实际利用外资规模来看,北京2020年约为140亿美元,上海则达到202.3亿美元,高出北京约60亿美元。上海显示出了较高的总部经济国际化水平。二是服务贸易存在逆差大、国际竞争力不强的问题，特别是针对服务贸易的监管模式有待创新。三是在数字贸易规则制定方面，北京"两区"建设的重要作用仍有待发挥。在数字经济领域，全球范围内大国间博弈激烈。发达国家在数字贸易方面更加强调贸易规则、税收管辖权等问题，而我国更加注重普惠贸易和数字贸易的便利化、信息安全等问题。当前北京在数字贸易规则制定和未来制度设计的话语权方面，还需要发挥对全国的引领示范作用，在服务业扩大开放试点和自贸区建设过程中，尽快制定适应数字贸易国际规则的"北京方案"。四是北京自贸试验区绿色贸易"先行先试"的作用尚未发挥。在加强环境管理和政策创新引领上仍需下大功夫，特别是在对标国际绿色贸易规则和加强国际环境合作方面，要与有明确环境条款的国际自贸区接轨。

四　基于全球新型国际贸易发展特点的北京自贸试验区建设对策

（一）完善数字经济法规制度，实现与数字贸易规则的对接

一是分析发达经济体的跨境数据保护规制，并加强与其在跨境数据保护规制方面的合作。北京自贸试验区可设置专门的机构或引入第三方中立机构对我国出境数据进行评估，以提高跨境数据流通的效率、减轻监管机构的负担。二是积极配合制定与数字贸易规则相衔接的法律制度。可在北京自贸试验区内建立监管机构，实行监管压力测试，进而将可行的监管方法推广至全国，实现数据跨境流动领域的"监管沙盒"。

（二）推广"两国双园"模式，集聚数字贸易要素

要以更高的自贸标准，对标 RCEP、CPTPP 和 CAI（中欧投资协定），以中日合作和中德境内外双方合作为基础，优先打造合作园区，

形成"两国双园"模式。打造"两国双园"自贸网络，以此来促进北京两个区域和全国范围内所有中资企业运营的境外合作园区之间的对点自贸安排，进一步拓展其可聚集的数字贸易要素，让这些要素覆盖到全球所有具备中资境外合作园区的国家。[①]

（三）增强服务贸易供给侧改革的整体性、协同性，强化集成创新

一是要增强北京围绕"两区"建设出台的251项政策措施的整体性、协同性，在抓政策落地的同时，开展集成创新，务求实效。二是要针对北京各自贸区片区的建设特点，强化对自由贸易试验区的授权，探索一揽子授权新方式。现在自贸试验区的每一项改革，如果涉及中央政府事权，就需要到北京和相关部门协商，较为费时费力。因此，要加大授权力度，提高改革开放效率。如可通过法律一揽子授权，给各自贸片区探索开拓更广阔的空间。三是要完善容错机制。服务业扩大开放改革，开展开放先行先试，大胆试、大胆闯、自主改。如对标CPTPP先进国际经贸规则进行压力测试，建立健全更具包容试错的机制。

（四）不断吸引跨国公司研发创新总部入驻，提升贸易能级

采取合理的方式来吸引以下三种类型的外资总部：贸易平台类、科技类及资产管理类。在全球投资贸易的过程中，使用有效的方法来增强在京跨国机构的影响力和支配能力，促进各方面要素的流动。针对微型跨国公司，要进一步强化培育和支持力度，努力把握当前机会，促进中小企业发展，让其成为微型跨国公司，不断优化并完善稳定标准，建立健全支持政策，加大各方面的保障力度，如资金、土地和人才等，适当

---

① 《RCEP对北京数字贸易港建设的机遇分析及建议》，https://www.sohu.com/a/460785893_610982-2021，2021年4月15日。

提高政府的采购比例，引导企业积极"走出去"，推动微型跨国公司的成长和进步。[①]

（五）大力发展绿色贸易，加强自贸试验区生态环境保护

自贸试验区可以绿色贸易为抓手，推动生态环境保护建设。一是要主动对标国际绿色贸易规则。参照国际通行商事和生态环境管理规则，积极参与制定投资准入负面清单，深入实施生态环境领域"证照分离"改革。积极推动在北京自贸试验区建立环保产业园和环境技术创新中心。二是各自贸试验区应推动发展绿色贸易，专门设置与生态环境相关的条款来确保绿色贸易发展，并在细化措施及其贯彻落实上下功夫。推动碳排放权交易资源储备，开展国家核证资源减排量（CCER）项目储备，建设"无废区"等，定期对绿色贸易开展情况进行评估。

参考文献

王丹、彭颖、柴慧、谷金：《上海增强全球资源配置功能的思路与对策》，《科学发展》2020 年第 11 期。

周广澜、王健：《基于 eWTP 的数字贸易探索与实践》，《对外经贸实务》2021 年第 3 期。

李朝军：《海南建构国际旅游消费中心的优势、挑战和路径——基于海南离岛免税购物细则分析》，《对外经贸实务》2021 年第 2 期。

---

① 王丹、彭颖、柴慧、谷金：《上海增强全球资源配置功能的思路与对策》，《科学发展》2020 年第 11 期。

新发展格局中北京城市餐饮服务数字化研究

施昌奎　孟凡新*

摘　要： 数字化发展催生新产业、新业态、新模式，推动传统产业转型升级，有利于加快构建新发展格局，促进城市治理体系和治理能力现代化。新冠肺炎疫情下，北京城市餐饮生活服务业的数字化进程加快。餐饮服务数字化提升了传统餐饮服务业效能，优化了城市居民消费结构，保障了首都居民生产生活稳定有序。当前北京餐饮服务数字化过程中存在产业链上下游发展不均衡、专业性人才与技能缺失、食材配送环节面临城市路权管理堵点、食品安全协同监管机制不完善和餐饮配送从业人员安全保障体系不健全等问题。应从强化平台支撑、加强数据应用、强化监管协同、优化路权管理、强化人才建设五大方面入手，加快推动餐饮企业一体化、全方位数字化转型，健全北京农产品和餐饮市场大数据系统，保障市民"舌尖上的安全"，提升对餐饮数字化从业人员的劳动保障水平，促进城市产业协调发展。

关键词： 生活服务业　餐饮服务数字化　北京

党的十九届五中全会提出，应加快构建以国内大循环为主体、国

---

* 施昌奎，北京市社会科学院管理研究所所长，研究员；孟凡新，博士，北京市社会科学院管理研究所副研究员。

内国际双循环相互促进的新发展格局。数字化发展催生新产业、新业态、新模式，推动传统产业转型升级，有利于加快构建新发展格局，促进城市治理体系和治理能力现代化。生活服务业是城市运行系统的重要组成部分，也是提升居民生活质量、拉动城市消费、增强城市吸引力的重要支撑。在国内大循环为主体、国内国际双循环相互促进的新发展格局中，生活服务业特别是餐饮行业作为最能感知经济律动、最快反映消费需求的民生行业，在刚性需求、高消费频次等特征下，将成为促进经济内循环、构建城市新发展格局的重要动能。新冠肺炎疫情下，北京服务产业数字化进程加快，以网上外卖、网上问诊等为代表的数字生活服务消费快速发展，尤其是以无接触为特征的新型餐饮服务消费迅速发展。生活数字化转型是城市数字化转型的重要领域。① 通过数据和技术手段赋能餐饮服务业，提升了传统餐饮服务业效能，优化了城市居民消费结构，保障了首都居民生产生活稳定有序，在提高城市生活品质、助力国际消费中心城市建设方面发挥了积极作用。

一　城市餐饮服务数字化转型体系架构

（一）餐饮服务数字化发展阶段

餐饮服务数字化进程大体可分为工具线上化、业务数据化、运营智能化三个阶段。第一阶段是工具线上化，主要表现为餐饮服务企业在分散的工具层面使用数字化手段，如线上点餐、线上支付等，这是餐饮服务数字化的初级阶段，是局部的数字化应用，是传统餐饮服务功能的延伸，尚未形成系统化的应用效果。第二阶段是业务数据化，主要表现为

---

① 郑磊：《城市数字化转型的内容、路径与方向》，《探索与争鸣》2021 年第 4 期。

餐饮服务业各个环节的数字化，如采购管理、客户管理、支付管理等都采用了数字化手段，提升了运行的精细化水平。第三阶段是运营智能化。这是餐饮服务数字化的高级阶段，数字化手段融入供应链、融资、运营等全过程，对传统餐饮服务业流程进行智能化改造，并将数据转化为对客户的服务增值，建立以用户为中心，基于用户生命周期的精细化运营策略，从而实现业务链和价值链的改造。

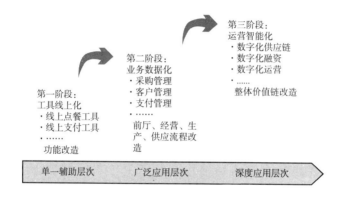

图 1　餐饮服务业数字化发展阶段

（二）城市餐饮服务数字化效益分析

1. 促增长

创造新的消费场景。传统餐饮服务在空间、时间上难以割裂，具有易逝性、非标准化和不可存储性等特性，与产品相比，其消费对场景的要求更高，可贸易性不足，因此传统餐饮服务都是以一定的物理半径为边界开展的。餐饮服务数字化拓宽了服务边界，增加了新消费场景，一方面，线上外卖等数字化手段极大地拓宽了服务半径。2020 年全国餐饮业收入中在线外卖收入占 16.6%，同比提高 3.8 个百分点，对餐饮业发展起到了重要推动作用。[1] 另一方面，较多的餐饮服务品牌兴起，

---

[1]　国家信息中心：《中国共享经济发展年度报告（2021）》，2021 年 2 月 19 日。

如喜茶、西少爷等餐饮企业通过互联网、数字化手段开展营销，刺激了新的消费需求，为城市居民高品质生活提供了支撑。

2. 提效率

赋能餐饮服务效益升级。服务业效率提升很难通过大规模生产来实现，产业体系中服务业比重增加之后一般会带来生产效率降低和经济增速放缓。通过数字化手段可以改变传统服务业低效的状况，即通过数据要素配置资源，全面提升餐饮服务业生产效率。在供应链方面，通过数字化手段可以提升食材配送效率和精准度，降低损耗；在服务方面，通过数字化手段可以拓展服务半径，提升餐饮供需的匹配度，提高餐饮企业收益；在经营方面，通过大数据分析进行店铺选址、餐饮品牌营销、优化餐品设计等，将数据要素纳入餐饮服务的全流程并进行价值创造，可以降低餐饮服务业经营成本，推动餐饮服务业效率提升。

3. 惠民生

促就业保安全。城市生活服务的数字化发展创造了大量岗位，如餐饮数字化增加了网约配送员等新型就业群体，以美团平台网约配送员为例，2020 年通过美团外卖平台获得收入的骑手总数达到 470 万人。餐饮数字化转型也产生了数据赋能效应，通过利用平台大数据技术推进智慧管理。如监管部门食品经营许可证数据库与美团等平台数据对接，以信息化手段加强对商户经营资质的审核，提高资质审核效率和准确性。充分依托大数据系统，智能识别、分析消费者评价数据，发现风险信息，提高监管靶向性，保障食品安全水平。

二　北京餐饮服务数字化发展情况

（一）疫情推动北京餐饮供应链数字化快速发展

疫情期间，北京部分大型批发市场暂时关闭，餐饮商户将线下采购方式转移到线上，直接推动了餐饮采购数字化的快速发展，如美团快驴、美菜网等提供餐饮食材供应链数字化服务的企业在城区餐饮服务企业中占到了一定的比例，通过产地直采，形成自营＋第三方的线上"批发市场"，通过数字化的仓储管理系统和仓配网络，实时智能调度系统，应用大数据技术，提供食材从田间地头到城市餐桌的供应链服务。

食材供应链数字化模式有助于城市餐饮服务产业提升效率、降低成本。传统农产品流通模式层级较多，生鲜流通环节一般在 5 个以上，每一环节至少加价 5%～10%，流通成本高、损耗大。对城市中小餐饮企业来说，其采购往往需求少、总量有限、品类分散，很难通过大批量采购降低价格。通过数字化平台进行大规模产地直采＋集中配送的方式，全渠道打通生产、库存、物流及采购环节，减少农产品供应链节点，避免农产品流通加价，保障价格透明，有利于降低中小餐饮商户经营成本。根据某餐饮店铺估算，疫情期间因使用新模式而节约了 5% 左右的采购费用。

数字化供应链通过对餐饮店铺线上下单、集中配送，一方面，降低了商户分散采购带来的交通压力，调研发现，北京城区小型餐饮店面需要 1～2 天驾驶机动车前往农贸市场采购一次；另一方面，通过大数据智能排线技术对农产品配送车辆进行智能规划，可以有效减少碳排放。如果北京城区 70% 的餐饮企业使用新型配菜模式，需要约 1000 辆配送车辆，每辆车平均服务 27 个商家，可以每天减少约 3 万辆车市内通行压力、为每个商家节省约 2 小时的采购时间，按来回路程约 35 公里计算，年度可节省碳排放量超过 7 万吨。

（二）门店数字化工具应用比例迅速提升

2020 年，北京全市餐饮收入为 871.7 亿元，同比降低 29.9%，占社会消费品零售总额的比重也由 2019 年的 8.1% 降到 6.4%。① 2021 年北京市餐饮消费回升明显，2021 年 6 月 12～14 日端午节期间，北京餐饮消费额和订单量分别同比增长 128.72% 和 109.46%，较 2019 年同期增长了 33.23% 和 11.95%，其中，到店餐饮消费额和订单量分别同比增长 197.59% 和 161.5%，但消费订单量依然低于 2019 年同期水平。到店餐饮消费订单排前五的地区分别是望京、回龙观、五道口、亚运村、王府井/东单。②

北京餐饮服务企业数字化发展加快，线上点单、线上收银等数字化工具应用逐渐普及。尤其是疫情期间，大量商户开通了线上服务功能，外卖成为商户的线上渠道之一，其在商户业务中的占比不断提升。调查显示，疫情期间超过五成商户外卖收入占比超过 40%，而外卖收入占比为 20%～40% 的商家占 26.3%。③ 北京东城 329 家餐饮企业通过采用"线上"接单、无接触配送等方式积极实现复产复工。美团数据显示，2021 年 1～6 月，北京市餐饮店铺提供的外卖等数字化服务快速增长，其中海淀区、房山区、石景山区、昌平区同比增长都在 100% 以上，西城区、大兴区同比增长在 90% 以上；丰台区、朝阳区、通州区和平谷区同比增长在 80% 以上。2021 年 6 月 12～14 日端午节期间，北京外卖餐饮消费额和消费订单量分别同比增长 86.18% 和 84.58%，较 2019 年同期增长 81.25% 和 58.59%。④

（三）数字化手段让餐饮老字号焕发新机

北京餐饮"老字号"具有良好的商誉和品质，通过数字化营销手

---

① 《北京市统计年鉴 2020》，http://nj.tjj.beijing.gov.cn/nj/main/2020 - tjnj/zk/indexch.htm；《北京市 2020 年国民经济和社会发展统计公报》，http://www.bjrd.gov.cn/xwzx/bjyw/202103/t20210312_ 2305791.html。
② 美团：《2021 年北京市端午节假期生活服务消费报告》。
③ 美团：《中国餐饮商户数字化调研报告》。
④ 美团：《2021 年北京市端午节假期生活服务消费报告》。

段，餐饮老字号焕发出新活力。2021 年端午节期间，美团平台收录的北京市餐饮老字号商户中，交易商户数约 166 家，同比增速为 3.75%。其中，有 80.12% 提供了外卖服务；北京市餐饮老字号消费额同比增长 293.82%，环比增长 142.36%；异地游客贡献的消费订单量占 16.24%，同比提升 13.8%，环比提升 1.84%①。

三 北京城市餐饮服务业数字化存在的问题

（一）产业链上下游数字化发展不均衡

当前餐饮产业链下游的餐饮外卖等环节的数字化占比较高，主要体现为消费者等位、点餐、支付、外卖等的消费数字化较为普遍，但产业链上游的食材供应链数字化、后端的营销和管理数字化程度亟待提升。如供应链数字化还处于初级发展阶段。餐饮企业与食材供应商、物流服务商的节点割裂，库存动态管理不足，难以满足餐厅需求。数字化运营依然处于起步期，商户信息化基础不均衡，运营理念差异较大，加之餐饮服务企业的不稳定性、资金和技能的不足、数字化投入和产出存在时滞性等，导致大多餐饮企业进行供应链和运营数字化转型的动力不足。

（二）餐馆数字化转型的专业性人才与技能缺失

服务业数字化发展需要专业性人才，北京虽然在全国范围内具有数字化人才的聚集优势，也具有数据汇聚的优势，但依然存在专业性人才和技能的缺失问题。一方面，人才分布相对不均衡，数字化人才往往倾向于附加值更高的行业，餐饮等生活服务业对人才的吸引和激励不足；

---

① 美团：《2021 年北京市端午节假期生活服务消费报告》。

另一方面，数字化技术与行业的深度结合需要一定的探索和磨合期，不仅要深耕服务领域，了解餐饮服务模式，还要熟悉数字化手段，由于餐饮服务业流动性较高，行业数字化转型的专业性人才的稀缺性更为凸显。

（三）食材配送环节面临城市路权管理堵点

基于餐饮服务数字化的新型配送模式与传统城市交通管理模式之间的矛盾进一步凸显。一是办证难，随着餐饮食材及其他相关货运同城配送需求的增长，农产品配送轻型货运车辆有效证件不足的问题日益加剧。同时，全市各区车证不统一，彼此不能互认，需重复办理。通行证办理难度较大，各区申办通行证必须在本区域注册公司，这一要求对从业企业门槛较高，部分企业通过第三方承运商进行配送，其证件办理的协调难度进一步增加。二是行路难，2021 年以来北京各区实行轻型货车限行政策，对五环内和五环路外部分区域和道路采取禁止轻型货车通行的交通管理措施，导致农产品等轻型货运难以通行。三是卸货难，数字化供应链模式下，主城区餐厅商户由生鲜电商企业提供农产品配送服务，而二环内停车位少，配送车辆基本无可停车卸货区域，违章停车成为高频行为。

（四）食品安全协同监管机制尚不完善

餐饮服务业通过数字化手段加强对食品安全的监管，但由于餐饮外卖等数字化手段降低了服务准入门槛，反而增加了监管难度，导致食品安全问题被放大。产业数字化发展背景下，针对数字化餐饮服务的监管机制还不完善，政府监管部门和餐饮服务平台企业之间的协同性不足。平台企业的主体责任有待进一步落实，对于入网餐饮店铺的日常巡查和监测尚未形成常态化机制，平台企业与政府监管的联动性还不足，大数据辅助食品安全监管的作用还未充分发挥。

（五）餐饮配送从业人员安全保障体系不健全

餐饮服务配送催生了大量新型从业人员外卖小哥，但针对他们的职业技能培训和保障仍不足。一方面，餐饮配送人员驾驶电动车穿行于城市街区，在订单时间压力下，未按要求佩戴头盔等，存在安全隐患。不完全统计，2020年，北京由外卖即时配送电动车引发的致人伤亡交通事故同比大幅增加。① 另一方面，针对餐饮配送人员的社会保障服务体系不健全，餐饮配送人员与平台的外包关系导致一般社保无法将其纳入，而商业保险对其也存在保障不足的问题，餐饮配送人员的职业发展保障体系不健全。

四 新发展格局中加快北京城市餐饮服务数字化的对策

（一）强化平台支撑，加快推动餐饮企业一体化、全方位数字化转型

在新发展阶段，城市餐饮服务业正在积极进行数字化转型。后疫情时代，信息技术在协调和连接供应链各节点，加速物流、商流、信息流方面将有更大的应用空间，为构建新发展格局提供更多的发展契机。为加快构建以国内大循环为主体、国内国际双循环相互促进的新发展格局，我国亟待加快产业数字化转型，提高产业链、供应链的稳定性和竞争力。② 北京餐饮服务产业的数字化提升潜力巨大，要发挥北京数字技术和产业平台优势，推动餐饮企业的数字化转型。强化平台企业、中介组织在中小餐饮店铺数字化转型中的推动作用，依托市场化手段，鼓励

---

① https://m.gmw.cn/baijia/2021 – 03/18/1302173831.html.
② 祝合良、王春娟：《"双循环"新发展格局战略背景下产业数字化转型：理论与对策》，《财贸经济》2021年第3期。

餐饮服务平台企业为餐饮店铺提供全面、系统的数字化转型服务。进一步发扬北京餐饮老字号地域属性、文化属性、品质属性等优势,积极开展与旅游、文创等领域的合作,触达更多消费者,推动餐饮老字号与城市消费的深度数字化融合发展。

(二)加强数据应用,健全北京农产品和餐饮市场大数据系统

随着数字化、移动化和社交互联化进程的加快,立足新发展阶段,加快构建新发展格局,基于餐饮数字化平台积累的全链条的农产品大数据,使其与线下数据集并,促使政府部门能够通过城市农产品购销全量数据,及时掌握整个农产品市场动态变化。通过大数据分析对价格和销量走势进行精准预测,有利于防止市场价格出现大幅波动,也有助于减缓疫情等突发事件带来的冲击,实现精准调剂,保障整个城市农产品供应系统稳定运转。疫情期间通过平台的餐饮大数据可以更直观地了解行业复工复产情况。要依托餐饮数字化平台,加快形成北京农产品和餐饮市场大数据系统,实时掌握农产品供需信息,提升应对疫情等突发事件的应急能力,稳定农产品供销形势,为城市保供稳价提供支撑,基于餐饮市场的热度和经营情况为市场运行决策提供支撑。

(三)提升数字化监管,形成食品安全监管协同机制

加强市场监管部门对重点领域的数字化监管,促进餐饮平台数据与监管部门数据库的对接,优化技术监管手段。通过供应链平台强化农产品平台品控、直采监测、安全审核、冷链运输等质量控制体系,对市民餐桌上的农产品实现全过程的质量追溯。强化平台企业的主体责任,完善平台企业的日常监管体制,通过订餐数字化平台加强商户经营行为管理,通过逐步推进与监管部门食品经营许可证数据库对接,以数字化手

段加强对商户经营资质的审核，提高资质审核效率和准确性。线上线下监管形成合力，针对特定品类的外卖食品展开抽查检测，识别风险，形成食品安全监管的有效机制。

（四）优化路权管理，促进城市管理和产业发展协调运行

完善农产品货运通行证管理制度。推进市、区通行证统一互认。加快推进北京市及各区通行证的统一和互认，对申请在市区范围内跨城区、跨县区通行的，实行"一站式"申领，一证通用，避免多头申领，推动多证合一管理。逐步改革城区通行证管理制度，赋予电动车城区货运通行权。完善农产品配送车辆通行管理政策，在北京市五环外和五环内部分道路的白天通行时段，预留农产品配送的时间窗口，对生活物资给予一定的通行保障，加强对农产品配送车辆标识的统一管理。改善农产品等生活物资货运停车条件，积极推动在市区大型商圈、商业街区等餐饮集中地区设定停车场、仓库等，划定城市农产品配送车辆临时停车位，保障重点时段、路段配送车辆临时停车卸货。

（五）强化人才建设，提升对餐饮数字化从业人员的劳动保障水平

发挥北京人才集聚优势，推动餐饮服务业数字化转型人才建设，推动北京相关技能院校将数字化技能纳入餐饮等职业教育，与协会、餐饮企业、平台服务商等开展人才培训，推动相关人才的培育壮大。要创新劳动保护制度，形成零工模式下劳动关系保护的新模式，加强平台对餐饮服务平台上个体从业人员的权益保护，除了商业保险以外，设定平台劳动者保护专项基金。充分发挥行业协会、用户等其他主体优势，增强平台劳动者在利益表达、纠纷调处中的话语权。发挥平台和政府监管的协同作用，将外卖电动车交通安全管理相关的信息接入全市道路交通管

理信息系统，对车辆和劳动安全进行监控。强化平台安全责任，在安全培训、配套设备、监督管理等方面落实主体防护，最大程度减少违章事件发生。

参考文献

郑磊：《城市数字化转型的内容、路径与方向》，《探索与争鸣》2021 年第 4 期。

肖旭、戚聿东：《产业数字化转型的价值维度与理论逻辑》，《改革》2019 年第 8 期。

谷方杰、张文锋：《基于价值链视角下企业数字化转型策略探究——以西贝餐饮集团为例》，《中国软科学》2020 年第 11 期。

祝合良、王春娟：《"双循环"新发展格局战略背景下产业数字化转型：理论与对策》，《财贸经济》2021 年第 3 期。

新发展格局中北京数字政府与数字经济融合发展研究

王　鹏　邓少骞　邵　良[*]

摘　要：数字经济是我国经济发展中重要的组成部分之一，也是构建以国内大循环为主体、国内国际双循环相互促进的新发展格局过程中重要的驱动力之一。北京数字政府建设水平及数字经济发展水平居全国前列。通过对北京数字经济发展指数与网上政府服务能力的相关性分析发现，北京数字政府建设为数字经济发展提供了新动力，数字经济发展为数字政府建设提供了新需求，二者相互促进。北京在加快构建新发展格局过程中，应从顶层设计、转变理念、抓牢契机、深化研究、落实考核、创新驱动、盘活资源七大方面入手，强化数字政府与数字经济统筹规划，秉持数字政府与数字经济前沿思维，推动数字政府与数字经济融合发展，提升数字政府与数字经济协同水平，优化数字政府与数字经济绩效表现，打造数字政府与数字经济基建底座，构筑数字政府与数字经济人才高地。

关键词：北京　数字政府　数字经济

---

* 王鹏，博士，北京市社会科学院管理学研究所助理研究员，中国人民大学高礼研究院特聘研究员；邓少骞，国家开发银行经济师；邵良，中国人民大学高礼研究院研究实习员。

2020 年 8 月，党中央、国务院决定在北京设立国家服务业扩大开放综合示范区和中国（北京）自由贸易试验区①。"两区"建设中的核心是发展数字经济。② 北京建设"两区"，具备双循环相互促进的天然优势，这是由于北京聚集了大量国家创新资源，数字经济发展处于领跑地位，能够推动实体经济高质量发展③。2021 年 8 月 2 日，《北京市关于加快建设全球数字经济标杆城市的实施方案》发布，符合新发展格局的要义。北京要抓牢建设全球具有影响力的数字经济标杆城市这一政策机遇，既需要以产业数字化为关键的数字经济，也需要以数字化基础设施为底座的数字治理。北京在数字政府建设、线上公共服务供给方面也居全国前列。二者的有机协同发展，为形成服务新发展格局、促进北京经济高质量发展提供了有力支撑与强大动力。

一 数字政府建设与数字经济发展现状及研究回顾

（一）新发展格局中的数字政府与数字经济

2020 年 5 月 14 日，中央政治局常务委员会会议首次提出我国"要深化供给侧结构性改革，充分发挥我国超大规模市场优势和内需潜力，构建国内国际双循环相互促进的新发展格局"。④ 习近平总书记强调，我国应加快形成以国内大循环为主体、国内国际双循环相互促进的新发展格局。⑤ 推动新发展格局是北京未来经济工作的重要方向，

---

① 钟勇：《推动"两区"建设 打造北京样板》，《前线》2021 年第 5 期。
② 陶庆华：《发挥资源优势 大力推进北京"两区"建设》，《北京人大》2021 年第 3 期。
③ 陈焕文：《建设全球数字经济标杆城市》，《前线》2021 年第 5 期。
④ 《中共中央政治局常务委员会召开会议 分析国内外新冠肺炎疫情防控形势 研究部署抓好常态化疫情防控措施落地见效 研究提升产业链供应链稳定性和竞争力》，《人民日报》2020 年 5 月 14 日。
⑤ 《习近平在经济社会领域专家座谈会上的讲话》，人民网，2020 年 8 月 25 日。

在构建新发展格局的过程中，数字经济及数字政府建设在北京的蓬勃发展能够更有效、更高水平地服务于双循环中的国内大循环，通过融合发展、相互促进的方式打通循环路径、提升循环效率、提高循环质量。

数字经济是一种新兴经济形态，已经成为我国经济发展重要的驱动力之一。根据信通院的计算，我国数字经济增加值总体规模从2005年的2.6万亿元增加至2020年的39.2万亿元，随之而来的是数字经济在GDP中的占比逐年上升，从2005年的14.2%提高到2020年的38.6%。

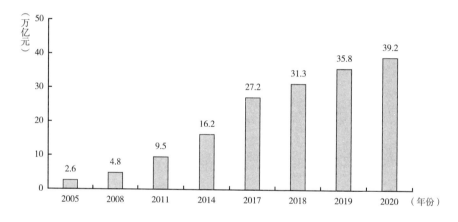

图1　2005～2020年中国数字经济总体规模

资料来源：CAICT：《中国数字经济发展白皮书（2021）》，中国信息通信研究院，2021。

与此同时，我国数字政府建设不断深化，国家治理体系、治理能力的现代化有效提高了政府治理效率。当前我国数字政府建设进入全面提升阶段，2019年11月底，全国政府网站数量已达1.45万家，其中80%完成了平台和资源的整合迁移。目前，我国数字政府建设具有突出的区域聚集特征。赛迪工业和信息化研究院的《2020中国数字政府建设白皮书》指出，北京数字政府建设指数列第5名，总指数为68.4。

（二）数字政府建设的内涵与目标

数字政府的核心特征是一种政府治理理念、职责、边界、组织形态、履职方式及治理手段的转型过程，[①] 或是政府以数字技术为基础带来的组织创新与转型，[②] 强调数字技术对政府组织架构、运作方式和治理形态的深刻影响。[③]

我国数字政府的建设重点在核心目标上服务于国家治理体系和治理能力的现代化。国家治理体系要随着社会发展而不断地调整，治理能力要根据日益复杂的社会发展状况而不断提升。[④] 当前我国积极推行"放管服"改革与"互联网＋"行动，由此形成"互联网＋政务服务""互联网＋监管"，核心发展目标为改善民生环境和营商环境，提升履职能力，推动了政府治理实现转型升级。广东、浙江等地率先践行"数字政府"，积极承担推进省域现代化建设的重要任务。《北京市加快新型基础设施建设行动方案（2020—2022 年）》明确深化北京政务服务"一网通办"改革，升级一体化在线政务服务平台，优化统一申办受理，推动线上政务服务全程电子化。

（三）数字经济发展的阶段与转型

信通院认为数字经济包含数字产业化、产业数字化、数字化治理、数据价值化四部分。作为一种新型经济形态，数字经济将数字化相关信息作为关键生产要素，并通过数字技术的驱动及现代信息网络的使用不断融合数字技术与实体经济，以提高社会科技水平，加速重构经济发展

---

① 鲍静、范梓腾、贾开：《数字政府治理形态研究：概念辨析与层次框架》，《电子政务》2020 年第 11 期。

② 黄璜：《数字政府：政策、特征与概念》，《治理研究》2020 年第 3 期。

③ 马亮：《数字政府建设：文献述评与研究展望》，《党政研究》2021 年第 3 期。

④ 周文彰：《数字政府和国家治理现代化》，《行政管理改革》2020 年第 2 期。

与治理模式。

习近平总书记在中共中央政治局第二次集体学习时的讲话指出，要加快发展数字经济，推动实体经济和数字经济融合发展，推动互联网、大数据、人工智能同实体经济深度融合，继续做好信息化和工业化的深度融合，推动制造业加速智能化，数字经济的发展对经济结构优化无疑产生了巨大影响。1994年以来，中国积极发展互联网，如今已成为世界互联网大国，短短二十多年，中国数字经济不仅实现了规模上的巨大发展，而且实现了模式的不断创新，并出台了一系列产业政策推动数字经济产业发展。[①]

表1　我国数字经济发展阶段

阶段	时间	主要特征	主流业态
萌芽期	1994~2002年	业内龙头企业陆续成立	门户网站
高速发展期	2003~2012年	网络数量高速增长 电子商务高速发展 新业态不断涌现	电子商务 社交网络服务
成熟期	2013年至今	网民增速逐渐平缓 移动互联网时代到来 新模式加速产业融合	"互联网+" 共享经济 其他新兴业态

资料来源：胡雯：《中国数字经济发展回顾与展望》，《网信军民融合》2018年第6期。

党的十九大提出，转变政府职能，深化简政放权、创新监管方式、增强政府公信力和执行力。近年来，我国不断加大数字经济基础设施投入，保护利益相关方权益，促进数字经济健康发展。我国需借鉴国际经验，在加快通信基础设施建设及产业数字化发展的同时，减轻数字经济发展可能对就业带来的负面影响，[②] 不断规范数字经济发展规则，优化数字经济营商环境，加快调整制度和政策供给。

----

① 胡雯：《中国数字经济发展回顾与展望》，《网信军民融合》2018年第6期。
② 宫瑜：《数字经济对美国就业结构影响的实证分析》，山东大学硕士学位论文，2020。

二 31个省级行政区数字政府建设与
数字经济发展相关性分析

要分析数字政府建设与数字经济发展的基本情况离不开扎实的经验数据，为此，本研究收集了2015～2019年全国31个省级行政区数字经济发展、网上政府服务能力等相关数据。数字经济相关指标来源于赛迪研究院的《中国数字经济发展指数研究报告》。为了确保各年度指标的一致性和数据可比性，取若干年份中的资源指标和技术指标的平均值以替代产业指标，最终形成的数字经济指数由基础指数、产业指数、融合指数、环境指数4个指数构成。基础指数考察互联网普及率、移动宽带普及率等传统数字基础设施以及数据中心数量、5G试点城市数量等新兴数字基础设施的建设情况；产业指数考察电子信息制造业、软件和信息技术服务业等相关产业的规模和主体情况，2016～2018年度其指标值为资源型数字经济指标与技术型数字经济指标的算术平均值；融合指数考察工业、农业及服务业三个行业的数字化情况；环境指数考察政府网站、微博等政府新媒体数量、政务网上服务和可开放可共享的政府数据资源情况。

2020年全国31个省份的数字经济发展指数平均值为29.6，其中排名前10的省份的指数均在30以上。广东指数为65.3，居全国榜首，北京和江苏指数分别为55和52.2，位列第二、第三名，西藏指数最低，仅为8。各细分指数中，广东的基础指数、产业指数和环境指数均为全国最高，分别为58.4、96.2和52.9；融合指数最高的是浙江，为58.8。全国31个省份的产业指数均值为24.6，其他三项指数的均值在30上下浮动。

网上政府服务能力相关指标来源于中央党校（国家行政学院）《省级政府和重点城市网上政务服务能力调查评估报告》，为了确保各年度之间指标一致性和数据可比性，在一些年份中将在线服务成效度和在线办理成熟度的算术平均值作为在线服务交互性指数。网上政府服务能力评估体系主要考察4个方面，分别为服务方式完备性、服务事项覆盖性、办事指南准确性以及在线服务交互性。其中，服务方式完备性指数衡量公众与企业能否方便、准确和快捷地找到所需服务；服务事项覆盖性指数衡量事项清单及办事指南的梳理规范性及发布情况是否标准化；办事指南准确性指数衡量办事指南公布的相关要素信息的翔实性、准确性及易用性；在线服务交互性指数衡量政府服务在线一体化办理程度、办事效率及一体化平台的用户使用、评价推进情况。

2020年全国31个省级政府网上政务服务能力的总体指标平均值为83.82，其中8个省级政府指数超过90。浙江及广东的指数均为96.73，并列全国第一，上海位列第三名，指数为93.93；新疆、甘肃、西藏等西北地区指数较低。4项细分指标中，在线服务交互性指数平均值最高，得分为88.95，服务方式完备性指数平均值最低，得分为77.18。4项指数的最大值（得分）均在95以上，除甘肃外，其余各省的在线服务交互性指数均达到80以上；4项指数的最低分集中于新疆和甘肃。可以看出，省级政府网上政务服务能力的地域差异性比较明显。

为了更深入地探究数字政府建设与数字经济发展的相关性，基于数据收集、清洗和整理，构建全国31个省级行政区数字经济发展总指数与网上政府服务能力相关性系数，如表2所示。

表2　2015~2019年全国31个省级行政区各指标间的相关性系数分析

项目	数字经济 发展总指数	基础指数	产业指数	融合指数	环境指数
数字政府总指数	0.817 ***	0.798 ***	0.658 ***	0.667 ***	0.801 ***
服务方式完备性指数	0.752 ***	0.667 ***	0.703 ***	0.608 ***	0.637 ***
服务事项覆盖性指数	0.651 ***	0.675 ***	0.457 ***	0.523 ***	0.761 ***
办事指南准确性指数	0.610 ***	0.632 ***	0.415 ***	0.535 ***	0.695 ***
在线服务交互性指数	0.638 ***	0.626 ***	0.510 ***	0.492 ***	0.621 ***

注："***"$p < 0.01$，"**"$p < 0.05$，"*"$p < 0.1$。

　　服务方式完备性指数衡量政务服务的"渠道可达"性，即居民和企业是否可以方便、快捷和准确地找到所需服务。基础指数主要衡量与数字经济建设相关的基础设施建设，如移动宽带普及率等。基础设施如5G 网络等的完善能有效地提高政务服务平台的运行效率，使政务能够更好、更快地服务人民，因此基础指数能够在较大程度上影响服务方式完备性指数。

　　产业指数衡量电子信息制造业规模、电子信息制造业的发展能否有效有利于数字政府的推行；融合指数衡量企业数字化服务普及率（包括工业、农业、服务业），典型的数字化服务如 ERP、MES、SCM 等；环境指数衡量政务新媒体、网上服务、数据资源等。与基础指数及产业指数相比，融合指数及环境指数与服务方式完备性相关性较低。

　　服务事项覆盖性指数衡量"事项可见"度，包括事项清单公布情况、办事指南发布情况、办事指南与权利清单关联度、办事指南要素完备程度四个维度。服务事项覆盖性指数与基础指数、产业指数、融合指数和环境指数的相关性系数分别为 0.68、0.46、0.52、0.76。相比较而言，四个相关性系数中，其与环境指数的相关性最大，主要原因为政务新媒体的大量使用、数据资源的多端共享能够有效提高政务服务效率。

　　办事指南准确性指数衡量政府办事指南的"标准化""精细化"程度，是解决企业群众反映的"审批难"问题、约束自由裁量权、降低制度性交易成本和提高审批效率的重要措施。该指数与基础指数、产业指数、融合指数和环境指数的相关性系数分别为 0.63、0.42、0.54、0.70，其中与环境指标相关性最大，主要原因为政务对于新媒体渠道的利用及政府数据的大量开放共享使政府工作人员办事效率更高，能将更多注意力放在提高办事标准化程度上。

　　在线服务交互性指数衡量在线办理成熟度和在线服务成效度，该指数与基础指数、产业指数、融合指数和环境指数的相关性系数分别为 0.63、0.51、0.49、0.62，其中相关性系数最高的是基础指数，原因为互联网等基础设施的建设有利于使政府在线办理业务更能迎合大众的需求。

通过上述分析可以看出，31个省级行政区整体层面的数字政府建设与数字经济发展呈现一定的相关性，若干指标之间相关性较强，体现了二者相互促进与共同发展的特征。

三 北京数字政府建设与数字经济发展的相关性分析

北京市的数字政府建设水平与数字经济发展水平位居前列。据统计，2017年北京数字经济体量已过万亿元大关，[①] 2019年北京数字经济增加值超1.3万亿元，位居全国第三，占GDP的比重达38%。2020年1~11月，北京市规模以上软件和信息服务业实现营业收入14906.1亿元，以电子信息传输服务、数字技术服务两大领域为主的数字经济快速发展。

截至2020年底，北京市规模以上工业企业的生产设备数字化率达到65%，关键工序数控化率达到70%，数字化生产设备联网率达到60%。[②]"十四五"时期，北京将以新型数字基础设施为支撑，以数据要素安全有序流动为突破，以数字产业化和产业数字化为核心，从加强数字经济基础设施建设、提升数据要素价值、继续保持数字产业化领先、产业数字化赋能新经济、积极拓展数字场景示范、持续优化数字经济政策体系等方面，构建集"数字基建—数字交易—数字平台—数字场景"于一体的数字经济新生态，努力建设全球数字经济标杆城市。[③]

前文提到的评估数据表明，北京数字经济发展基础良好，位居全国

① 中国信息通信研究院：《中国数字经济发展白皮书（2017年）》，2017年7月13日。

② 《北京举办"回顾'十三五'展望'十四五'"系列新闻发布会》，国务院新闻办公室网站，2021年1月12日。

③ 《北京：数字经济快速发展 占GDP比重近四成》，http：//www.gov.cn/xinwen/2021－01/12/content_5579273.htm，2021年1月12日。

前列。北京数字经济发展指数在 2019 年和 2020 年均位居全国第二，2019 年得分为 56.5，为近 5 年最高值。北京市 2016～2018 年基础指数保持在 67 左右，而后开始下滑，2020 年仅为 51.5。产业指数则相反，2019 年快速增长，达到 77.2，2020 年达到 81.8。融合指数变化幅度不大，在 41～45 区间内波动。环境指数则由 2016～2018 年的 36 左右增长至 2019 年的 47.5，2020 年稍降至 45.5。

从 2015～2019 年北京网上政府服务能力来看，2015 年北京数字政府总指数为 81.55，2016 年下滑至 78.92，而后呈现逐年增加的态势，2020 年北京市数字政府总指数达到 91.33，位居全国第四。从 4 项细分指数看，服务方式完备性指数由 2015 年的 71 增长至 2020 年的 93.57，增长幅度较大；2016～2020 年的服务事项覆盖性指数均超过 90；办事指南准确性指数 2018 年突破 90，2019 年和 2020 年分别为 93.57 和 94.9；在线服务交互性指数在 2015～2018 年的分布区间为 76～84，2019 年显著增长，达到 92.76。

下文基于北京市数字经济发展总指数、数字政府总指数，构建了两者相关性系数表，以便进行更为细致的数据分析。

表3　2015～2019 年各指标相关性系数

项目	数字经济发展总指数	基础指数	产业指数	融合指数	环境指数
数字政府总指数	0.422	− 0.828*	0.685	− 0.755	0.748
服务方式完备性指数	0.239	− 0.322	0.348	− 0.307	0.350
服务事项覆盖性指数	0.142	− 0.452	0.278	− 0.295	0.476
办事指南准确性指数	0.618	− 0.829*	0.781	− 0.746	0.851*
在线服务交互性指数	0.392	− 0.713	0.564	− 0.557	0.744

注：" *** "$p < 0.01$，" ** "$p < 0.05$，" * "$p < 0.1$。

由表3可看出，北京市数字经济发展总指数与数字政府总指数的相关性系数为 0.42。从细分指标看，以下将以几组相关性较高且显著的数据为代表进行解读。

首先，北京市的数据分析呈现基础指数、融合指数与数字经济发展总指数呈负相关这一看似矛盾的结果，但这样的相关性并没有在统计意义上通过显著性检验，即可以认为这一结果的出现可能是偶然的。如果能收集到更多未来年度的数据，那么对于其相关性的判断能够更精准。

其次，北京数字经济环境指数与办事指南准确性指数之间的相关系数为0.85，显著为正。这反映北京市政府网上服务能力的提升与办事指南公布的相关要素信息的准确性、翔实性及易用性的提高为相互促进、相辅相成的关系。另外，随着北京市政府对于新媒体（如微博、头条）利用程度的提高，其办事指南的逐事项、逐要素标注需更准确、详细，公众才更易通过头条等渠道了解办事流程。反之，办事指南准确性的不断提升也增强了政府利用各新媒体渠道的意愿。

最后，北京数字经济基础指数与办事指南准确性指数、数字政府总指数之间的相关性系数均为－0.83，呈现负相关性。这可能是由于基础指数着重反映互联网普及率、移动宽带普及率等数字基础设施情况，若在这方面加大投入，则可能一定程度上因注意力的不均衡分配而减弱某些办事指南中要素信息的翔实性、准确性及易用性。此外，这一结果也表明大力推进数字基础设施建设并不必然促进在线公共服务有效供给。需要不断通过完善数字经济基础设施为提升政府服务供给的成熟度和成效度提供新手段、新技术、新动力，使二者有机协调发展。

四　新发展格局中北京数字政府与数字经济的前景机遇

首先，北京作为政治中心、文化中心、国际交往中心和科技创新中心，在政治、经济、社会、技术等方面已具备数字化的优势条件，能够进一步夯实"两区"建设及全球数字经济标杆城市之基。北京在构建新发展格局的过程中，可充分利用已有资源及相关政策，深入挖掘数字政府建设与数字经济潜力，推动二者融合发展，更好地服务于经济高质量发展。

其次，北京市数字政府建设与数字经济融合发展响应了"两区"建设及全球数字经济标杆城市建设的需求。从扩大开放和促进贸易来看，北京数字经济发展与数字政府建设的融合互动有利于推动高质量、高水平的国内及国际循环。数字经济的发展能有效降低贸易成本，提升对外开放程度，有利于我国深度融入国际化分工。而数字政府的建设作为促进数字经济发展的关键，对数字经济发展有显著促进作用。北京数字政府建设带动信息化基础建设，为数字经济的发展搭建了基础平台，通过实现一体化、信息化、智慧化的在线公共服务平台，为各类企业创造了更便捷的营商环境，通过购买信息设施与服务的方式间接带动就业，从而带动数字经济发展。二者相辅相成，有利于促进"两区"及全球数字经济标杆城市建设。

最后，北京数字政府建设与数字经济融合发展有助于深化推进疏解整治促提升专项行动。北京借助数字经济的特性与优势，可精确匹配供给与需求两端，拉动消费增长，提高生产效率，减少能耗污染，更好地实现纾解传统制造业，实现功能提升。而数字政府能够提升服务和管理效率，带动数字化基础设施建设和就业，间接拉动数字经济。数字经济则通过经济增长进一步推动数字化建设，从而进一步提高城市精细化管理水平。

五　研究结论与建议

（一）顶层设计，加强数字政府与数字经济统筹规划

做好新发展格局下数字政府与数字经济的顶层设计与统筹规划，在

国家构建新发展格局过程中处理好北京数字政府建设与数字经济发展之间的关系。充分发挥北京市级数字政府统筹协调机制的作用，通过全市"一盘棋"的总体规划，强化市级与区县层面的信息化建设统筹力度。全市和各委办局、各区县的电子政务、数字政府规划与顶层设计需要在统一的思想下予以推进。

（二）转变观念，秉持数字政府与数字经济前沿思维

进一步转变工作中的传统观念，贯穿互联互通理念，从"用户至上""协作治理""数字治理"等多元思路出发推进政务改革创新，并使"互联网＋"思维、技术与北京数字经济发展有机融合。在数字化视角与思维下开展数字政府与数字经济的相关工作，有利于高效高质地提供数字化政务服务，也有助于引导企业数字化转型，促使其顺应数字化浪潮，从而扩大数字经济产业规模，推动整体产业发展。通过树立北京数字经济"示范企业"，对各产业的数字化转型起到引导作用。

（三）抓牢契机，推动数字政府与数字经济融合发展

在北京建设"两区"、打造全球数字经济标杆城市的过程中，要注重二者的融合协调、有机耦合发展。数字政府与数字经济的融合能够促进服务业智能化升级和高端化发展，有助于建设国家服务业扩大开放综合示范区，在数字贸易领域形成应用创新生态。此外，二者融合能够促进信息基础设施建设，加快创新资源的开发与利用，强化数字化城市治理，有效提升数字化治理能力和效率，为开展数字化贸易打下基础，同时有效协助把自贸试验区建设为京津冀产业合作新平台，引导创新链、供应链、产业链在津冀地区布局，实现数字一体化。

（四）深化研究，提升数字政府与数字经济协同水平

数据分析发现，全国层面的数字政府建设与数字经济发展呈现双向

良性促进的态势，而北京数字经济发展与数字政务供给之间的联系尚不够紧密，暂未形成整体层面的显著正向相关。为提升北京数字政府与数字经济协同水平，要落实责任制，严格奖惩制度，建立规范统一的数字政府服务能力评价体系，并深入研究北京数字经济与数字政务协同耦合发展的机制与模式。要动态完善评估机制，使内外部评估及第三方评估相结合，邀请第三方机构对北京数字政府建设与数字经济协同作用进行评价，定期测试改进评估机制。

（五）落实考核，提升数字政府与数字经济绩效表现

北京市委、市政府可以对下级部门开展督查考核，将"互联网＋政务"服务能力、数字经济发展水平纳入北京市政府绩效考核范围。要完善督查制，建立全市一体化在线政务服务平台建设管理督查机制及数字经济发展评价指标体系，明确督查范围、周期和内容，对北京市各部门数字公共服务供给能力、数字经济服务能力、服务态度进行指导，实现督查考核工作的制度化、规范化、标准化及常态化。要以评估促发展、以效益论成败，不断提升北京数字经济发展水平及网上政务在线服务水平。

（六）创新驱动，打造数字政府与数字经济基建底座

新兴信息技术在数字政府发展中起着重要的推动作用。随着区块链、大数据、云计算、5G 等新一代信息技术的不断成熟及其与数字政府、智慧城市的融合不断深入，北京市应积极开展新兴信息技术与数字政府、数字经济的融合发展研究，如积极运用区块链促进政务信息资源共享、利用人工智能提升数字经济效能等。在完善传统基础设施的同时，加快新型基础设施建设对北京未来数字政府及数字经济发展而言尤为重要。

（七）盘活资源，构筑数字政府与数字经济人才高地

用好北京优势智力资源，借助党校、行政学院、高等院校、科研院所的力量，加大对高端信息人才的培养力度。针对电子政务工作人员，使定期与不定期的培训结合。建立培养电子政务技术型人才储备制度。积极探索政府部门与科研院所、高校在人才方面的交流、培养模式，可通过与院校合作的方式将人才"引进来"。探索实习、挂职、借调、选调等相结合的方式，实现电子政务人才资源的共享。积极开展与大学、科研院所的合作，不断引进吸收相关领域高端信息技术人才，培养一批既熟悉政府业务又掌握较高水平信息化技术的专业化、高水平人才队伍。用好专家资源。在筹划未来北京市电子政务发展的进程中，依托中央部委和清华、北大、中科院等高校和研究机构的专家学者，充分利用智囊团资源。

参考文献

周文彰：《数字政府和国家治理现代化》，《行政管理改革》2020 年第 2 期。

Crawford W. , *The Digital Economy： Promise and Peril in the Age of Networked Intelligence*, New York：Mc Graw－Hill，1996.

阮翀、利剑豪：《数字经济驱动区域产业高质量发展的作用机制研究》，《中国商论》2021 年第 10 期。

Tunduc A . , "The Influence of Digital Economy Upon the Rural Economy," Agricultural Management/Lucrari Stiintifice Seria I, Management Agricol, 2009, 11（1）.

宋辉、王笑阳、李元杰：《数字经济发展对河北经济拉动和贡献研究》，《统计与管理》2021 年第 2 期。

冯兴元、陈亚坤：《数字经济有什么内涵、特点与作用》，《民主与科学》2020 年第 6 期。

数字经济视域下北京大数据
开发利用对策研究

钟　瑛*

摘　要： 数字经济是一种新型的经济形态，大数据是关键的生产要素。各国都在积极应用大数据，以抢占数字经济发展的制高点。北京加快大数据建设和发展，不断创新应用。北京在大数据开发利用中还存在管理体制机制不够完善、产业结构不够优化、治理水平有待提升等问题。北京加快打造全球数字经济标杆城市，积极建设平衡协调的规制体系、构建融合引领的规划体系，提升数据治理综合水平。

关键词： 大数据　数字经济　北京

数字经济是一种新型经济形态，"数字化的知识和信息"是关键的生产要素。《中华人民共和国国民经济和社会发展第十四个五年规划和2035年远景目标纲要》指出，迎接数字时代，激活数据要素潜能。无论国际还是国内，大数据建设和应用与数字经济的发展具有内在的一致性。结合二十国集团（G20）发布的《数字经济测度工具箱》、经济合作与发展组织的数字经济指标体系，以及中国信通院数字经济测度指标等指标体

---

* 钟瑛，博士，首都之窗运行管理中心高级工程师。

系进行测度的结果表明，全球数字经济标杆城市有两种主要类型：一类是数字经济的规模体量较大；另一类是数字经济中基础设施、数字技术与产业、产业数字化等维度的发展较为均衡，综合质量较高。在国外，硅谷地区以及纽约、伦敦、慕尼黑等城市都在数字经济发展方面取得了标杆性成就；在国内，北京、上海、深圳、杭州等城市的数字经济发展处于全国领先水平。这些城市无一不是大数据建设和应用领先的城市。

一 北京数字经济发展对大数据资源的特殊需求

北京作为国家首都和国际科技创新中心，是中国数字经济的创新源头，也是开放源头，是数字经济发展的领军城市。北京市具有完整的创新生态，形成了组织、人才、技术、业态、资本多层次协同创新体系，在国内"软件百强""软件和信息技术服务综合竞争力百强"等重要榜单中，北京入选的企业数量均名列第一，ICT 领域独角兽公司仅次于美国硅谷。北京市有前沿的技术引领，2021 年初，工信部批准北京创建国家人工智能创新应用先导区，以百度、字节跳动、寒武纪、旷视为代表的人工智能企业约 1500 家，约占全国人工智能企业总量的 28%。北京市有坚实的产业基础，按照国家统计局口径初步测算，2020 年北京数字经济增加值超过 1.44 万亿元，占 GDP 的比重达到 40%。北京市实现全方位的场景开放。北京作为超大城市，致力于把整个城市作为孵化催生数字产业的超级系统，城市运行治理、副中心、"三城一区"建设、冬奥会等为北京数字技术、数字产业发展提供了丰富的应用场景①。北京城市功能定位决定了需要以数据为关键生产要素，将数字经济作为重要经济形态予以发展。

---

① 《"2021 全球数字经济大会"新闻发布会》，http://www.beijing.gov.cn/shipin/Interviewlive/487.html，2021 年 7 月 16 日。

　　美国、英国、日本、欧盟等发达国家和地区高度重视大数据应用，发布了相关的政策法规，将大数据战略上升至国家层面，为本国和本地区的大数据发展以及数字经济的发展起到了积极的促进作用。国际标准化组织积极推动大数据标准的制定和推广，抢占大数据领域的话语权，并以此建立了相关治理规则和评估体系，以期引导大数据的建设和应用方向。中国是世界互联网发展的引擎之一。近年来，大数据储量和增长量都呈现爆发式增长。根据国际数据公司 IDC 和数据存储公司希捷的报告预测，到 2025 年中国产生的数据量将超过美国，成为全球最大的数据圈。① 我国也认识到了政策体系对于大数据的重要作用，认识到大数据开放政策体系的建设有利于营造数字经济发展的外部环境；大数据安全政策确保了个人数据保护的合规性，消除了威胁数字经济发展的数据保护主义，降低了数字经济中的相关商业成本；大数据标准化工作促进了大数据技术相关交流，夯实了数字经济发展基础；大数据绩效评估工作有利于建设透明政府、服务政府，支撑数字经济发展。

表 1　大数据——数字经济建设和发展一致性

领域	地区	名称	内容	对数字经济的影响
大数据开放政策	美国	美国总统执行办公室：《大数据：把握机遇，守护价值》，2014 年 5 月	释放大数据，为经济社会发展带来新动能	
		美国政府：《联邦大数据研发战略计划》，2016 年 5 月 23 日	旨在构建数据驱动战略体系……促进经济发展	
		美国国会：《开放政府数据法》，2019 年 1 月	促进美国数据开放改革	

---

① 《IDC：到 2025 年中国将拥有全球最大数据圈》，http://news.sciencenet.cn/htmlnews/2019/2/423145.shtm，2021 年 2 月 22 日。

领域	地区	名称	内容	对数字经济的影响
大数据开放政策	欧盟	欧盟委员会:《打造欧洲数据经济》,2017年	正式启动欧盟数字经济计划,指出大数据是经济增长、就业和社会进步的重要资源,要确保数据自由流动	营造数字经济发展的政策环境
	中国	国务院:《促进大数据发展行动纲要》,2016年9月5日 国务院:《中华人民共和国政府信息公开条例》,2019年4月3日修订 国务院:《政务信息资源共享管理暂行办法》,2016年9月5日	形成了从中央到地方的大数据发展政策体系	
大数据安全政策	欧盟	《通用数据保护条例》,从2018年5月25日起正式生效	国际个人信息数据保护的里程碑	确保了个人数据保护的合规性,消除了威胁数字经济的数据保护主义,降低了数字经济中的相关商业成本
	日本	《个人信息法》,从2005年4月起生效	保护个人信息安全的根本法律	
	中国	全国人民代表大会常务委员会:《中华人民共和国网络安全法》,2017年6月1日起施行	我国第一部全面规范网络空间安全管理方面问题的基础性法律	
大数据标准化	国际	ISO/IEC JTC1/SC32数据管理和交换分技术委员会 ISO/IEC JTC1/WG9大数据工作组	研制跨行业跨领域数据管理和交换标准,输出大数据框架、模型、术语	促进了大数据技术交流发展,夯实了数字经济发展基础
	美国	NIST美国国家标准与技术研究院		
	中国	全国信息技术标准化委员会大数据标准工作组 全国信安标委大数据安全标准特别工作组		
大数据评估	国际	联合国经济与社会发展事务部:联合国电子政务调查 世界经合组织:开放政府数据指数	推动政府数据开放走向深入	促进了透明政府、服务政府建设,支撑了数字经济发展
	中国	《信息技术服务治理第5部分:数据治理规范》(GB/T 34960.5-2018) 《数据管理能力成熟度评估模型》(GB/T 36073-2018)		

二 北京大数据开发利用的主要成就

北京作为国家首都和超大型城市，数字经济发展处于全国领先水平。① 北京构建全球数字经济标杆城市，加快大数据领域的资源开发与产业应用，对于发展数字经济发挥着核心支撑作用。北京近些年来在大数据领域的开发利用取得了显著成就，集中体现在数据资源集聚及其利用价值上。

（一）集聚化的数据资源

北京市数据资源建设工作起步早、发展快，2000 年前后就建成了人口库、法人库、证照库等，聚集了 81 家单位的 604 类数据。同一时期，北京市各政府部门、企事业单位陆续开启了上网阶段，积累了相当丰富的数据化政务信息资源。2015 年，北京市出台了《北京市大数据和云计算发展行动计划（2016～2020 年）》，详细阐述了北京市建设和发展大数据的总体思路；2018 年为落实国务院《促进大数据发展行动纲要》，北京市全面启动大数据行动计划，促进本地数字资源的聚拢融合。北京市并不满足于本地数据集聚，下一步，还将建成国际数据交易所和数据跨境港，实现在《区域全面经济伙伴关系协定》（RCEP）、中国—欧盟、"一带一路"等框架下的数据跨境流动，数据资源集聚水平争取全球领先。

（二）创新性的集聚机制

数据资源集聚具备很强的优势，能带来极大的红利，但是受限于长期存在的数据孤岛、管理体制条块分割等障碍，并不能简单实现。北京

---

① 陈焕文：《建设全球数字经济标杆城市》，《前线》2021 年第 5 期。

高度重视运用区块链技术，促进了政府部门数据资源的建设和共享、应用与协同，为其他领域的数据集聚起到了示范引领作用。

首先，根据单位职责，北京市确定了各类政务大数据生产和使用的责任部门，结合各单位政务系统的数据目录和结构，启动"上链"工程，通过职责—目录—数据的关联，将各单位职责、数据目录绑定在一起，以解决数据缺位、越位等问题；其次，参照各单位业务流程，依托区块目录链确立了业务数据共享和协同的原则，以解决数据流转随意、业务协同无序等问题；最后，基于区块链对各单位数据进行管理，新建的产生数据的职责和系统必须"上链"，不产生数据的职责不再继续绑定在区块链上，相应的系统也将关停，以此建立起各单位职责、业务、数据的闭环，解决应用与数据脱节、技术与管理失控等问题。

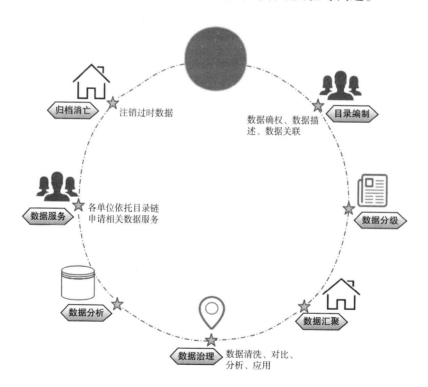

图1　区块目录链流程

"北京健康宝"是大数据应用和协同的最佳案例之一。健康宝大量调用了第三方数据，按照传统政务信息资源交换模式，基于海量数据存储与索引、异构数据适配、数据传输、数据交换安全等核心技术手段，构建门户网站、数据中心或者交换平台等，实现资源共享，而这无疑会消耗非常巨大的人力、物力和时间资源，明显与疫情防控的实际需要严重不相适合。实际上，在"北京健康宝"的建设和应用过程中，基于全市数据集聚，完全突破了传统模式，实现了大范围、大跨度、超海量、高效能的数据资源深度共享利用。健康宝验证所需信息无须本地存储、无须平台交换，而是通过实时调用、实时比对实现的。在新冠肺炎疫情防控期间，累计为北京市 5264.77 万人提供了 32.07 亿次健康状态查询服务。[①]

（三）获得感强的集聚价值

由于数据规模大，大数据应用往往也具有体量大、成本高、环境复杂等特点。开发者容易陷入投资大、规划长、收益慢的陷阱，使用者则常常怀有一种敬畏，不敢用、不想用、不会用。为了变现数据集聚的价值，北京市非常重视对数据资源的实际应用，尤其注重发挥大数据在改善民生服务、提高公共设施运维效率方面的效用，不断提升人民群众获得感。

2019 年，北京市大数据应用示范项目涵盖政务、民用、商务等领域，其中政府治理类项目 103 个，包含城市管理、公共服务、社会治理、市场监督、民政、扶贫等六大类，民生服务类项目 48 个，实体经济类项目 170 个。[②] 2019 年，北京市大数据发展总指数为

---

① 《全球数字经济标杆城市怎么建？将从六方面发力》，《新京报》2021 年 1 月 23 日。
② 北京市经济和信息化局、北京市人力资源和社会保障局编著《北京市大数据建设简明读本》，首都师范大学出版社，2019。

74.11，在全国 31 个省域中排名第一。[①] 北京市作为"新型智慧城市"建设的首批实践城市，处于向"数字生态城市"发展的跨越式阶段。

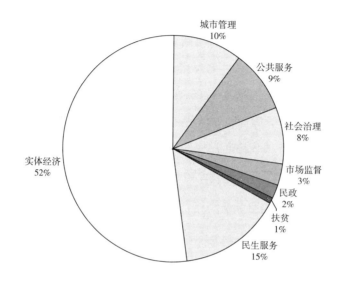

图 2　大数据应用示范项目行业分布

三　北京大数据开发利用存在的主要问题

北京市大数据建设和应用让群众感受了科技的进步，得到了很多实实在在的福利。但是，北京市还没有形成数字经济持续发展所必需的有效数据资源供给，主要表现在数量不丰沛、质量不高、可被利用性差、行业领域发展水平严重失衡、开放共享力度弱和方式单一等。造成这些问题的主要原因包括管理体制机制不顺、数字产业结构失衡、数据治理理念落后和整体水平不高等。

---

　　① 连玉明主编《大数据蓝皮书：中国大数据发展报告 No.3》，社会科学文献出版社，2019。

（一）管理体制机制不够完善

2018 年 11 月 8 日，按照党中央、国务院正式批准的北京市机构改革方案，市经济和信息化局加挂市大数据管理局牌子。北京市大数据发展走在全国前列，但仍然缺乏专业的独立的管理机构；从挂牌机构公开职能来看，侧重于顶层设计和政务方面的应用，对于区块链、云计算、人工智能等领先技术的行业管理没有涉及，对于数据垄断、数字鸿沟等数字社会问题也没有涉及，监管机制不够完善，可能导致对数字技术、数字产业的引领不足，难以有效解决大数据发展可能引起的深层次问题。

（二）数字产业发展亟待提速

根据《北京市 2020 年国民经济和社会发展统计公报》，第三产业占比 83.8%，其中，信息传输、软件和信息技术服务业占比 15.3%，金融业占比 19.8%，科学研究和技术服务业占比 8.3%。这使得北京市更容易从信息技术的浪潮中受益，大数据产业和大数据赋能产业为北京构建全球数字经济标杆城市提供了支撑。但是，评测和判断区域数字经济的现状和潜力，要将大数据技术对实体经济的影响程度和范围作为基础。数字经济的优势在于促进数字技术与实体经济深度融合，赋能传统产业转型升级，大数据发展既助力于数字产业发展也助力于实体经济发展。北京已有的大数据行业还存在内外发展不齐、新老接续无力的现象。国际最强的大数据企业或者落户北京或者在北京设立分公司，与此同时，北京缺乏本土强有力的大数据企业。北京本地传统龙头企业积极寻求数字化赋能，但是包袱重、转型难。而创业型企业以"小微"居多，规模小，所占市场份额小，发展乏力。立足新发展阶段，借助于新一代信息技术，北京数字产业亟待提速，为加快传统产业转型升级、构建高精尖经济结构提供关键支撑。

（三）数据治理水平有待提升

在信息技术革命中，我国超越了相当多的国家和地区，成为数字经济的"领头雁"。北京也是如此，所有数字经济发展中的问题，所有大数据建设和应用中的问题，北京都需要予以研究。其中，个人信息隐私安全和数字垄断是核心问题。前者关系到大数据建设的来源，后者关系到大数据应用的价值。个人信息隐私保护对于个人的重要性、必要性不言而喻。政府对于个人信息隐私问题的态度和方式，决定了人们提供个人信息的态度和方式，影响了大数据的持续发展和数字经济的发展。一旦用户感觉到个人信息隐私受到威胁，将不再愿意参与数字经济，也就不再会有创新或者创新性的想法出现，进而会削弱经济。以德国2011年人口普查为例，人们对个人信息隐私的担忧导致这次普查充满了虚假的注册信息。① 过去，我国政府对于"个人信息"往往采用"拿来主义"的态度，但是，随着数字经济纵深发展，必须研究个人信息保护的各项规范，规范各类大数据的采集、存储、使用等，这有利于人们对政府管理的理解、配合、支持，也有利于数字经济的发展。

数据垄断影响了数字经济的发展。2019年7月北京市消协发布大数据"杀熟"问题调查结果表明，88.32%的被调查者认为大数据"杀熟"现象普遍或很普遍，82.54%的被调查者认为会透支消费者信任，降低企业信誉，65.12%的被调查者认为会影响整个行业的商业信誉。② 然而，并不是简单地减少企业采集的数据量就能够避免数据垄断。例如，欧盟2018年通过的《通用数据保护条例》，在实践中并未对谷歌、

---

① 〔德〕阿希姆·瓦姆巴赫（Achim Wambach）、〔德〕汉斯·克里斯蒂安·穆勒（Hans Christian Muller）著《不安的变革——数字时代的市场竞争与大众福利》，社会科学文献出版社，2020。

② 《北京市消协发布大数据"杀熟"问题调查结果》，http://www.bj315.org/xxyw/xfxw/201907/t20190727_19494.shtml，2021年6月28日。

脸书等这样具有数字优势的大集团造成多大影响。相反地，许多小型软件企业则可能失去大部分用户，反而助推了数据垄断。为了发展数字经济，数据集聚是必要的，然而如何规避数据集聚向数据垄断发展，则需要予以深入研究。

四 数字经济视域下北京大数据开发利用的对策建议

（一）打造平衡、协调的规制体系

为了继续促进大数据开发利用，北京市要进一步规范大数据的建设和应用。在管理体制机制不完善的情况下，规避因缺乏专业的独立的管理机构而带来的潜在风险，调动各方力量，打造一个平衡、协调的规制体系。以大数据管理局为牵头单位，成立北京市数字经济产业领导小组，全面统筹大数据促进数字经济发展全局。充分发挥大数据以及相关行业的行业组织作用。数字经济是新型经济，但是大部分企业还属于传统行业，有不同形式的行业组织，应该发挥其信息传播、行业自律等作用，加大授权力度，以增强行业协会发展的动力，建立系统的行业规范，强化社会公众或非政府组织的监管。

（二）布局融合引领的规划体系

北京大数据建设和发展应该站在两个100年历史交汇点上，立足新发展的要求，助力北京建成数字经济标杆城市。首先，要坚持大数据技术的全球引领、大数据产业的全球领先，充分考虑到北京在全球大数据产业链中的位置，制定与全球数字经济产业深度融合的长远目标；其次，要充分考虑北京市大数据建设和应用对于京津冀区域数字经济发展的积极作用，站在区域经济和社会发展引擎的高度，统领京津冀地区大数据政策的制定工作；最后，在重点支持头部企业发展的同时，要实现大数据赋能各行各业，实现大数据技术与各行业优势的叠加和融合，为处于不同发展阶段的行业指明方向。

（三）综合提升数据治理水平

大数据的建设和应用使很多行业发生了改变，甚至是颠覆式的改变。尤其是有关大数据带来的个人信息隐私安全问题以及数据垄断带来的行业垄断问题，使得人们对于大数据产生了两极化的情绪。为了减小大数据的负面影响，加快大数据开发利用和产业应用，提升数据治理综合水平，加快发展数字经济，助推全球数字经济标杆城市建设，应从多方面综合提升数据治理水平。加强大数据技术创新与应用，助推实体经济发展，确保资本的有序流动，引导人才向发展国民经济最需要的领域流动。营造鼓励创新的良好生态，规范已有企业的行为，推动大数据产业中的"专精特新"企业发展。打好组合拳，充分发挥政府和市场对于大数据行业发展的调节作用，通过财政、税收等方式支持大数据产业发展。提升全社会的数字素养，贯彻新发展理念，构建新发展格局，不断完善北京大数据治理体系，突出数据驱动、全球视角、标杆引领、城市孵化，提升城市数据治理水平与能力，加快城市数字转型，加强数据要素配置，推动数字技术创新，助力新兴产业孵化，完善数字治理规则，加强对外合作交流，奋力打造引领全球数字经济发展的北京方案、北京标杆。

参考文献

连玉明主编《大数据蓝皮书：中国大数据发展报告 No.3》，社会科学文献出版社，2019。

钟瑛：《政府公共服务标准体系研究》，中国出版集团、世界图书出版公司，2011。

王忠、钟瑛：《健康大数据产业发展与隐私规制》，社会科学文献出版社，2021。

陈焕文：《建设全球数字经济标杆城市》，《前线》2021 年第 5 期。

Zhong Wang, Ying Zhong, "What were Residents' Petitions in Beijing-based on Text Mining," *Journal of Urban Management*, June, 2020.

王利明：《论个人信息权的法律保护——以个人信息权与隐私权的界分为中心》，《现代法学》2013 年第 4 期。

邓刚宏：《大数据权利属性的法律逻辑分析——兼论个人数据权的保护路径》，《江海学刊》2018 年第 6 期。

城市社会篇

新发展格局中北京市养老照料中心建设的痛点、难点和堵点

马小红　郑　澜*

摘　要： 养老照料中心建设是北京市养老服务体系建设中的重要组成部分，也是建成具有首都特色的老年友好型城市的关键。本研究基于2020年北京市民政局委托北京精民社会福利研究院开展的"北京市养老服务设施建设和运营状况摸底调查"及相关数据资料，分析了当前养老照料中心的发展状况，发现其存在不少"痛点""难点""堵点"。在新发展格局下推动具有首都特色的养老照料中心建设，完善政策支持体系，健全多方协同机制，优化照护服务体系，加大宣传支持力度。

关键词： 北京　养老照料中心　养老服务

一　研究背景

21世纪以来，我国人口老龄化问题日益严峻。第七次全国人口普查数据显示，我国2020年60岁及以上人口占18.7%。北京市作为全国人口老龄

---

* 马小红，博士，中共北京市委党校（北京行政学院）北京市市情研究中心主任，北京人口与社会发展研究中心教授；郑澜，硕士，中共北京市委党校（北京行政学院）北京市市情研究中心助理研究员。

化程度最高的城市之一，2020 年 60 岁及以上人口占比达 19.6%，远高于全国平均水平，其老年人口基数大、空巢化、高龄化等特征更加凸显，养老服务需求更加庞大、多样化，城市养老问题也更加突出。尤其在近些年家庭结构变迁、人口流动加速背景下，传统家庭养老功能日渐式微，同时机构养老有限的照顾资源及不均衡发展现状对养老模式提出新的挑战。

为满足人民群众最迫切的社会养老服务需求，2014 年北京市发布《北京市 2014 年街（乡、镇）养老照料中心建设工作方案》（京民福发〔2014〕36 号），创新性地提出了养老照料中心建设模式。该模式侧重于街道乡镇社区层面的养老设施建设，以社区内的小型养老机构作为服务平台，为周边社区老年人提供多元化的居家社区养老服务，形成居家社区和养老机构相互依托、资源共享、融合发展的新型社会养老服务体系。

养老照料中心建设是北京市"三边四级"养老服务体系建设中的重要组成部分，也是建成具有首都特色的老年友好型城市的关键。2021年出台的《中共北京市委关于制定北京市国民经济和社会发展第十四个五年规划和二〇三五年远景目标的建议》明确提出，"落实居家养老服务条例，完善街道社区就近养老服务网络"，北京市养老照料中心作为居家养老服务的重要模式，其建设和发展更是关系到北京养老服务的新格局。2014 年以来，北京市政府陆续出台了一系列政策文件来支持养老照料中心的建设（见表 1）。

表 1　北京市养老照料中心建设发展相关政策文件

发布时间	发文名称	重点内容
2014 年 1 月	《北京市 2014 年街（乡、镇）养老照料中心建设工作方案》	建设原则;中心功能;扶持重点;建设规范;扶持政策
2014 年 4 月	《关于进一步做好 2014 年街（乡、镇）养老照料中心建设工作的通知》	建设实施要求;建设扶持要求
2014 年 7 月	《关于加强本市养老机构和养老照料中心建设工程招标投标管理工作的意见》	工程招标投标管理工作

续表

发布时间	发文名称	重点内容
2014 年 8 月	《关于进一步推进本市养老机构和养老照料中心建设工作的通知》	"医养结合";房产和消防问题;部门协调机制
2015 年 3 月	《北京市养老照料中心建设三年行动计划(2014 年—2016 年)》	划分建设区域及目标任务,附区县养老照料中心三年建设任务分配表
2015 年 4 月	《关于依托养老照料中心开展社区居家养老服务的指导意见》	发挥辐射区域内社区居家养老服务功能,作为区域内为老服务综合平台,组成养老服务联合体
2016 年 2 月	《北京市 2016 年街道(乡镇)养老照料中心建设工作方案》	2016 年各区养老照料中心建设任务分配表
2016 年 5 月	《北京市支持居家养老服务发展十条政策》	构建居家养老助餐服务体系;医疗卫生与养老服务融合发展;"北京养老"品牌战略
2016 年 9 月	《关于做好 2016 年养老机构辐射社区居家养老服务工作的通知》	建成区域综合性养老服务平台,组成居家养老服务联合体,采用分散或集成(流动服务车)方式重点开展十项辐射服务
2016 年 10 月	《关于 2016 年开展养老助餐服务体系试点建设工作的通知》	发挥养老服务设施的餐饮功能,开展各区试点建设
2016 年 10 月	《关于贯彻落实〈北京市居家养老服务条例〉的实施意见》	构建居家养老服务体系
2016 年 12 月	《北京市"十三五"时期老龄事业发展规划》	提升养老照料中心辐射能力;完善与社区养老驿站的功能分级和服务衔接
2017 年 1 月	《关于加强养老服务人才队伍建设的意见》	养老服务人才队伍建设
2017 年 5 月	《北京市街道(乡镇)养老照料中心建设资助和运营管理办法》	布局要求;建设模式和规范;运营管理;扶持政策
2017 年 9 月	《关于加强养老服务设施规范化管理工作的通知》	养老服务设施规范管理
2017 年 10 月	《关于加强农村养老服务工作的意见》	构建农村养老服务体系,到 2020 年,平原区、浅山区每个乡镇建设 1 个养老照料中心
2019 年 9 月	《关于金融支持养老服务业发展的实施意见》	金融支持养老服务
2020 年 11 月	《北京市养老服务人才培养培训实施办法》	养老服务人才培训

资料来源：http://www.beijing.gov.cn/。

经过六年多的建设和发展，北京养老照料中心实际建设和运营情况如何、相关政策是否落地落细落实、在建设发展中存在哪些问题、如何在新发展格局中构建具有首都特色的养老服务体系都是值得研究和关注的问题，也是本研究的重点。

2020年底，北京市民政局委托北京精民社会福利研究院在全市范围内开展了"北京市养老服务设施建设和运营状况摸底调查"。在北京精民社会福利研究院的统一组织下，由中共北京市委党校和清华大学建筑学院团队组成的调查组专项负责北京市养老照料中心的摸底调查，以全面了解和掌握北京市养老照料中心的建设和运营情况。调查组针对养老照料中心，采用问卷调查和深度访谈的方法，收集了195家养老照料中心的基本情况、建筑环境、工作人员、医疗配套及服务设施、用房与场地、入住服务及收费、机构运营及管理、辐射服务等数据，并设置了关于机构发展和需求情况的5个开放性问题，由养老照料中心的负责人进行填答。本研究主要采用此次摸底调查中"养老照料中心摸底调查"（2020年）的数据，通过SPSS和MAXQDA等工具软件对195家养老照料中心的定量和定性资料进行了分析，以全面了解中心建设、运营和发展情况。若无特别说明，本研究的数据均来源于此次调查，下文不再赘述。同时，本研究还参考了政府网站公布的相关数据和资料。

二 北京市养老照料中心基本情况

（一）养老照料中心数量和分布

按照2017年的《北京市街道（乡镇）养老照料中心建设资助和运营管理办法》（京民福发〔2017〕162号），至2020年底，除偏远山区乡镇外，每个街道（乡镇）建设1所养老照料中心。2021年1月14日《北京日报》相关报道显示，北京市建成并运营养老照料中心262家，超过规划 54 家，覆盖全市 333 个街道（乡镇）的 78.7%，基本实现街道（乡镇）全覆盖。此外，还有 50 家养老照料中心正在筹备中。

北京市养老照料中心在区域分布上存在明显差异（见表 2）。按照行政区划来看，朝阳区的街道（乡镇）最多，养老照料中心最多，达 50 家。按照区域功能划分来看，接近一半（43.89%）的养老照料中心分布在功能拓展区，分布在首都核心区的养老照料中心最少，占 14.12%。另外，与 2016 年各区养老照料中心建设任务分配表相比，除东城区、延庆区外，北京市其他区运营的养老照料中心数量达到或超过规划。

表 2　北京市养老照料中心分布情况

单位：家

功能区	区名称	街道(乡镇)数	规划建设数量	实际建设数量	实际 - 规划
首都核心区	东城	17	17	14	- 3
	西城	15	15	23	8
功能拓展区	朝阳	43	39	50	11
	海淀	29	26	30	4
	丰台	21	19	26	7
	石景山	9	8	9	1
城市发展新区	大兴	22	11	14	3
	房山	28	11	17	6
	通州	17	8	9	1
	顺义	25	12	15	3
	昌平	22	9	14	5
生态涵养区	门头沟	13	5	7	2
	怀柔	16	6	8	2
	平谷	18	7	12	5
	密云	20	7	8	1
	延庆	18	8	6	- 2
合计		333	208	262	54

注："实际建设数量"为截止到 2021 年 1 月 14 日北京市民政局的统计数据。

资料来源："街道（乡镇）数"来自北京市统计局《北京统计年鉴 2020》；"规划建设数量"来自《北京市 2016 年街道（乡镇）养老照料中心建设工作方案》；"实际建设数量"来自北京日报客户端（2021 年 1 月 17 日）《北京市已建成运营 262 家养老照料中心，附最全名单》，https：//baijiahao. baidu. com/s？ id = 1690021515690552694&wfr = spider&for = pc。

（二）养老照料中心机构名称

按照北京市《关于进一步做好 2014 年街（乡、镇）养老照料中心建设工作的通知》（京民福发〔2014〕118 号），街（乡、镇）养老照料中心的主要载体即设置依托的养老机构所在场所，称为中心主体机构，可以按照新建、扩建和改建的方式进行养老照料中心的建设，并按照养老机构设立许可相关规定获取资质。设立养老照料中心的养老机构，加挂中心的名称统一为"××区（县）××街道（乡镇）养老照料中心"，其原有主体养老机构名称不变。因此，北京市养老照料中心的机构名称呈现"百花齐放"状态，多达 20 余种。

通过对 262 家北京市养老照料中心的公开报道名称进行统计（见表 3），接近半数（112 家）的北京市养老照料中心机构名称以规范的"养老照料中心"命名，以接近规范的（老年）养（康）护中心/护养院/照护中心和养老（服务）中心命名的有 36 家；以传统的"养老院""敬老院""老年（长者）公寓"命名的有 79 家；以体现公司化运作特点命名的养老（照料）服务有限公司和投资有限公司有 15 家。此外还有老年家园/社区（5 家）和社会福利中心（8家）等提法。

表 3　北京市已建成运营的养老照料中心

单位：家

功能区	区名称	合计	养老照料中心	（老年）养（康）护中心/护养院/照护中心	养老（服务）中心	养老院	敬老院	老年（长者）公寓	老年家园/社区	社会福利中心	养老（照料）服务有限公司	投资有限公司	其他
首都核心区	东城	14	2	3		6		3					
	西城	23	17	1			3	2					

续表

功能区	区名称	合计	养老照料中心	(老年)养(康)护中心/护养院/照护中心	养老(服务)中心	养老院	敬老院	老年(长者)公寓	老年家园/社区	社会福利中心	养老(照料)服务有限公司	投资有限公司	其他
功能拓展区	朝阳	50	13		1	7	1	15	4		5	2	2
	海淀	30	16	1	4	1	3	2			2		1
	丰台	26	2	6	3	6	2	4			2		1
	石景山	9	5	1	1			1					1
城市发展新区	大兴	14	10	2							2		
	房山	17	7		5	3			1				1
	通州	9			4		1	2			1	1	
	顺义	15	14	1									
	昌平	14	9	1	1		1	1					1
生态涵养区	门头沟	7	7										
	怀柔	8	7					1					
	平谷	12				1	3	8					
	密云	8								8			
	延庆	6	3	1			2						
合计			262	112	17	19	24	16	39	5	8	12	3	7

资料来源：根据北京日报客户端（2021 年 1 月 17 日）《北京市已建成运营 262 家养老照料中心，附最全名单》（https：//baijiahao. baidu. com/s? id = 1690021515690552694&wfr = spider&for = pc）相关资料统计得出。

名称的多样化体现了养老照料中心建设的多主体性，也体现了历史发展性。按照"在一个街（乡、镇）行政区域内，只能确定一个中心"的文件精神，多样化的名称在实际工作中无论是对管理部门还是对用户群体都造成了一定的困扰。

（三）养老照料中心建设运营模式

北京市鼓励和支持社会力量兴办养老照料中心，出现了公办（建）民营、民办民营等方式。图 1 为北京市养老照料中心各类建设运营模式占比情况。建设运营模式的不同主要体现为养老照料中心的法人登记类型、投资主体、运营主体的差异。从法人登记类型来看，大部分养老照料中心属于民非类型，占比达 71.28%，有 20% 的养老照料中心属于企业类型，不到 10% 的养老照料中心法人登记类型为事业单位等其他类型；从投资主体来看，主要是个人投资和企业投资，各占 33.85% 和 33.84%，15.9% 的由民营组织投资，10.77% 的由政府投资，2.56% 的由事业单位投资，3.08% 的为多方投资；从运营主体来看，与法人登记类型较为一致，绝大部分（175 家）养老照料中心属于民营，即由企业或民非进行运营。

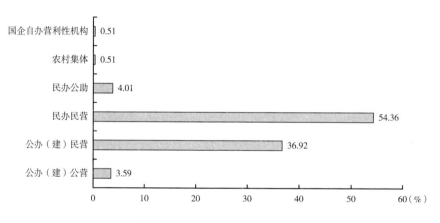

图 1　北京市养老照料中心各类建设运营模式占比情况

（四）养老照料中心运营情况

调查结果显示（见表 4），195 家北京市养老照料中心在建筑设备方面，设计总床位数为 28565 张，平均床位数约为 148 张；实际入住床位数为 14241 张，实际入住平均床位数约为 74 张；平均建筑面积为 4401.96 平方米，其中最大的一家养老照料中心建筑面积达 4112.7 平方米。在工作人员方面，以全职工作人员为主，平均全职员工约 31 人，平均兼职员工约 2 人；在提供辐射服务方面，平均辐射距离为

5.11 公里，不同区域之间辐射距离差异较大，其中房山区平均辐射距离最远。

表 4　北京市养老照料中心情况

区	平均床位数（张）	实际入住平均床位数（张）	平均建筑面积（平方米）	平均全职员工（人）	平均兼职员工（人）	平均辐射距离（公里）
东城	49.58	36.33	829.27	15.83	2.50	3.00
西城	92.45	62.70	3252.15	25.70	1.58	7.14
朝阳	158.51	80.24	5795.43	35.73	1.41	2.75
丰台	222.92	123.50	5411.08	46.71	2.73	5.30
石景山	145.50	84.83	8502.00	53.33	0.75	5.80
海淀	109.37	67.74	3352.87	34.60	1.72	4.00
顺义	148.78	68.56	3500.61	21.89	0.50	5.83
通州	267.13	60.25	5754.38	23.00	5.88	5.33
大兴	146.91	46.18	4634.34	25.09	1.10	4.45
房山	179.69	82.06	5277.29	31.75	1.17	10.15
门头沟	104.00	34.50	2701.00	17.50	0.00	0.50
昌平	117.78	57.40	3529.90	20.90	2.00	5.52
平谷	186.14	111.83	4255.86	25.14	3.40	9.33
密云	123.67	61.33	1986.00	16.67	2.00	3.50
怀柔	99.80	53.40	3701.60	20.60	2.20	4.25
延庆	81.00	34.25	2525.00	16.00	2.75	6.00
合计	148.01	74.17	4401.96	30.73	1.95	5.11

三　北京市养老照料中心建设和发展中的痛点、难点和堵点

多年来，北京市政府一直致力于将养老照料中心打造成具备完善养老服务功能的养老机构。目前，大多数养老照料中心整合了街道（乡、镇、地区办事处）辖区内敬老院、光荣院、社区服务中心等现有设施以及闲置校舍、宾馆、企业厂房等可利用的社会资源，基本满足了老年

人社区托养和居家养老的现实需求。然而，我国居家和社区养老服务起步较晚、社会化养老服务模式尚未成体系，养老照料中心的建设和发展并非一帆风顺。在本课题组 2020 年进行的养老照料中心摸底问卷调查中设置"本中心发展中遇到的主要问题和困难有""在政府和政策支持方面，最急迫的需求有""在辐射或社区居家服务方面，本中心面临的最突出问题"等开放性问题，中心负责人的填答反映了其在建设和发展过程中存在的痛点、难点和堵点，[①] 需要予以重视并加以解决。

（一）北京市养老照料中心建设和发展的痛点

1. 功能优势不突出

北京市出台的政策文件明确指出养老照料中心主要承担机构养老、居家助老、社区托老、专业支撑、技能实训、信息管理六大功能，同时应具备"区域综合性养老服务平台"职能，要求开展辐射社区居家养老服务工作。因此，政府对养老照料中心的定位为具备完善的为老服务功能，既是一家养老院，提供全托养老服务或长期的临时托管服务，又是一家社区驿站，能够提供送餐、助浴、看护、照料等各种上门服务。调查结果显示（见图 2），北京市养老照料中心承担机构养老功能的有 145 家，占比达 74.3%，承担居家助老功能的有 115 家，占比达 58.9%，承担社区托老功能的有 93 家，占比达 47.7%。这就不可避免地与传统的养老机构、社区养老驿站存在部分功能重叠。近年来，社区养老驿站作为老年人家门口的"服务管家"，其不离社区的方便、快捷的为老服务供给，给街道养老照料中心的建设和发展带来挑战。部分养老照料中心负责人反映，已和社区养老驿站形成竞争关系，不同养老机构之间的利益协调机制亟待完善。另外，约 12% 的养老照料中心负责

---

① 本文对痛点、难点和堵点进行划分，认为"痛点"是指本质、根源上的一些需求、期望得不到满足和实现，或者与初衷相违背而造成的痛；"难点"指的是亟待解决的一些突出的、具体的困难；"堵点"指的是运行体制机制不顺畅的问题。

人认为，当前中心没有突出作为综合性养老服务平台的优势，在区域养老服务信息库建设、组织协调本街道养老服务工作方面还有待加强。

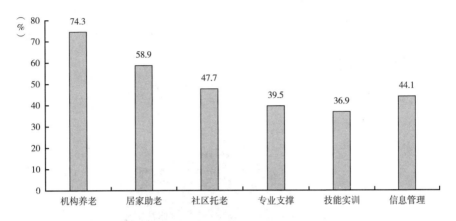

图2　北京市养老照料中心承担六大功能现状

2. 辐射效果不理想

北京市出台《关于做好 2016 年养老机构辐射社区居家养老服务工作的通知》（京民老龄发〔2016〕414 号）等政策文件，引导养老照料中心率先发挥综合辐射功能，承担所在街道居家养老服务功能。但是受到经济发展水平以及建设指标分配的影响，北京市不同区域养老照料中心的辐射区域范围、辐射服务功能存在巨大差异，辐射效果并不理想。在辐射区域范围方面（见图3），辐射多个街道或本街道所有社区的养老照料中心数量占比为 60.8%，剩余近四成的养老照料中心只能辐射本街道部分社区或本社区。

一是处于城市发展新区和生态涵养区的养老照料中心往往存在辐射范围过大、辐射距离远的问题，其中能够提供上门服务的最远距离为 80 公里，这在一定程度上影响了养老照料中心的服务效率，并且导致服务成本过高。二是人户分离现象严重影响辐射功能发挥。目前街道委托养老照料中心开展的辐射服务是以户籍人口为基准的，导致服务对象户口在本街道、老人在远郊区的现象。调查发现，一所位于核心区的养老照料中心有三分之一的上门服务老人居住在通州、大兴等区域，服务时间和劳务成本过高，中心压力很大。三是大多数养老照料中心只能承担部分功能，未能实现六大功能的全面覆盖。位于首都功能核心区和城市功能拓展区的养老照料中心能够承担较多的功能，而郊区的辐射服务则相对较弱，城区与郊区差异较大。此外，人员配比不足、购买服务人数少等因素也严重影响了养老照料中心辐射功能的发挥。

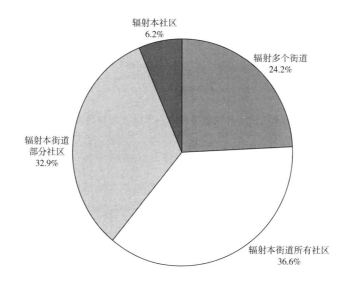

图3　北京市养老照料中心辐射服务范围覆盖现状

3.持续盈利有困难

持续盈利是养老照料中心得以长期运营的前提，也是提高服务质量的基础。调查数据显示（见图4），北京市养老照料中心处于盈余和基本持平状态的仅占33.0%，有126家养老照料中心处于严重亏损或稍有亏损状态。从投资成本来看，平均每家养老照料中心投资超过1700万元，而投资主体主要为个人或企业，除了前期建设投入的巨额资金外，日常的机构运行、设备更新、服务供给等均需要持续的资金投入。从经营收益来看，服务费是养老照料中心主要的收入来源，然而超过

31%的养老照料中心负责人反映了入住率较低的问题，认为尽管政府出台了优惠或补贴政策，仍难以弥补运营所需的庞大开销。前期建设投入和后期运营收益的不对等也造成了养老照料中心的投资回报周期较长，近半数的养老照料中心投资回收周期超过 10 年。机构持续盈利难度大，成为养老照料中心发展中最大的现实之"痛"。

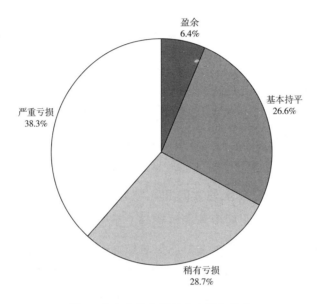

图 4　北京市养老照料中心盈亏状态

（二）北京市养老照料中心建设和发展的难点

1.建设资金不充足

无论是建设初期的房屋建筑设计、配套设施购买，还是运营阶段的服务项目设置、养老服务供给，养老照料中心在建设运营的全过程都需要大量的资金支持。调查中有 27 位养老照料中心负责人提出，机构面临的最大困难是资金问题。具体来说，养老照料中心面临着建设初期固定资产投资规模大、运营过程中租金频繁上涨的问题，再加上受新冠肺炎疫情影响机构入住率低，养老照料中心利润低，投资回收周期过长，资金周转出现困难。这在一定程度上也抑制了机构进一步扩大投资的积极性，不利于其建筑环境的改善、服务质量的提高。此外，调查反映养老照料中心融资渠道单一，加上政府的资助政策、补贴政策在落实过程中存在覆盖范围较小、申报程序烦琐等问题，致使相关资金难以及时到位，影响养老照料中心的投资建设和辐射服务的开展。

2. 基础设施不完备

在房屋建设方式方面，大部分养老照料中心是通过对其他用途建筑进行改造、扩建而来，并且约三成养老照料中心的建筑设计是由非专业建筑设计单位完成的，这在一定程度上限制了中心的规模结构和空间布局。调查数据显示（见图5），利用原有其他用途建筑改建的养老中心数量最多，占比高达64.4%，利用养老用途建筑改扩建的占比为20%，只有15.6%是在新址上建设而成。在设施配置方面，尽管大多数养老照料中心配置了一定数量的消防和无障碍设施设备，但仍未实现全覆盖；一些养老照料中心的设施设备陈旧，无法达到集体供暖条件；还有一些养老照料中心由于房屋老旧或建筑设计不合理，消防设施不符合规定，改造难度大且成本高。此外，调查显示有15.2%的养老照料中心没有室外场地，难以满足老年人室外活动的需求。

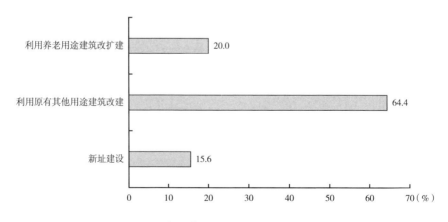

图5 北京市养老照料中心建设方式情况

3.专业人才不够用

专业且充足的管理型人才和护理型人才是提高养老照料中心运营效益和服务质量的关键。从调查结果来看，当前养老照料中心普遍存在专业人才不够用的现象。在管理型人才方面，尽管有超过八成的机构负责人具备大专及以上学历，但是大多专业不对口，老年服务与管理专业人才仅占8.7%，难以满足养老照料中心建设和发展的需求。另外，负责人平均从事养老服务行业时间为7.65年，考虑到养老照料中心大多是在2014年后成立的，因此大多数负责人运营管理经验不够丰富。在护理型人才方面，养老照料中心的护理人员以大龄、低学历的女性为主。从年龄结构来看（见图6），50～59岁的护理人员最多，占比高达51.75%，40～49岁占比达34.79%；从受教育程度来看（见图7），高中及以下学历的护理人员超过九成，其中初中学历占比最高，达到62.01%，文化程度偏低对护理培训的效果产生影响，进而导致服务专业化水平整体较低。养老照料中心面临的人才困境，究其原因在于，劳动强度和工作风险偏高与社会地位和薪资待遇偏低之间的矛盾，这造成养老照料工作对相关人才缺乏足够的吸引力，导致年轻、高素质的专业人员严重不足。

4.服务体系不完善

不同养老照料中心的建设运营时间和资金人员规模差异较大，导致其提供的养老服务内容参差不齐。调查中了解到的最大问题是，服务项目发展不充分、医养结合不紧密。一方面，在养老照料中心提供的服务项目中，生活照料、膳食服务、护理服务、休闲娱乐等常见项目开展得较为普遍，提供临终关怀、法律援助的机构数量较少，一些居家助老服务项目往往流于形式，缺乏针对不同年龄段和健康状况的老年群体的个性化、差异化服务。另一方面，医疗服务是老年群体的主要需求，而大部分养老照料中心的医养结合并不紧密。从具体的实施情况来看，绝大部分养老照料中心设立了医务室或护理站，但只有不足四成的中心具有

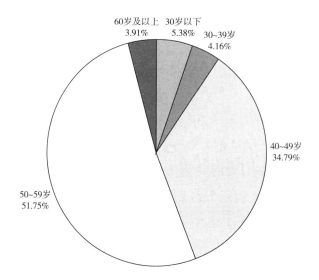

图6 北京市养老照料中心护理人员年龄分布情况

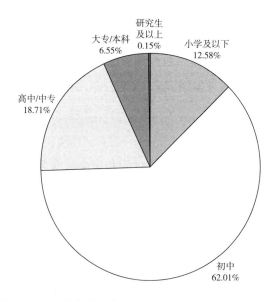

图7 北京市养老照料中心护理人员受教育程度分布情况

医保定点资质，这导致这些配备的医疗机构难以真正发挥作用。此外，超过八成的养老照料中心与医院等医疗机构开展协议合作，但实际开展的服务主要限于建立健康档案、疾病预防和健康教育等，开展长期护理服务和远程指导服务的比例较低，难以满足老年人的医疗需求。

（三）北京市养老照料中心建设和发展的堵点

1. 扶持政策待细化

为促进养老照料中心的建设和发展，北京市近年来接连出台了一系列包括目标规划、指导意见、管理办法等在内的规范性政策文件。然而，这些政策文件内容偏于宏观而不够具体，缺乏整体统筹导致难以执行落地。一些机构负责人表示，当前的扶持政策主要集中在养老照料中心的建设和运营方面，其中只对较大的项目或设备给予补贴，对于居家养老服务项目的扶持力度不够。政策导向不够精细化导致养老照料中心在提供居家养老服务和医养结合服务过程中缺乏相应的依据和标准，也缺乏明确的规范引导，如对服务人员资格的细化认证、服务人员免责范围的界定以及医养结合的具体操作流程等。此外，随着养老服务专业化和个性化需求的增多，养老照料中心必须充分依靠社会组织提供第三方服务。在提供养老服务的过程中存在一定的安全风险，而当前政策缺乏对养老照料中心的风险分散和保护，也缺乏对第三方服务供应商进行明晰的权责界定，因此难以保障第三方服务的质量，对于纠纷的处理也无据可依。

2. 协同机制不健全

养老照料中心的健康持续发展既需要不同政府部门之间的有效协同，也需要政府、社会、家庭的多方合力。然而，当前北京市养老照料中心的建设和发展仍然主要依靠政府力量推动，社会力量和家庭参与养老的积极性不足。许多养老照料中心虽然选址在社区，但是缺乏与居委会、物业等社区组织的对接和联系，难以整合利用社区的基础设施和人力资源。公益组织或志愿者对老年人的关怀慰藉十分有限，未能建立长期性合作关系，并且多数活动带有宣传目的，造成志愿服务往往流于形式。此外，不同政府部门之间统筹协调机制不够健全。以医养结合为例，养老和医疗分别属于民政部门和卫生部门管理，而其中涉及的医疗保险则属于人社局管理，多部门分管使得养老照料中心的经营资质审批和医保审批流程烦琐，进而阻碍了医疗服务和养老服务的深入结合。约10%的机构负责人反映民政、消防、食品药监等部门的行政检查过于频繁且工作量大，"检查多指导少"，导致养老照料中心疲于应对，影响养老服务项目的正常开展。

3. 宣传动员不到位

良好的宣传既有助于老年群体充分了解、利用养老照料中心提供的各项服务，更有助于增进社会各界对养老照料中心模式及相关政策的认知，从而提高机构运营效益，吸引社会力量更广泛地参与养老服务。然而，超过32%的机构指出宣传推广不到位是影响养老照料中心可持续发展的主要问题之一。一方面，由于单纯聚焦养老照料中心服务项目的宣传，缺乏对其重要价值和功能定位的阐释，同时缺乏与养老院、社区驿站等不同养老机构的比较和辨析，造成许多老年人及其家属无法区别不同养老模式的特点和优点，一些老年人在被收集相关信息时存在不理解、不信任和不配合的现象。另一方面，当前的宣传主要依靠政府相关部门以及养老照料中心，宣传手段和方式过于单一，宣传内容往往缺乏说服力，缺少与老年群体的有效互动，信息不对称导致许多老年人对养老照料中心的服务项目一知半解，从而缺乏对养老照料中心的认可和参与，不利于挖掘潜在的社区居家养老服务需求。

四 新发展格局中养老照料中心建设的对策建议

党的十九届五中全会通过的《中共中央关于制定国民经济和社会发展第十四个五年规划和二〇三五年远景目标的建议》提出，要加快构建以国内大循环为主体、国内国际双循环相互促进的新发展格局。紧密结合双循环新发展格局要求，深入推进养老产业和养老事业融合发展，是激发经济社会发展的新动能、不断满足人民群众对美好生活需求的重要内容。

养老照料中心模式作为北京率先探索构建养老服务新发展格局的有益尝试，其当前存在的痛点、难点和堵点归根到底是养老服务发展不平衡、不充分。为在新发展格局下实现养老服务供给侧与需求侧的协调平衡和良性互动，下文从四个方面提出对策建议，以期消除"痛点"、解决"难点"、打通"堵点"，充分发挥养老照料中心的居家辐射、社区支持功能，进而推动北京市养老服务业高质量发展。

（一）完善相关财政政策，扩大补贴和资助范围

作为社会准公共产品，养老照料中心的建设和运营离不开政府扶持。要确保养老服务的财政资金投入与财政收入和老龄化程度同步增长，出台精细化政策支持养老服务的长效稳定供给，如推行长期护理保险制度；参照养老驿站的做法增加对养老照料中心开展社区居家服务的流量补贴等，确保资金及时到位、专款专用。同时，有效整合社会资源，增加资金来源，通过税收优惠和资助补贴等手段鼓励更多的投资主体将资金用于养老照料中心建设。

（二）协调统筹相关部门，优化服务流程

加强对民政、老龄、卫生、住建、消防、人社等部门的资源整合与协调，建立健全养老照料中心服务监管数据平台，进一步明确各部门的职责划分，畅通养老照料中心在资格准入、医保审批、安全监管等方面的渠道，精简行政审批程序，提高服务监管效率。运用最新的第七次人口普查数据，以常住人口口径而不是户籍人口口径确定养老照料中心服务对象，避免人户分离现象给辐射服务带来的困扰。

（三）进一步完善养老人才培训与激励制度

将养老服务行业纳入教育发展规划，在师资配备、实习培训、招生就业等方面加强政策支持，增加养老管理人才和护理人才的储备，同时要完善养老服务人员的社会保障和绩效激励制度，通过岗位补贴、评优表彰、年底奖金等方式提高从业人员薪酬待遇，缩小与其他服务行业之间的工资水平差距。扩大高校的养老专业人才培养规模，以见习、实习等形式参与养老人才队伍建设，呼吁更多的社会组织和志愿者提供长期稳定的社区养老服务。营造重视养老服务专业人员的社会氛围。政府和主流媒体应该呼吁社会成员增加对养老管理人员和护理人员的职业认同感，对典型养老服务人员的事迹进行宣传，重塑养老专业人员的社会形象，减少职业偏见和歧视。

（四）加大宣传力度，营造社区养老氛围

规范养老机构名称，突出养老照料中心的机构类型和性质，避免与其他养老机构名称发生混淆，影响养老照料中心功能的发挥；通过主流媒体、上门宣传等方式，加大对养老照料中心模式的功能的宣传力度，重点突出养老照料中心在提供社区居家养老辐射服务方面的优势，让老年群体及其家庭成员了解到居家上门服务的便捷性，提高养老照料中心的入住率和上门服务的购买率；选取运营良好、发展成熟的养老照料中心作为典型予以宣传和推广，鼓励不同地区、不同类型的养老照料中心之间相互交流学习，分享建设和运营过程中的成功经验。

参考文献

常亚婷：《服务型政府视角下社区养老照料中心建设问题及对策研究》，首都经济

贸易大学硕士学位论文，2017。

马小红：《北京市养老社会组织和企业状况分析》，华龄出版社，2018。

宋忠惠、郑澜：《国内外社会化养老服务模式研究》，载《北京人口蓝皮书：北京人口发展研究报告（2019）》，社会科学文献出版社，2019。

王春晖：《社区照顾的本土化实践研究——以北京市养老照料中心为例》，《北京劳动保障职业学院学报》2016 年第 2 期。

张精桥、马小红：《北京市养老服务供给现状分析——兼论三类养老服务组织的比较》，载《北京人口蓝皮书：北京人口发展研究报告（2019）》，社会科学文献出版社，2019。

朱松梅：《"健康中国"战略下的社区医养结合服务策略》，《中国社会科学报》2020 年 7 月 8 日。

首都女性创业的发展实践和促进对策

江树革[*]

摘　要： 在经济社会转型和"双创"发展中，北京女性创业获得了快速的发展，展现了女性创业的重要价值和实践力量，对于推动以创业带动就业以及社会建设具有重要意义。推动首都女性创业发展的实践，制定促进首都女性创业的政策，强化女性创业的引领作用，着力培养女性创业人才，发挥社会组织助推女性创业的作用，加强对于女性创业的扶持，优化女性创业发展环境。

关键词： "双创"　女性创业　北京

一　在大众创业中女性创业的价值彰显

女性创业[①]与改革开放以来中国政治、经济、社会和文化变迁密切相关。女性通过创新创业实现了自我价值，推动了经济发展与社会进步。而女性创业所带来的男女两性关系的变化，使得人们对于中国男女平等的社会现实以及政策有了更多的理解和认知，也反映出营商环境的

　＊　江树革，北京市社会科学院综治所副所长，妇女研究中心主任，研究员。

①　本研究中女性创业是指女性发现机会、整合资源、建立新企业以及为实现企业持续发展而进行的一切活动。

发展变化。

在大众创业发展中,作为大众创业的重要组成部分,女性创业成为众多女性特别是年轻一代女性的重要职业选择和就业取向,涌现出了一大批优秀的女性创业者、女性企业家和女性创业企业。女性自身的优点加上有效的扶持政策,使得女性创业的步伐越迈越稳当,尤其是中小企业更成为女性创业成功的平台。[①] 在经济发展方面,女性创业创造了社会财富、改善了民生、带动和促进了就业,成为新常态下中国经济持续发展的动力机制之一以及落实"双创"发展目标的重要实践力量,发挥着降低创业风险、提升创业成功率、服务创业发展的作用;在社会发展方面,女性创业弘扬了创业精神和企业家精神,对于创业文化的社会代际传承和青年女性职业发展起到了示范和激励作用;同时,女性创业也直接关系到妇女的经济赋权、社会地位和妇女发展权益问题。

作为中国女性创业的重要组成部分,首都女性创业与市场化改革相伴并在经济社会转型中不断发展,成为首都非公有制经济的重要组成部分和极具活力的社会生产力,在保障民生、推动科技创新、改善生态环境、促进就业、提高妇女地位和履行社会责任等方面发挥着积极的作用,展现了在特定的城市功能定位、经济社会结构、创业政策取向等诸多创业因素影响下女性创业的实践特色。

二 在大众创业中首都女性创业的发展实践

(一)在"双创"发展中创业环境不断优化

1.创业促进政策不断创新完善

在此方面,突出表现为"完善相关法规政策,为妇女平等享有经

---

① 张学军:《北京:女性创业蔚然成风》,《北京人才市场报》2008 年 3 月 8 日。

济权利和就业机会提供法律保障"①。近年来，在落实"大众创业、万众创新"发展战略的过程中，北京市不断推进政策完善和制度创新，进一步完善政策体系，构建了推动大众创业的不同领域、不同层级和不同内容的政策安排，特别是在创业扶持、妇女小额贷款、发展资金、家政服务等方面出台了相关政策，形成了涉及税收、人才、产业、金融、审批等不同方面的政策体系，在推动包括首都女性创业在内的大众创业中发挥了政策激励、政策保障和政策助推作用。2020 年新冠肺炎疫情突袭而至，北京市推出了诸多政策措施帮助中小微企业应对疫情的冲击，努力解决企业生产经营困难，维护企业的持续运行发展。例如，2020 年 2 月北京市石景山区人民政府发布《石景山区关于共同应对新型冠状病毒感染的肺炎疫情支持企业发展的若干措施（暂行）》，通过分类实施行业促进政策，切实减轻企业房租成本压力等，积极助推包括女性创业企业在内的中小微企业发展。

2. 构建女性创业的政策支持体系

一是在"双创"发展中金融服务机构和体系建设不断加快。近年来，大众创业的金融支持体系不断完善，改善了包括女性创业者在内的大众创业环境。例如，国家和北京市政府实施的推动创业的各种扶持政策以及首都非公有制经济的政策创新，为创业发展营造了良好的政策环境。2020 年 2 月 28 日，北京市地方金融监督管理局、中国人民银行营业管理部、银行保险监督管理委员会北京监管局印发《关于加快优化金融信贷营商环境的意见》，从降低小微企业综合融资成本、发挥融资担保体系作用、畅通金融服务通道等方面努力优化创业发展环境。特别是在疫情下政府有关部门为受疫情影响较大的企业提供高效率、差异化的金融服务，对疫情防控期间企业贷款给予财政贴息支持，优化对受疫情影响企业的融资担保服务，这对女性创业持续发展

---

① 杨慧：《中国促进妇女就业创业的法规政策研究》，《中华女子学院学报》2020 年第 3 期。

和中小微企业持续运行发挥了重要的促进作用。二是在"双创"发展中人才保障和服务体系不断完善。近年来，北京市和区级行政单位结合实际，推出了具有针对性的人才建设项目，为大众创业的发展提供了人才支撑和保障。其中，北京的人才聚集和人才高地效应，吸引了大量的海归人才来京创新创业，而女性海归创业已经成为首都女性创业的新亮点，展现了高质量、高科技和高层次等创业特质。三是在"双创"发展中孵化和培育体系建设不断强化。在此方面，民间社会组织（包括非政府组织）在推动女性创业方面发挥了积极的建设性作用，其中创业支持平台建设取得了重要的进展，建立了一批具有特色的众创空间和创业孵化机构，形成了不同的发展模式。其中，在首都女性创业发展中，女性在自身创业的同时还带动和扶持其他人创业，而其中突出表现为女性创办的众创空间和孵化器为包括女性创业在内的大众创业提供了重要的支撑。

3. 首都女性社会组织积极助推女性创业

一是搭建国际化的女性创业合作交流平台。近年来，北京市妇女组织将推动女性创业作为服务妇女发展和履行自身职能的重要着力点，开展了有针对性地促进女性创业发展的社会服务，积极助推首都女性创业，发挥了组织创业、引领创业、孵化创业和创业人才培养的社会功能。二是发挥妇联组织优势助推女性创业。北京市区两级妇联组织积极开展女性创业培训和创业项目建设工作，以有效提升女性创业能力，培育女性创业新的增长点。例如，通过引进韩国专业插花技术培训体系和专家，帮助首都女性提升职业技能与创新创业能力，为女性创业创新提供发展平台，有效扶持女性创业。三是注重加强对于青年女性创业人才的引领和培养。在此方面，着力培养和组织引领青年女性创业是北京市妇联发挥妇女组织作用助推首都女性创业的重要实践。例如，针对女大学生创业就业发展的需要，北京市妇联实施了首都女大学生创新创业助推计划，为有志于进行创业的女大学生提供创业服务和创业帮扶，受到了首都女大学生的欢迎，展现了新生代女性创业的精神面貌和进取精神。四是在京的群众组织支持和推动女性创业发展。在京的群众团体积极支持和推动首都女性创业发展是首都女性创业发展的重要特点，形成了女性创业的央地共同发展和区域合作发展的鲜明特色，服务和推动了北京市乃至全国其他地区女性创业的发展。例如，欧美同学会妇女委员会主办了海归女性创业论坛，分享了她们的创业经历和感悟，展示了海归女性创业的成果和经验。五是首都民间女性社会组织积极推动女性创业。民间女性社会组织以及创业类女性社会组织也是促进首都女性创业的重要实践力量和助推因素，起到了服务女性创业发展、加强女性创业者的交流合作以及提升女性创业的组织化程度的作用。例如，北京市妇女对外交流协会汇集了很多优秀的女性创业者和女企业家，通过举办研讨会以及国际交流活动等形式，学习借鉴国际经验，增进经验分享和知识交流，积极推动首都女性创业的发展。

（二）女性创业的影响力日益提升

1.首都女性创业发展重要性凸显

一是京津冀协同发展为三地女性创业提供了新的机遇和条件，为女性创业赋予了新的政策意涵，同时女性创业的发展积极地助推了京津冀协同发展。京津冀协同发展战略实施以来，北京市、天津市和河北省的妇联组织将女性创业置于京津冀协同发展这一更大的视野下加以考虑和推进，积极开展合作和对接，为女性创业搭建新的更大的发展平台，实现京津冀三地妇女在创业就业方面的优势互补、良性互动，发挥各自比较优势，推动创业合作。二是脱贫攻坚为女性创业提出了新的使命和要求。近年来，北京市妇联实施了低收入妇女增收项目，通过支持农村专业合作社等形式，促进妇女增收，为打造新型农民、落实乡村振兴战略发挥了积极的作用。三是在创业发展中实现女性创业赋能升级。在创业发展和对外交流合作中，女性创业实现了从经济领域向社会文化领域的延伸和拓展，发挥了女性民间外交的重要作用。北京市的女性社团组织积极开展民间外交和女性公共外交，与国际 NGO 进行对话和交流，践行构建人类命运共同体的发展理念，以妇女交流与合作为切入点，进而扩展到更加宽广的领域，进行国际人文交流，发挥了民间外交践行者的重要作用。例如，着眼文明互鉴，创新交流平台，北京市妇女对外交流协会联合中国社会工作协会、中国民俗协会等单位举办"文明对话论坛"，开展了 8 场大型活动，参与其他类型活动 10 余次，吸引了联合国教科文组织，埃及、卢森堡、希腊等国家的驻华大使，以及北京市民间组织国际交流协会、社会组织、企业、媒体代表等 5000 多人次参加，彰显了中国社会组织的时代发展和妇女组织在国际交往中的独特魅力。

2. 首都女性创业的经济社会影响力提升

在经济社会转型和"双创"发展中，首都大众创业环境不断优化，形成了促进大众创业的利好条件。在创业环境逐步优化和"双创"发展中，首都女性创业总体规模扩大，创业人数增多，创业领域拓展，创业层次提高，创业能力增强，创业影响扩大，创业质量提升。在首都女性创业发展中，青年女性创业不断发展，成为首都女性创业的重要组成部分以及女性创业的生力军。她们年纪轻、学历高，反映了首都女性创业的新面貌和新生态，也展现了首都女性创业的未来。根据北京市妇联2018 年委托开展的调研课题，在全部被调查的 950 名女性创业者中，26 ~ 35 岁的占 50.71%，36 ~ 45 岁的占 31.48%。在全部被调查者中，大学本科学历者占比为 63.17%，硕士及以上学历者占比为 8.74%[①]。目前，女性创业不仅在传统领域，而且在互联网、智能制造、文化创意等新领域迅速崛起。伴随首都女性创业的发展，女性创业正在成为推动首都大众创业的重要社会力量，而且出现了一批有影响、有作为、有贡

---

① 《北京市女性创业状况调查结论与建议》，http://www.bjwomen.gov.cn/fnw_2nd_web/static/articles/catalog_182/article_000000006ff948ba0170bd55454f3190/000000006ff948ba0170bd55454f3190.html，2019 年 11 月 11 日。

献的女性企业家，以及一大批优秀的女性企业负责人、农村女性致富带头人，在城乡经济发展中发挥了重要的作用，为促进经济发展和扩大就业做出了贡献。根据《2021胡润全球白手起家女富豪榜》，北京仍然是"全球最成功女企业家之都"。此外，部分女企业家和女性创业者积极履行社会责任，参与慈善捐赠等社会公益事业，为消除和缓解贫困、实现社会公平正义贡献力量，彰显了中国女性的经济领导力和社会影响力，也展现了中国女性服务社会的精神品格。

在大众创业的发展中，首都女性创业的国际影响力不断提升，并在国际女性创业中占有独特地位，成为首都女性创业发展的重要标志和实践成果。近年来，在首都女性创业中，出现了具有国际影响力的女性企业家和女性创业者。此外，首都女性创业的国际影响力还表现在首都女性创业项目和创业产品的国际影响上。经过多年的培育和发展，首都女性创业形成了地域特色鲜明的具有较大国际影响力的女性创业品牌。其中，"北京巧娘"成为北京女性创业的特色实践，成为展示中国妇女勤劳智慧以及极具个性化、民族化和国际化特点的首都女性创业新名片，带动和促进了妇女就业和民生改善。

（三）女性创业还存在发展短板和不足之处

当前，首都女性创业在发展数量和发展质量上呈现了鲜明的阶段性特征，在展现女性的经济领导力和经济贡献的同时，也反映出当前首都女性创业发展的状况，特别是在特定的经济发展阶段和外部环境下，女性创业还存在不足之处，包括女性创业过程中所呈现的内生性和结构性问题。根据北京市妇联委托开展的首都女性创业课题研究成果，当前首都女性创业质量还需进一步提升。诸如，"女性创业的主要动机是经济驱力和生存压力，发展动机不算强烈"，"女性创业者具备自信乐观、能干肯干的特点，但安于现状、眼界不宽"，"创业女性的创业劣势主要来自对风险的惧怕和家庭、子女的负担"，"女性创业的阻碍主要在于缺乏培训机会、市场把握不足和团队能力不足"①，等等。从女性创业发展环境来看，女性创业的环境还需要进一步优化，当前女性创业面临的一个突出问题表现为女性创业的统计制度安排缺失，女性创业底数不清、底数不明的问题比较突出；在政策设计和执行上，创业政策也缺乏必要的有针对性的性别分析；针对女性创业特质和女性创业需求的创业促进政策供给相对不足，特别是在疫情下，当前女性创业在市场适应能力、决策判断能力和危机管理能力等方面存在短板，需要在创业实践中不断提升创业能力，并基于"十三五"时期女性创业发展的实践经验和存在的主要问题，从进一步完善女性创业发展环境和提升女性自身创业能力两个维度，推进女性创业实现高质量、可持续发展。

三　促进首都女性创业的政策选择

女性创业受到经济、社会、文化多种因素的影响，并且与经济市场化改革密切相关。在当代中国女性创业规模扩大的同时，还存在一些制约女性创业的因素，因此，进一步优化创业环境、完善大众创业的社会支持体系十分必要。②

（一）强化女性创业的引领和规划

1.加强女性创业的发展规划和统筹安排

在"双创"发展中需要确立女性创业的战略地位，加强供给侧结构性改革，创造女性公平发展机会，破除女性创业的体制机制障碍，推

---

① 《北京市女性创业状况调查结论与建议》，http：//www. bjwomen. gov. cn/fnw_ 2nd_ web/ static/articles/catalog_ 182/article_ 000000006ff948ba0170bd55454f3190/000000006ff948ba01 70bd55454f3190. html，2019 年 11 月 11 日。

② 江树革、费多丽：《市场化改革和性别视野下的中国女性创业》，《辽宁大学学报》（哲学社会科学版）2017 年第 2 期。

动女性创业的持续健康发展，使得女性同男性一样发挥经济发展的领跑者作用，实现女性创业的高质量发展。需要积极引导、支持女性参与社会事业，大力发展首都的教育、科技、医疗、卫生、健康、养老等社会事业，不断提升社会发展水平，着力改善民生，助推创业发展。

2. 进一步加强和改进女性创业服务

在此方面，要加强政府对女性创业的引领，明确发展定位，明晰创业方向，使得女性创业更好地与地方经济社会发展的目标、地区产业布局和城市功能定位有机结合；进一步强化国家规划、政府责任和社会关怀，建立女性创业联席会议制度，摸清发展底数，制定发展规划，明确发展目标，优化发展服务，创新发展模式，实现创业企业与政府和社会更加良好的对接与合作，加强党政与女性创业者、女性企业家以及女性创业企业之间的互动和联系，加强相关政策的信息公开和政策宣传与解读工作，为女性创业者答疑解惑，搭建政府和企业家之间制度化的有效沟通渠道和诉求表达管道，努力解决女性创业发展中存在的实际问题，促进和推动女性创业发展。

3. 做强女性创业发展的社会基础

在新时代，新型城镇化、市场化和供给侧结构性改革为女性创业带来了新的发展机遇。当代人才发展的国际化、创业环境的优化、创业发展战略机遇凸显以及创业群体结构性代际转型等创业条件的变化，正在塑造女性创业的新生态，个性化、年轻化、高端化、国际化成为新时代女性创业的突出特征；特别是在加强社会建设和社会治理中适合女性创业特质的教育、医疗、卫生、养老、社会服务等的巨大发展需求为女性创业对接国际、国内资源并以国际化视野进行创新创业提供了发展契机，需要着眼于实现大众创业、万众创新的发展目标，完善创业政策，改善创业服务，优化创业环境，进一步发挥女性创业的优势，拓展女性创业的发展空间，发掘女性创业的潜能，释放女性创业能量，不断提升女性创业的层次、质量和规模，推动女性创业发展。其中，立足于推动大众创业以及创业规模不断扩大的现实要求和发展目标，需要进一步培育和壮大女性创业的社会基础，并结合创业群体的代际变迁和结构转换，制定和实施有针对性地促进包括新生代女性创业在内的女性创业促进政策。

（二）推进女性创业政策的改革创新

1.优化创业发展环境

大众创业、万众创新不仅涉及劳动力市场政策、科技政策和民生政策，更是对于经济社会管理、运行和发展的全面提升，其根本要求在于进一步优化创新创业的制度环境，提升社会文明和商业文明程度；同时，需要结合女性创业的特点进行政策构建和制度创新，进一步完善户籍政策、土地政策、产业政策、金融政策和人才政策等，破解包括女性创业在内的大众创业融资艰难、创业空间不足、人才短缺以及创业保障不充分等问题，打造新时代大众创业的升级版。"优化营商环境建设是一项复杂的系统工程，不仅需要政府切实转变职能，深化'放管服'改革，从权力干预思维向法律治理理念转变，同时也需要激发市场主体的内生活力，营造公开透明的市场竞争秩序。"[①] 因此，必须不断优化营商环境，进一步加强创业环境建设，形成公平有序的营商环境，降低生产成本，保护知识产权，完善市场准入，深化商事改革，加强财税支持，优化人才服务，努力营造良好、便利、开放、公平和法治的创业环境。此外，要推进政策创新和政策执行，特别是需要在改革发展中进一步改善政策环境，着力解决政策乏力、政策缺位、政策滞后和政策不足的问题，加强政策体系构建，以制度和政策创新激发女性创业的"她力量"。

---

① 康兰平：《优化营商环境下民族地区女性创业的影响因素与法治保障机制研究》，《贵州省党校学报》2020 年第 6 期。

2.完善创业促进政策

从当前中小微企业的运行情况看，中小微企业发展呈现新的特点。2021年第一季度，全市规模以上中小微企业实现营业收入15439.9亿元，同比增长37.4%；吸纳就业295.5万人，同比下降1.9%，反映在疫情下中小微企业实现盈利和促进就业的变化，需要进一步深化供给侧结构性改革，加强政策的设计和运用，提升创业促进政策的现实针对性和有效性。一是要加强政策构建，将社会性别分析融入创业政策的制定和实施之中。要着力构建具有现实针对性并充分体现差别化社会需求的政策安排，特别是要将社会性别分析纳入创业政策的制定和实施之中，为女性创业的可持续发展和高质量发展提供必要的制度保障。二是要完善家庭政策，帮助女性创业者更好地实现家庭和创业之间的平衡。在大众创业发展中，要构建互助和包容的家庭文化，引导家庭、社会增进对女性创业的支持与理解，让创业女性从繁重的家务劳动中解放出来，提高女性创业的积极性和对事业的投入度，真正为女性创业"减负"。

3.破解女性创业的融资障碍

推动女性创业发展，尤其需要聚焦创业"痛点"和"难点"，开展创业服务和政策创新，大力发展创业金融，进一步通过政策创新帮助中小微企业解决"融资难"问题。第一，要进一步加强金融生态环境建设，组织相关部门构建统一的中小微企业社会征信系统和运行机制，扩大征信系统的覆盖面和信用信息的采集面，增强企业信用信息的全面性、实用性和透明性，对企业自觉履约形成约束。第二，要进一步调动金融机构对中小微企业投资的积极性，对于银行为中小微企业推出的流动性资金贷款等创新产品给予贴息支持，并对相应贷款的风险拨备进行补偿，减少对银行利润的提取，使银行有更多的资金来支持中小微企业发展。第三，要进一步在融资渠道方面通过债转股、股债结合等方式创新中小微企业融资方式，政府可建立引导性基金，如设立产业投资基金和高新技术风险创业基金，并建立一系列的金融扶持机制和风险投资服务体系，为企业特别是高科技中小微企业融资提供保证。第四，要进一步发展科技金融、普惠金融，助力中小微企业发展。通过大数据与云计算等方法快速掌握各企业的交易信息和资信状况，可基于数据建立信用机制，筛选合规中小微企业，利用互联网平台进行融资，满足中小微企业的融资需求，降低融资成本。

（三）加强对于女性创业的服务和扶持

1. 增强对女性创业支持的精准性和针对性

在女性创业和供给侧改革的进程中，作为政府和社会组织特别是针对创业的女性社会组织需要加强女性创业的需求调查，加强政策设计和政策创新，将"精准"理念引入助推女性创业的实践中，开展精准帮扶和精准服务。从新冠肺炎疫情的影响看，疫情是对于包括女性创业在内的中小微企业发展的一次严峻考验和检验，也在一定程度上暴露出在中小微企业发展中存在的不足，对于女性创业也产生了很大的结构性和差异性影响，需要通过政府扶持项目的开展，分析和总结在服务和助推中小微企业发展方面的政策经验，进一步加强政策设计，扩大相关政策供给，提高政策的效果，推动中小微企业高质量发展，研究制定后疫情时代中小微企业实现高质量发展的政策，不断提升中小微企业抗拒风险能力。

2. 构建女性创业社会服务平台

在女性创业的过程中，要进一步发挥女性社会组织的作用，构建女性创业的社会支持体系，提高女性创业的组织化程度。要积极培育面向女性创业的各类社会组织，为女性创业提供法律咨询、创业辅导、创业培训等创业服务。例如，为了推动和服务首都女性创业发展，北京市妇女组织通过举办创业沙龙，邀请各领域的成功企业家或创业者，与大家交流、分享工作生活经验，给予更多女性创业者信息及资源对接方面的帮助，构建女性创业社会服务平台，较好地发挥了妇女组织的助推和引领作用。

3. 发挥女性创业的示范引领

在女性创业中，通过各种途径积极宣传相关女性创业形象，加强对于优秀女性创业企业的推介工作，发挥杰出女性创业者的角色榜样作用具有很大的正向激励作用，以鼓励和引领女性创业者树立创业信心、发挥创业潜能、达致创业理想。在此方面，充分发挥社会舆论的导向作用，通过报道创业故事、树立创业榜样、举办创新创业大赛等活动，努力营造鼓励创业、尊重创业的社会氛围。[①] 结合女性创业的特点，加强制度设计和舆论宣传，引导大众媒体营造鼓励女性创业的文化氛围，在全社会塑造积极进取的女性创业形象，展现女性创业的社会价值，增进社会公众对于女性创业的理解和认知，加强女性创业的文化传播，使全社会认同、支持和鼓励女性创业，为女性创业营造良好的社会环境，形成女性创业的正能量。

（四）着力培养女性创业人才

1. 要确立女性创业人才发展培养目标

要把培养和造就更多工商业女性精英和女性企业家作为落实大众创业、万众创新发展战略的基础性、保障性工作，着力加强创业教育和创业培训，造就拥有国际视野兼具本土经验以及掌握现代企业管理知识的女性企业家和女性经营管理人才队伍，不断提升女性创业能力和企业家素质，形成守法诚信、服务社会的企业文化，为经济社会发展提供持久智力支持和人才保障。

2. 要加强女性创新创业能力的培养和提升

进一步加强女性创新创业能力的培养，开展领导科学、管理科学、

---

① 程建青、罗瑾琏、杜运周、刘秋辰：《何种创业生态系统产生女性高创业活跃度？》，《科学学研究》2021 年第 4 期。

经营理念等多层次和多方面的培训，并且针对男女两性在创业培训和创业发展方面的差异化的社会需求，开展创业知识和技能培训，不断提升女性创业者的科学文化素质，做强女性创业的人才基础。在推动女性创业发展中，不断提升女性创新意识和创业认知，特别是要鼓励女性以创新为发展理念向精品化创业转变，引导女性向个性化创业发展，推动女性以个性定制、品牌领先为原则重视微创业、微投资，不断提升创新创业能力。在新型城镇化和大众创业的时代背景下，女性创业者需要紧随时代潮流，学会利用互联网获取信息，学习新技术和新思想，不断提升自身综合素质，有效利用互联网来激发灵感、获取创意，利用网络这个大平台获得进一步的发展。

3. 着力提升初创女性创业者的社会适应性

在创业发展中，女性创业者较为普遍地遇到作为企业经营管理者的角色调适和职业转换问题，需要进行必要的角色调整、职业适应和素质拓展，提升财务管理、人力资源管理、成本管控等方面的企业经营管理能力和市场营销能力。在此过程中，需要加强对于女性创业尤其是新生代女性创业者的创业引领和创业辅导，开展创业互助，分享创业经验，尤其需要通过创业导师的引领和帮扶并在自身的创业实践中不断完善女性创业自身所需要的知识结构和能力结构，不断提高女性创业的市场竞争力与识别机会、整合资源和创业拓展的能力，助推女性创业发展。

（五）进一步发挥社会组织助推女性创业的作用

社会组织在促进商业信息交流、创新创业经验分享、加强企业之间的交流与互惠、维护创业者的合法权益等方面发挥了重要作用。需要进一步发挥各类社会组织（包括商会）在助推女性创业中的积极作用，特别是要有效发挥女性社会组织尤其是创业类女性社会组织在促进女性创业中的作用，加强创业引领、创业指导和创业服务，为女性创业者提供学习、交流与合作的平台，逐步提高女性创业的组织化程度，改变女性发展中分散、孤独创业的局面，促进女性创业的群体发展和共同发展。在此方面，需要进一步创新女性社会组织的活动形式和管理方式，增强互信、互鉴、互动和互助，对接国际国内资源，加强女性创业的国内国际交流合作，推动女性创业的经验分享与文明互鉴，通过开展创业座谈会、创业经验分享会、创业沙龙等，形成新的商业想法和商业联系，为女性创业提供创业咨询、创业辅导、创业培训等创业服务，不断增强女性社会组织的吸引力和凝聚力；同时，女性创业者需要积极支持社会组织的发展，形成社会组织与女性创业者之间良性互动与合作共进的局面，共同促进女性创业的发展。

参考文献

江树革、费多丽：《市场化改革和性别视野下的中国女性创业》，《辽宁大学学报》（哲学社会科学版）2017 年第 3 期。

宋秀岩：《新时期中国妇女社会地位调查研究》，中国妇女出版社，2013。

佟新：《女性私营企业家状况与企业家精神》，《云南民族大学学报》（哲学社会科学版）2010 年第 5 期。

董艳玲：《供给侧结构性改革与供给管理创新》，《中共贵州省委党校学报》2016 年第 2 期。

程建青、罗瑾琏、杜运周、刘秋辰：《何种创业生态系统产生女性高创业活跃度》，《科学学研究》2021 年第 4 期。

康兰平：《优化营商环境下民族地区女性创业的影响因素与法治保障机制研究》，《贵州省党校学报》2020 年第 6 期。

新发展格局背景下京津冀城市群住房市场回顾与展望

李君甫　李立群*

摘　要： 2016 年北京房价大幅上涨带动了天津、河北及周边城市房价的猛涨，2017 年的 "3·17" 新政促使北京和周边城市房价的回落，而远离京津冀核心区的城市房价并没有回落，仅增幅收窄。最近四年京津冀城市群房价的波动不大，比较平稳，国家对住房市场的干预政策达到了预期的效果。在 "房住不炒" 和 "住有所居" 的原则下，京津冀城市群的住房市场将会维持平稳发展的局面，为构建新发展格局创造良好的环境。

关键词： 京津冀城市群　住房市场　住房政策

一　引言

京津冀城市群是中国北方最大的城市群和经济核心区，是以北京、天津两大直辖市为龙头，以河北省的张家口、承德、秦皇岛、唐山、沧州、衡水、廊坊、保定、石家庄、邢台、邯郸等 11 个地级市为骨干，

---

* 李君甫，博士，北京工业大学文法学部教授；李立群，北京工业大学文法学部研究生。

以 121 个县级城镇为支撑的城市群。北京的房价波动会迅速波及周边的河北县市以及天津。受到北京副中心建设、雄安新区建设和 2022 年北京冬季奥运会的影响，河北省住房市场变数增大。①

京津冀城市群房价断层明显，市场发育极不均衡。近 5 年，北京市平均新房价格为 55798 元/平方米。北京居高不下的房价导致北京市中低收入群体、新就业人群和新市民的住房需求难以满足，严重阻碍城市群内社会资源有效配置。天津、廊坊、保定等环京城市平均房价为 10000 ~ 30000 元/平方米，在城市群中处于较高水平，但在市场发育程度和资源集聚能力方面与北京差距较大，本地居民收入相对较低、住房压力较大。由于这些城市产业发展不均衡、就业的拉力不足，再加上住房政策限制等因素，北京市住房需求难以有效转出。除廊坊、石家庄、保定等离北京较近，受省会资源等因素影响房价稍高外，河北省其他城市房价均低于 9000 元/平方米，与北京市房价形成极大差异，供需两端动力不足，尚未具备承接北京市转移住房需求的能力。

房地产市场的供需矛盾弱化了住房对生活、生产的承载力，制约了京津冀城市群向高质量发展阶段的演进。② 自 2014 年京津冀城市群协同发展战略提出后，北京非首都功能疏解、产业转移、基础设施建设等举措齐头并进，为构建城市群住房梯度消费体系提供了可能。但由于京津冀三地既有住房政策尚未得到及时调整，地区住房梯度消费壁垒重重，一系列结构性供需矛盾加剧，不利于构建以国内大循环为主体、国内国际双循环相互促进的新发展格局。从房地产协调发展助力城市群协同发展的角度看，调整和完善三地住房政策已经十分紧迫。未来应进一

---

① 李君甫、李立群：《2019 年京津冀城市群住房市场分析及 2020 年展望》，载王业强、董昕、张智主编《中国房地产发展报告 No.17（2020）》，社会科学文献出版社，2020。
② 林永民、史孟君、陈琳：《京津冀城市群房地产市场高质量协同发展长效机制研究》，《工程经济》2021 年第 5 期。

步深化京津冀城市群房地产政策协同调控，促进城市住房梯度消费，助力经济协同发展，推动形成新发展格局。

二 京津冀城市群近5年①住房市场状况

（一）近5年北京住房价格

1. 近5年北京新房价格趋势

2016 年 2 月北京市的新建商品房价格为 37653 元/平方米；2018 年 3 月，价格为 64974 元/平方米，达到近 5 年最高点，新房价格涨幅 72.6%；2018 年 3 月后，新房价格开始下降。总体来看，北京新房价格走势呈现单峰态势，2019 年 8 月后比较稳定（见图 1）。

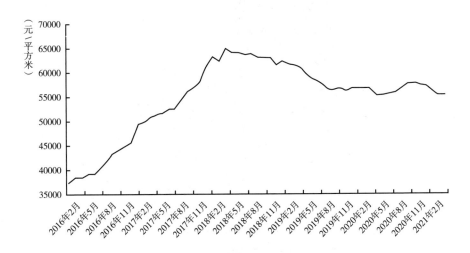

图 1 北京新房价格变化趋势

资料来源：全国住房行情网。

---

① "近5年"指的是2016年2月至2021年2月。本研究数据均来自全国住房行情网禧泰全国房地产数据库，https://www.creprice.cn/，下同。

北京的新楼盘主要分布在大兴区（17.7%）、丰台区（11.33%）、朝阳区（10.32%）、房山区（9.53%）、昌平区（8.74%）、通州区（8.53%）、顺义区（6.60%），其他区县占比不大。前7个区占北京新楼盘的72.75%，而其他区仅占新楼盘的27.25%，可以看到，位于北京中心的东城区和西城区几乎没有新房出售，北京人口第二大区海淀区新房出售仅占全市的5.38%。其他区新房出售合计占全市的21.89%。可见，近五年来北京的新楼盘的区域分布很不均衡，人口分布和新房供给区位差异很大，东城区、西城区和海淀区的住房供需极不平衡，其住房价格远远高于其他区，也加剧了职住不平衡（见图2）。

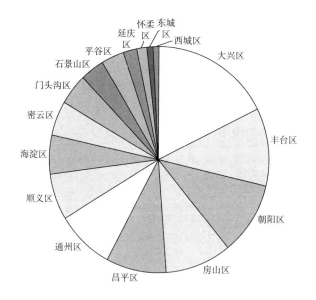

图2 北京新楼盘的区域分布

资料来源：全国住房行情网。

2.北京二手房价格趋势

2016年2月北京二手房价格为41231元/平方米，之后快速上升。2017年4月北京二手房价格高达68327元/平方米，随后开始回落。2020年2月北京平均二手房价格达到历史最高点70627元/平方米，而后在波动中下行。可见，近五年北京的二手房价格呈现双峰态势，2017年4月和2020年2月是两个高峰，2020年2月甚至突破70000元/平方米。总体来看，北京二手房价从2016年2月到2017年4月快速上升。自2017年3月17日北京颁布又一轮楼市新政，加强实施房价遏制政策，北京住房市场价格迅速上升的势头被遏制住了，2020年初出现反弹，2020年3月开始下降，进入波动状态（见图3）。

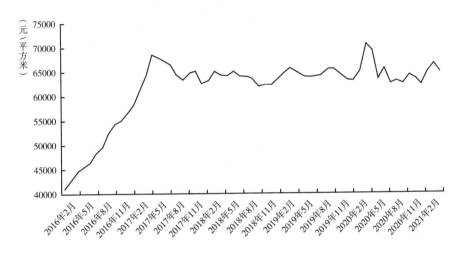

图3　北京二手房价格变化趋势

资料来源：全国住房行情网。

（二）天津住房价格

天津的新房价格低于二手房价格，2019年天津新房价格19851元/平方米，二手房价格25521元/平方米，二手房价比新房高出28.6%，这与新房的区位分布密切相关，滨海新区新房占比最大，占天津市新房的22.09%，武清区新房占天津市新房的11.88%，西青区、东丽区、静海区、津南区、北辰区、宝坻区等的新房占天津新房的比例都在5%以上，靠近市中心的区域新房占比都在4%以下。靠近市中心区域的二手房价格要比新区和郊区新城的新房价格高得多（见图4）。

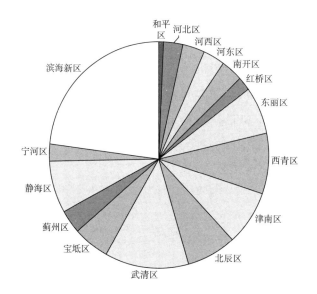

图4　天津新房的区域分布

资料来源：全国住房行情网。

1. 天津新房价格趋势

2016年2月，天津市的新建商品房价格为11722元/平方米，2018年2月平均价格为20816元/平方米，达到近5年最高点，新房价格涨幅77.58%；2018年2月到2021年2月，新房价格小幅回落下行。总体来看，天津新房价格2018年2月以来略有下降，但降幅不大，整体比较稳定（见图5）。

2. 天津二手房价格趋势

2016年2月天津平均二手房价为15762元/平方米，之后快速上涨，2017年4月天津二手房价高达26667元/平方米，涨幅达到69.19%。2017~2021年，天津平均二手房价一直处于高位波动中，最高是2021年2月达到27373元/平方米，最低为2019年2月的24551元/平方米，跌涨幅度都不大，天津平均二手房价总体上比较稳定。天津二手房价格和北京二手房价格的波动基本保持一致。

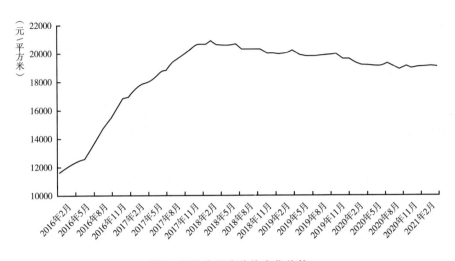

图 5　天津市新房价格变化趋势

资料来源：全国住房行情网。

图 6　天津二手房价格变化趋势

资料来源：全国住房行情网。

（三）河北住房价格

1. 河北新房价格趋势

廊坊、石家庄、保定是河北房价最高的三个城市。近 5 年河北省内新房平均价格最高的是廊坊，平均房价为 14796 元/平方米。廊坊的新房价格在 2017 年 11 月达到最高点 17587 元/平方米，而后开始下降，2020 年 10 月新房价格跌至 16000 元/平方米左右。近 5 年石家庄的新房平均价格为 14041 元/平方米，2018 年 4 月二手房价格达到最高点 16532 元/平方米，此后，新房价格略有下降但基本稳定，变化不大。近 5 年保定的新房平均房价为 12350 元/平方米，最高点是 2018 年 2 月的 15158 元/平方米；而 2016 年 2 月，保定的新房价格只有 7113 元/平方米。保定从 2018 年 2 月新房价格逐渐下降，但是 2021 年 1～2 月，新房价格每平方米上涨了近 4000 元。

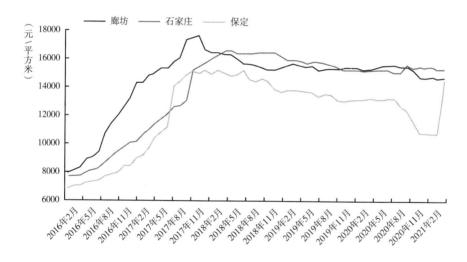

图 7　廊坊、石家庄、保定新房价格变化趋势

资料来源：全国住房行情网。

从近 5 年秦皇岛、沧州、张家口和唐山新房价格变化趋势来看，秦皇岛和唐山两市的新房价格呈现波动上升趋势，而沧州和张家口两市的新房价格达到顶点后都略有下降。近 5 年秦皇岛新房平均价格为 10973 元/平方米，在 2021 年 2 月达到最高点 12920 元/平方米，秦皇岛新房价格呈逐年增长趋势。近 5 年沧州平均新房价格为 10534 元/平方米，

2019 年 4 月达到最高点 13381 元/平方米，而后略有下降。近 5 年张家口新房平均房价为 10294 元/平方米，最高点是 2019 年 5 月的 11607元/平方米，而 2020 年 9 月跌至 10000 元/平方米以下。近 5 年唐山新房平均价格为 9206 元/平方米，2020 年 11 月到达最高点 11756 元/平方米，唐山新房价格呈逐年上涨趋势，2020 年下半年新房价格趋稳。

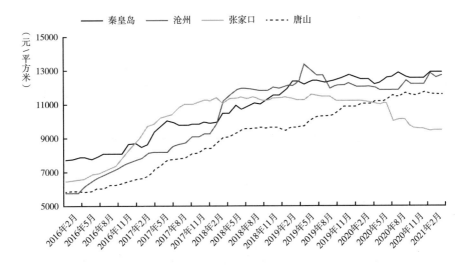

图 8　秦皇岛、沧州、张家口、唐山新房价格变化趋势

资料来源：全国住房行情网。

近 5 年承德新房平均价格为 8729 元/平方米。承德新房价格在 2021年 1 月达到最高点 10559 元/平方米，承德新房价格呈逐年上涨趋势。近 5 年邯郸新房平均价格为 7861 元/平方米，2020 年 8 月达到最高点9142 元/平方米。从图 9 可以看出，邯郸新房价格逐年上涨，但是涨幅较承德小一些。近 5 年邢台新房平均价格为 7684 元/平方米，最高点在2019 年 4 月，为 9378 元/平方米，而后新房价格缓慢下行。近 5 年衡水新房平均价格为 7563 元/平方米，最高点在 2019 年 1 月，为 9453 元/平方米。2020 年 4 月以来邢台和衡水新房价格均不足 9000 元/平方米。可见，河北三、四线城市与环京城市的住房价格差异较大。

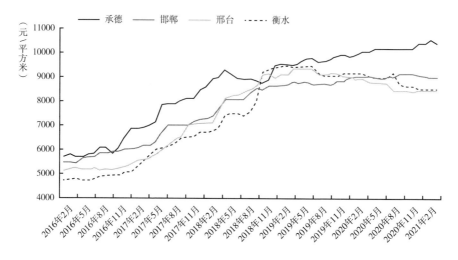

图9　承德、邯郸、邢台、衡水新房价格变化趋势

资料来源：全国住房行情网。

2. 河北二手房价格趋势

从近 5 年廊坊、石家庄、保定和沧州的二手房价格变化趋势来看，河北省内二手房平均价格最高的是廊坊，为 15543 元/平方米。廊坊的二手房价格在 2017 年 4 月达到最高点 22544 元/平方米，而后房价快速下降，2018 年 2 月开始房价趋稳，虽然缓慢下降但是波动不大。近 5 年石家庄二手房平均价格为 14980 元/平方米，2017 年 7 月达到最高点 16815 元/平方米，而后房价基本稳定，石家庄的二手房与新房的价格相差也不大。河北省作为我国东部地区的工业大省，地理位置靠近首都，交通比较便利，但石家庄的二手房价格比较稳定。从 2016 年 2 月到 2018 年 4 月，廊坊二手房价格高于石家庄，从 2018 年 5 月开始廊坊二手房价格低于石家庄。近 5 年，保定的二手房平均价格为 11014 元/平方米，沧州的二手房平均价格为 10888元/平方米，两个城市房价差别不大。保定二手房价格最高点在 2018年 8 月，为 12646 元/平方米；沧州二手房价格最高点在 2020 年 10

月，为 13256 元/平方米。从 2016 年 2 月到 2018 年 8 月，保定与沧州的二手房价格变化趋势相似，但是从 2019 年 3 月开始，沧州的二手房价格高于保定。

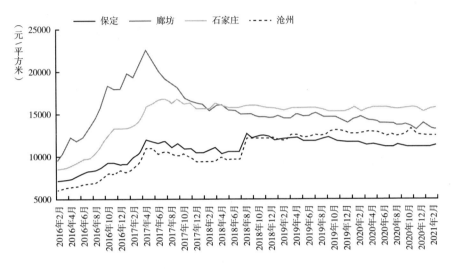

图10　廊坊、石家庄、保定、沧州二手房价格变化趋势

资料来源：全国住房行情网。

从近 5 年唐山、秦皇岛、承德和邯郸的二手房价格变化趋势来看，这 4 个市基本是波动上升的，最低点都在 2016 年 2 月。其中，唐山二手房平均价格为 10011 元/平方米，在 2020 年 10 月达到最高点 14120 元/平方米，2016 年以来价格基本呈上升趋势，保持在 13000 元/平方米以上。秦皇岛二手房平均价格为 9198 元/平方米，2021 年 2 月达到最高点 12161 元/平方米，价格整体呈上涨趋势，但是上涨幅度比唐山小。承德二手房平均房价为 9108 元/平方米，最高点在 2019 年 9 月，为 10768 元/平方米。承德二手房价格逐渐稳定在 10000 元/平方米左右。邯郸二手房平均价格为 8604 元/平方米，2021 年 1 月达到最高点 10223 元/平方米，价格整体呈逐年上涨趋势，但是后期动力不足，上涨幅度较小。

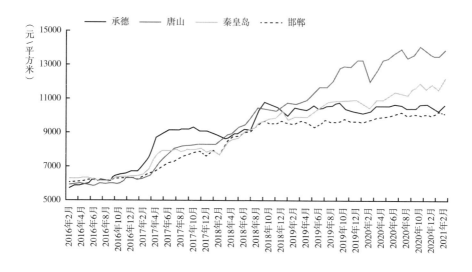

图11 唐山、秦皇岛、承德、邯郸二手房价格变化趋势

资料来源：全国住房行情网。

从近 5 年张家口、衡水和邢台的二手房价格变化趋势来看，这 3 个市基本都在 2018 年前后达到最高点，最低点都在 2016 年 2 月，整体呈现先上升后缓慢下降的趋势。其中，张家口二手房平均价格为 8586 元/平方米，在 2017 年 12 月达到最高点 9832 元/平方米后价格开始下行。衡水二手房平均价格为 7499 元/平方米，2018 年 9 月达到最高点 8783 元/平方米。衡水二手房价格有两个小高峰，从 2017 年 2 月开始价格上升较快，2018 年 9 月后价格略有下降，2020 年 4 月开始价格保持稳定。邢台二手房平均价格为 7175 元/平方米，最高点在 2018 年 8 月，为 8328 元/平方米。从 2017 年 2 月到 2019 年 4 月邢台的二手房价格低于衡水，但是 2019 年 4 月开始两者交织在一起。尽管之前张家口的二手房价格要明显高于衡水和邢台，但是从 2021 年开始张家口、衡水和邢台的二手房价格都在 8000 元/平方米左右。

图 12　张家口、衡水、邢台二手房价格变化趋势

资料来源：全国住房行情网。

三　京津冀城市群住房市场动态分析

近 5 年来京津冀城市群的住房市场经历了较大起伏，自 2017 年北京住房价格达到历史最高点后开始回落，其间虽有所波动，但是基本保持平稳，一直持续到 2021 年。2015 年至 2017 年 4 月是北京本轮房地产周期的上升阶段，二手房价格平均增长接近一倍，甚至一些局部地区增长近 2 倍。因此，2016 年 9 月 30 日，北京市发布《关于促进本市房地产市场平稳健康发展的若干措施》（以下简称"京八条"）[①]。北京市实行差别化住房信贷政策，按照是否属于普宅、是否属于二套房分为四档，其中二套非普宅的首付比最高，不低于 70%，通过提高投资门槛使二手房市场交易明显降温。根据"京八条"，如果购买首套普通自住

[①] 《北京市人民政府办公厅转发市住房城乡建设委等部门〈关于促进本市房地产市场平稳健康发展的若干措施〉的通知》，http：//zjw. beijing. gov. cn/bjjs/xxgk/gsgg/391380/index. shtml，2016 年 9 月 30 日。

房，首付款比例不低于 35%；如果购买非普通自住房，首付款比例不低于 40%。对拥有 1 套住房的居民家庭，为改善居住条件再次申请商业性个人住房贷款购买普通自住房的，无论有无贷款记录，首付款比例均不低于 50%；购买非普通自住房的首付款比例不低于 70%。此次调控政策的重点是提首付、降杠杆，以抑制投资投机需求，为楼市降温。北京出台相关政策后，周边津冀城市相继跟进。

2017 年 2 月中下旬，北京二手住宅市场的实际交易量再度爆发，房价呈现上涨趋势。北京市政府出台了一系列调控新政，2017 年 3 月 17 日，北京出台史上最严限购政策，不仅"认房又认贷"，而且提高二套房贷最低首付款比例，普通住宅为 60%，非普通住宅为 80%，并将原来最高可达 30 年的贷款期限降至 25 年。北京市住建委等四部门联合发布《关于完善商品住房销售和差别化信贷政策的通知》①，自 3 月 18 日起，暂停发放贷款期限 25 年以上的个人住房贷款，居民家庭名下在北京市已拥有一套住房，以及在北京市无住房但有商业性住房贷款记录或公积金住房贷款记录的，购买普通自住房的首付款比例不低于 60%，购买非普通自住房的首付款比例不低于 80%。3 月 18 日，北京市教委明确表示，"过道学区房"不能作为入学资格条件，降低学区房的择校功能。3 月 22 日，北京市发改委发布《关于规范商品房经营企业价格行为的提醒书》②，要求商品房经营者在住房建设主管部门规定的时间内一次性公开全部销售房源，严格按照申报价格明码标价对外销售，北京就此成为首个"商住房"限购的城市。2017 年起，除京津冀协同发展项目外，北京市所有中小学校未经市教委同意不得到外地办学，各中

---

① 北京住房公积金管理中心：《关于完善商品住房销售和差别化信贷政策的通知》，http：//gjj. beijing. gov. cn/web/zwgk61/_ 300587/_ 300704/zfgjjdkzc/322877/index. html，2017 年 3 月 17 日。

② 《北京市发改委商品房经营者不得捏造散布涨价信息 哄抬价格》，http：//politics. people. com. cn/n1/2017/0322/c1001 –29162338. html，2017 年 3 月 22 日。

小学不得与房地产商合作办学①。

2018年北京持续调控楼市，保持住房地产市场平稳运行。北京二手房市场持续降温，交易量在回升中趋稳，价格在下跌中稳定。2018年开始，在季节性回升及学区政策影响下，北京二手房价格在经历了8个月回升后随着成交热度的下降而出现回落。2017年，在"3·17"新政的作用下，北京房地产市场迅速降温，住宅成交量快速收缩。同时，京津冀协同调控力度不断加大，环京楼市同步降温。2017年北京商品房销售面积875万平方米，比上年下降47.8%；天津商品房销售面积1482.12万平方米，比上年下降45.3%；河北商品房销售面积6425.9万平方米，比上年下降3.8%。新建商品住宅方面，住建部门数据显示，2017年北京新建商品住宅成交量低位徘徊，全年新建商品住宅销售4.29万套，同比下降49.3%，月均销售3574套，仅为上年的一半。二手房方面，实施"3·17"新政以来，北京二手房成交量大幅下降，价格回落幅度更为明显，环京地区二手房价格呈现下降态势，2017年天津和石家庄二手房价格涨幅分别同比回落24.2个和17.1个百分点，唐山和秦皇岛二手房价格保持低位波动。

进入2019年，一线城市的房价均出现下调，北京的房价较2017年4月下降18.5%。自2017年"3·17"新政以来，北京二手房价格出现了一定的下跌，作为首都，北京房价有全国风向标的作用。自北京出台限购措施以来，廊坊、天津、石家庄、保定等城市相继也出台了严格的限购政策，除了户籍的限制，贷款的限制措施更为严厉。天津市政府下发《关于进一步促进我市房地产市场平稳健康发展的实施意见》②，于

---

① 《北京市教委叫停中小学京外办分校》，http://beijing.qianlong.com/2017/0326/1536688.shtml，2017年3月26日。

② 《天津市人民政府办公厅：关于进一步促进我市房地产市场平稳健康发展的实施意见》（津政办发〔2016〕80号），http://www.tj.gov.cn/zwgk/szfwj/tjsrmzfbgt/202005/t20200519_2370205.html，2016年10月1日。

2016 年 10 月 1 日起实施区域性住房限购，强化差别化住房信贷政策。外地在津有房者，不能在市区再次买房，在津拥有 1 套及以上住房的非本市户籍居民家庭，暂停在市内六区和武清区范围内再次购买住房，包括新建商品住房和二手住房。外地在津购买首套住房者，首付比例不低于 40%，对在市内六区和武清区范围内购买首套住房的非本市户籍居民家庭，申请商业贷款首付比例不低于 40%。2017 年河北省政府办公厅印发《关于进一步促进全省房地产市场平稳健康发展的实施意见》[①]，明确已拥有 2 套及以上住房者，在本行政区域内暂停向其售房。意见指出，房价过高、上涨过快的城市，在一定时期内，要制定和执行住房（含新建商品住房和二手住房）限购措施。环雄安新区和环首都重点地区进一步提高门槛，从严调整限购措施，对能够提供当地 3 年及以上纳税证明或社会保险缴纳证明的非当地户籍居民家庭，限购 1 套住房。补缴的纳税证明或社会保险不得作为购房有效凭证。加强京冀交界地区规划建设管控，严控规模扩张、开发强度、贴边发展，严禁在交界地区大规模开发房地产，严禁环首都围城式发展，坚决防止形成"铁围子"。廊坊北三县服从服务于北京城市副中心建设大局，与北京城市副中心统一规划、统一政策、统一管控。2018 年 4 月 25 日，大厂回族自治县房产管理局发布的《关于进一步规范房地产市场秩序的通知》[②]指出，严厉打击向不符合准购条件的购房人销售或变相销售商品住房。根据北京市场变化情况，天津及河北适时出台了更加有力、有效的政策措施。由此，京津冀城市群房价飞涨的势头被遏制住了。

城市间地理相邻程度越近，在房价波动时越容易引发次级传导。相

---

① 河北省人民政府办公厅：《关于进一步促进全省房地产市场平稳健康发展的实施意见》（冀政办字〔2017〕45 号），https://www.dzsgjj.com.cn/ss/791.jhtml，2017 年 5 月 4 日。
② 《大厂回族自治县人民政府办公室关于进一步促进房地产市场平稳健康发展的实施意见》（大政办〔2017〕93 号），http://www.lfdc.gov.cn/fgjtzgg/17110.htm，2017 年 9 月 5 日。

邻城市的房地产市场彼此融合，房价波动往往呈现相似的趋势。[①] 京津冀城市群住房市场相互影响，大势往往比较一致，北京房价上涨，河北、天津房价也会上涨；北京房价降低，河北房价也会降低。在北京实行严格的限购政策以后，天津和河北各市也出台了限购政策，廊坊的限购政策较严。在京津冀城市群中，受北京住房市场影响最大的是廊坊市，特别是靠近北京的大厂、香河、三河、固安等县市和燕郊镇。北京的房价上涨会迅速带动廊坊各县市的房价上涨，北京房价的回落也会带动廊坊房价的回落。河北部分城市离北京相对较远，如邯郸、邢台、衡水、唐山、沧州、秦皇岛等城市，北京和天津对这些城市的影响不大，这些城市和中西部的三、四线城市房价基本持平。

四 新发展格局背景下京津冀城市群住房市场展望

（一）政策影响下的住房市场

房地产是一个重要的产业部门，对经济增长而言举足轻重，但是住房问题事关民生，事关社会稳定和对政府政策的满意度。北京是中国首都、国际化大都市，住房市场的热度和政策满意度比其他城市更为敏感，所以北京的住房市场更容易受到政策的影响。北京往往率先出台房地产政策，而后影响辐射其他城市，其首先波及的是京津冀城市群。其中，廊坊就是一个典型城市，2015～2016年，随着降息降准、降首付、公积金异地贷款等一系列利好政策相继出台，廊坊房地产市场发展进入了快车道，2016年房价呈现"暴涨"态势，2016年12月高达16000元/平方米。2017年和2018年，全国楼市迎来限购、限贷、严查等一

---

① 王庆华、程兰芳、张凤琴：《京津冀地区房价联动网络结构研究》，《地域研究与开发》2019年第5期。

系列调控政策。随着楼市调控政策趋严，廊坊房地产市场呈现下行态势，特别是 2017 年下半年，北三县住房价格大幅回落。

（二）京津冀城市群的住房政策展望

我国幅员辽阔，区域发展不均衡，城市之间差异巨大，城市房地产市场冰火两重天，一线城市住房供给不足，房价居高不下，投资客伺机而动，而四、五线城市住房市场过剩，住房空置相对严重。京津冀城市群中北京房价最高，房价收入比达到 35.9，远远高于纽约的 7.0、伦敦的7.1、东京的 6.0。[①] 京津冀城市群房价具有空间相关性，各城市房价并不独立，因此在进行房地产调控时不能局限于单一房地产市场发展情况，应把京津冀城市群作为整体看待。[②] 当北京房价出现波动时，环京城市就很容易受到影响，导致京津冀房价联动，而住房问题制约了京津冀城市群向高质量发展阶段的迈进。因此，因城施策，加快完善符合本地经济社会发展、适应市场规律的住房政策，是京津冀各城市的当务之急。

从 2017 年 4 月开始，京津及环京周边房地产市场价格连续下滑，对政策调整的预期逐渐上升；2020 年遭遇疫情的冲击，经济增速大幅下滑，限购限贷政策放松，释放压抑的预期进一步上升。但是中央政策很明确，绝不把房地产作为刺激经济的短期政策，坚持房住不炒的基本原则。受疫情和国际国内形势的影响，在建设新发展格局的背景下，京津冀区域住房市场的政策方向仍是稳地价、稳房价、稳预期，严格执行限购政策。

（三）京津冀城市群的住房政策建议

1. 坚持房住不炒原则，控制投资性需求,支持刚性住房需求

对京津冀城市群住房市场而言，未来房地产调控方向仍需坚持控制

---

① 贝壳研究院：《2018 年北京住房租赁市场分析报告》，载北京市住房和城乡建设委员会编《2019 北京市房地产年鉴》，中国发展出版社，2019。

② 林馨、吕萍：《基于空间杜宾模型研究京津冀城市群房价空间相关性及影响因素》，《经济问题探索》2021 年第 1 期。

投资性需求，控制房价上涨不动摇，满足刚性住房需求，甚至对刚性住房需求予以支持。京津冀城市群是一个整体，制定政策时予以整体考虑的同时，也要注意到京津冀之间的差异。现阶段，河北省环绕北京周边的住房需求依旧比较旺盛，如廊坊、保定。2016 年廊坊政府就对房地产市场实行限购、限贷政策，房价明显下降，可以看出政策取得良好效果。但是，从当前的规定来看，廊坊市尚未实行限售、限商或限价政策。天津、保定、张家口等其他环京城市在房地产调控方面也存在重限购和限贷，轻限售、限商和限价等现象，北京市中低收入群体在周边城市购房压力依旧很大。[①] 因此，京津冀城市群还需进一步加强商品住房交易管理。另外，收紧住房信贷政策虽然有助于抑制投资性和投机性需求，但对刚性需求和改善性需求也会产生一定影响。对于市民合理的自住需求，尤其是购买首套住房者，应在首付和差别化住房信贷政策方面予以支持。

2. 坚持应保尽保原则，大力发展各类保障性住房

2021 年中央做出部署，把发展保障性租赁住房作为"十四五"住房建设的重点任务，坚持一切从实际出发，解决好大城市的住房突出问题。2021 年 7 月，国家首次明确住房保障体系的顶层设计，将以公租房、保障性租赁住房和共有产权住房为主体。各大城市扩大保障性租赁住房、公租房及共有产权住房供给，以解决低收入群体的住房问题。首先，对于刚毕业的大学生和新市民，他们虽在北京工作，但有很多人并不符合公租房条件，为此，政府应加大保障性住房政策支持力度，引导多主体投资、多渠道供给。其次，京津冀城市群要继续执行好公租房政策，进一步完善相关制度，在合理轮候期内解决公租房申请人的保障问题。再次，针对买不起商品住房的人群，政府不仅应扩大安排共有产权

---

① 吕萍、林馨、于淼：《促进地区住房梯度消费助力京津冀协同发展》，《中国房地产》2019 年第 25 期。

住房供给，而且要充分运用好存量土地和房屋，尽量促进职住平衡。最后，各类保障性租赁住房应全部纳入住房租赁服务管理平台予以统一管理，坚决防止保障性租赁住房上市销售或变相销售，严禁以保障性租赁住房为名骗取优惠政策或违规经营，让真正有需要的人得到相应政策支持。

3. 完善"租购并举"政策，发展并严格监管租赁市场

住房问题一直关乎国计民生，党中央高度重视住房体系建设。实行购租并举，培育和发展住房租赁市场，是深化住房制度改革的重要内容。支持居民通过租赁解决住房问题，首先需要促进住房租赁市场健康发展。目前，北京住房租赁市场仍存在明显的供需不匹配和职住不平衡，需要通过建设资金补助、住房公积金等提供长期资金支持，支持将集体土地用于建设租赁住房、改建职工集体宿舍等。近年来，长租公寓、租金贷等"租赁＋互联网＋金融"新业态频繁"爆雷"，需要通过地方性立法加强住房租赁的顶层设计，完善住房租赁管理制度体系，让居民放心租房。与此同时，租赁市场还需改善住房的公共环境，消除安全隐患，同步做好中低价位、中小户型长期租赁住房建设工作。确保住房租赁市场供需平稳，切实为新市民和低收入群体减轻租房压力。

参考文献

贝壳研究院：《2018 年北京住房租赁市场分析报告》，载北京市住房和城乡建设委员会编《2019 北京市房地产年鉴》，中国发展出版社，2019。

李君甫、李立群：《2019 年京津冀城市群住房市场分析及 2020 年展望》，载王业强、董昕、张智主编《中国房地产发展报告 No. 17 （2020）》，社会科学文献出版社，2020。

林永民、史孟君、陈琳：《京津冀城市群房地产市场高质量协同发展长效机制研

究》,《工程经济》2021 年第 5 期。

林馨、吕萍:《基于空间杜宾模型研究京津冀城市群房价空间相关性及影响因素》,《经济问题探索》2021 年第 1 期。

吕萍、林馨、于淼:《促进地区住房梯度消费助力京津冀协同发展》,《中国房地产》2019 年第 25 期。

王庆华、程兰芳、张凤琴:《京津冀地区房价联动网络结构研究》,《地域研究与开发》2019 年第 5 期。

高质量发展视角下的首都中心城区
更新行动研究

宋　梅[*]

摘　要： 城市更新和城市高质量发展是近年来重要的政策议程和学术界的热门话题，尽管人们越来越认识到城市更新的重要性，但在城市更新与持续性发展理念、系统性规划理念的融合方面尚有所欠缺。本报告侧重于明确首都城市中心城区的复兴方案，中心城区的更新必须着眼于保护古都的历史特征，保护现有遗产及其原创性，以人为中心；同时应该关注具有遗产价值的建筑，处理好城市社会和经济问题与环境问题。

关键词： 首都　中心城区　城市更新

城市更新一直被视为提升土地价值和改善环境质量的一种有效方法。通过城市更新可以解决内城区衰退问题，加强现有的社会网络，提高弱势群体的包容性，改变对生活环境的不利影响，实现各种社会经济目标。为了实现有效和高效的城市更新实践，《中共中央关于制定国民经济和社会发展第十四个五年规划和二〇三五年远景目标的建议》明

---

* 宋梅，博士，北京市社会科学院城市问题研究所副研究员。

确提出"实施城市更新行动"，2021 年 8 月 31 日，北京市发布了包含
22 项政策清单的《北京市城市更新行动计划（2021—2025 年）》，城市
更新从国家层面到地方层面都变成越来越重要的发展问题，事关城市乃
至国家的经济、社会、环境的可持续发展。为此，需要了解当前城市更
新的背景和发生机制。从城市高质量发展、利益相关者及其参与、社会
可持续性等方面讨论不同领域的城市更新理论。

一　首都城市更新的背景

首都作为历史文化名城和八百年古都，面临城市全球化、现代化的
挑战，城市的历史性建筑物作为城市历史记忆和地标的价值开始下降，
导致中心城区的物理结构变化及其社会构成和经济结构变化。摩天大楼
无论是在形式还是在实质上都没有与古都的历史结构相融合，一些城市
开发项目改变了土地用途，这种变化也改变了城市内在结构，城市的历
史传统结构难以适应现代城市模式。城市的天际线和建筑外观发生了变
化，城市的更新忽略了历史内容，与首都历史不符的建筑结构取代了大
部分城市结构。

作为最重要的城市更新过程，中心城区的重建、修复、保护通常需
要考虑物理环境，否则会产生负面影响。首都中心城区的更新必须着眼
于保护历史特征，保护现有遗产及其原创性，以人为中心；同时应该关
注具有遗产价值的建筑，处理好城市社会和经济问题与环境问题。

二　首都中心城区更新的方法和政策分析

针对首都中心城区更新，最重要的方法和政策可以概括如下：通过
修复或重建城市住宅形态来改变城市结构，改善人们的生活条件，保护
历史价值和文化遗产，以应对经济和社会变数。在政策层面的城市更新

方案主要包括重建、保护和恢复。

"重建"是指通过拆除在现有城市结构中占据最大比例的破旧建筑和社区（具有历史价值的建筑除外），使功能和人口结构重组，并根据一个新的计划进行重建，该计划包括土地的使用情况和人口分布模式。

"保护"是指通过采取防止损坏和侵蚀的措施来延长历史建筑的寿命，包括为延长自然过程和保存人类文明的证据所做的所有工作，允许在不改变形状的情况下进行更改或添加操作。此外，保护建筑物、城市结构和特征。通过控制与城市和社会发展过程相关的动态变化，关注维护和保护的融合。

"修复"不仅是为了保护旧建筑，而且是为了恢复社区的内在力量，以独特的方式与过去重新建立联系，从而实现自我更新，这是此类更新的基本结果。通过使历史建筑重新投入使用来改善整个地区的经济和社会条件，使城市环境中的历史区域与现代区域相结合。

总之，中心城区的复兴可以通过保留首都作为古都的城市历史特征的方式来复兴受损的城市结构，基于城市更新的政策，可以将处理城市内在结构的方法分为三种。第一种方法考虑必须维护的东西，并对其予以调整或恢复，以发挥其功能，第二种方法要求彻底重建失去经济和历史价值的东西，第三种方法要求全面振兴。

三 首都传统商业街的更新和历史价值

传统商业街代表了首都的历史文化，体现了城市的文化内涵。更新传统商业街是恢复历史城市结构的一种手段。因此，必须基于这些街道形成一个综合的框架，以保护历史城市中心的遗产，从而在传统与现代之间取得平衡，同时尊重正在更新的固有历史环境。

找到适当的机制和解决办法，发挥传统商业街的有效作用。基于一系列行动和程序保护传统商业街道有价值的环境和结构要素，防止其退化，并为后代保留人文价值遗产。为此，有必要进行综合开发，实现传统商业街的遗产价值与城市环境及其所有资源和潜力之间的平衡。根据该地区的情况，使用各种方法更新历史城市中心。

首都城市中心城区的重要遗产是传统商业街和市场，传统商业街可以是一条道路或走廊，两旁是商店，如前门大街，并提供一系列商业服务，通过其商业活力来吸引游客。

对于游客或市民来说，商业街道是城市环境中最重要的视觉元素之一。城市环境的元素被整合在周围，形成一个充满活力的主体。传统市场可按时间、功能和城市形态划分，时间分类是指按持有市场的时间进行分类，可以是季节性的，也可以是定期的（每月、每周）或全年每天。功能分类是指基于其作为商业功能还是专门针对特定或非特定商品。城市形态分类取决于其线性、分支或聚合。

历史商业区是城市遗产的结构性证据，具有历史价值、建筑和城市特征，符合人们所需的所有环境特征。商业活动是构成社会基本生活并反映其文化和价值观的一系列活动的主要部分。历史市场作为城市遗产的重要性取决于其价值。历史商业区的美学价值在于形式的简单性、商品的丰富性、工艺的多样性、人的尺度、颜色的和谐性、立面的多样性和独特的建筑特征。通过使用传统建筑和饰面材料、通风系统、遮阳、隔热和自然采光，实现其生态多样性的价值。建筑多样性的价值及其对城市环境的贡献源于强烈的视觉形象，使人和人之间处于和谐的室内空间。功能多样性的价值，如市场不同用途之间的兼容性以及建筑物位置和年代的多样性。持续的文化记忆的价值，提供了理解历史作为社区生活一部分的主要背景。经济和商业价值代表了保护和修复的基本政策，其中建筑特征、传统工艺和产品的保护同时体现了当地社区和政府的重大经济和商业价值。

首都北京历史上的市场形式非常多样，在历史上市场只是沿着街道或十字路口附近的一组商店，通过逐渐远离住宅区而自发地转变为商业街。

20 世纪 90 年代以来，社会各界呼吁发展商业街，将历史上的前门市场改造为所谓的商业街和购物中心。在城市的中心地带，有专用于开展商业活动的人行道，步行速度是在市中心区域最合适的，因为它与任何特定的路径都没有联系，步行者可以随意轻松地改变方向。它有助于恢复商业和经济活动，提升城市吸引力。

购物区通常是最适合行人移动的区域，但要决定区域中哪些街道适合设置行人专用区并不容易。位于城市中心的步行街吸引着人们，可以增强环境的吸引力，但同时也带来了问题。下文列出了一些明显影响商业街发展的因素。

1. 功能因素

（1）交通流动：为应对周围街道交通量的增加，可以考虑减少商业街内的车辆数量或完全禁止机动车进入。在商业街区附近提供停车场，不应忽视街道（传统市场的功能）的服务需求。

（2）行人流动：研究沿商业街步行的目的和商业街内的行人活动，步行距离不超过 1.5 公里，时间持续 20 分钟。此外，停车位与目的地之间的距离应限制在 800 米左右（步行 10 分钟）。应研究行人和街道交通运动之间的关系，以及如何组织后者，以确保安全感和舒适感。

（3）基础设施：考虑商业街中基础设施线路的位置，以评估其是否能够适应发展或是否需要为此目的进行调整。

（4）现有建筑：立足于城市地位、建筑特征和历史价值，以及对高度和天际线、立面和细节、饰面材料和纹理、施工方法等的研究，深思熟虑地利用好这些建筑。

2. 自然因素

（1）气候：规划者需要通过减少阳光直射或反射以及平衡大气湿度来加强对商业空间的保护。

（2）土壤和地下水：确定土壤用于农业的能力，同时确定可在商业街上开展的活动。

（3）地球的地形：它们影响着商业街的活动开展，利用水平不同。

3. 社会和经济因素

判断一条街道在开发后的成功程度，对于在开发商业街道的成本和回报之间寻找平衡是很有用的。这包括对市场的研究和分析，以及对经济可行性的研究。

4. 政策和法律因素

政府关心的是是否禁止汽车进入商业街，以及是否为小贩提供固定场所，而法律关注的是对街道上发生的违规行为予以处罚。

5. 历史商业步行街更新的要素和要求

要使商业街更适合行人，需要考虑以下要素和要求：第一，气候。在街道上提供热舒适（有遮阴的树木）。第二，物理和结构。狭窄的街道更适合行人，大多数步行街的长度小于1.5公里。街道的宽度通常至少包括三条车道，两侧的车道一条供商户使用，另一条供行人通行。较宽的街道可能有三条以上的车道。基于街道的商业性质，需要催生一种沿着它漫步的欲望，并使步行的体验变得愉快。第三，交通运行和停车位。必须在行人区外重新引导车辆，以保证公共交通、汽车和行人进入该区域的便利性。考虑到在不使用街道的情况下将公共交通引致步行区边缘的需要，应提供足够的停车位。若难以实现，则允许服务车辆在一天中的某一时间段进入街道。第四，步行街商业结构。商业活动集中在街道和邻近地区提供日常消费品的便利商店，超市由于商品供应进出困难，通常不适合开设在步行街内。步行街上最受欢迎的商店为服装店、餐馆、卖手表和珠宝的商店、眼镜店、摄影店、书店、鞋包店、咖啡馆、纺织店、礼品和化妆品店、糖果店、冰激凌店、玩具店、糕点店等。第五，人行道标准。一条成功的人行道的基本要求是连续的、有起点和终点，人们很容易看到，借助交叉口和广场予以划分，借助地标帮助行人关注道路以外的事物。人行道最重要的标准如下：一是功能标准。应衡量道路为发挥其功能的准备度，包括：连通性意味着道路的可访问性和使用性及其为所有人服务的潜力；用户和活动的多样性，以及视觉变化；功能连续性。二是视觉标准，包括通过水平和垂直尺寸确定的路径、长度、间距，以吸引行人。三是以尊重地形和热舒适性为代表的环境标准。四是社会标准。提供鼓励所有活动和满足所有人要求的氛围。五是经济标准。景点通过商店增加经济流动性。

四　首都中心城区的住房更新和社会价值

"城市更新"起源于美国1949年的《住房法》，最初是对已发展为贫民窟的市中心土地予以重组和再利用，并开发出新住宅和非住宅的综合方案。虽然城市更新的主要目的是消除不规范、居住不舒适的住房，但当代城市更新涉及振兴市中心、促进大学或医院条件改善、工业再开发和创建新镇的重要城市发展策略。

与郊区蔓延相反的趋势是年轻人重返中心城区，因此中心城区的住房需求大大增加，住房更新的需求变得更为迫切，主要原因是：第一，越来越多的年轻人为了子女教育和便利地享受到城市文化、商业设施迁入和重返老城区，这就需要对内城区住房结构和居住功能进行更新、升级；第二，与中心城区居民对住房升级和改革的愿望密切相关。

作为世界第二大经济体的首都，北京有着八百多年的建都史，其中心城区更新的目标应将保护世界历史名城与城市住房条件的改善结合起来。研究发现，兴起于20世纪90年代末的首都城市更新体现了内城区绅士化的特征，即一定形式的社会空间重构造成社会、经济空间的隔离，导致分配差异和空间不平等。中心城区的更新仍在进行中（历史遗留的土地产权问题可能导致城市中心城区的更新永远都是部分的和不完整的），无论如何，首都城市更新都会带来城市形象的改善及其全球地位的提高。北京的城市更新使低收入者因市中心的重建而迁移到郊区，商品住房市场无法完全满足内城区低收入者的住房需求，其也因失去了赖以支持日常生活的经济基础设施（租房收入或就近灵活就业）而受到郊区就业空间的约束，面临生活方式变化方面的阻碍，恢复社会和经济网络对于个体和家庭来说至关重要，而拆迁、腾退会影响社区组织和人际关系。

学术界越来越关注城市更新的社会可持续性问题。然而，与经济和环境的可持续性不同，社会的可持续性没有被明确定义为城市更新的一部分，因此没有被视为可持续发展的重要组成部分。此外，社会可持续性的定义因研究者的研究领域和专业不同而不同（见表1），没有普遍认同的社会可持续性标准，这也意味着这一领域的理论化程度不高。

表1 城市更新的社会可持续性

定义	参考文献
城市社会中较贫穷群体对城市基础设施的负担能力和获得公共服务的机会	罗斯兰,M.（1998）；Koppenjan, J. F. 和恩斯林克,B.（2009）
社区内提高生活质量的条件,也是社区内实现这一条件的过程	麦肯齐,S.（2004）
以工作为中介的环境——社会关系,以及社会内部之间的关系	格里斯勒,E. 和利蒂格,B.（2005）
使公平和健康等传统社会政策领域的原则与参与、需求、社会资本、经济、环境等相关问题相结合,与幸福、福祉和生活质量的概念相结合	科尔·安东尼奥（2011）

以上有关城市更新的社会可持续性的定义表明，其有以下影响因素：公共服务的可及性、就业、社会资本和社区福利、社区意识和归属感。此外，城市更新的社会可持续性的重点是社会参与。因此，城市复兴的过程应该始终涵盖潜在利益相关者的动员和当地社区的能力建设。

《北京市城市更新行动计划（2021—2025年）》指出，通过积极鼓励公众参与、社会互动和地方文化复兴，采取自下而上的方式推动城市更新项目。尽管地方政府努力构思和实施可持续的城市更新，民主参与和社区参与的政策也并非一定有效的，但有参与比没有参与更容易成功实现城市住宅的更新。

城市更新涉及企业的搬迁、建筑物的拆除、人员的搬迁，以及法律意义上的房屋征用权（政府为公共目的购买财产）。城市更新往往被支持者视为经济发展和住房体制改革的引擎，被批评者视为控制机制。无论是加固现有的住房还是拆除旧房子，城市中央商务区的振兴和中心城区住宅都容易引发贵族化、绅士化的后果。

五　城市更新的相关概念和政策关系分析

城市更新的目标涉及重建和遗产保护，改善中心城市的物质、社会经济和生态状况。在城市规划领域城市更新、城市再生、城市重建和城市复兴有着相似的含义，但在规模上有着显著不同。城市更新和城市再生具有非常相似的含义，所涉及的规模相对大；城市更新被定义为考虑到历史遗产保护等因素，涉及中心城区旧房的清理、腾退和实体重建的过程；城市再生是一种愿景、理念和行动的综合，旨在解决贫困城市地区的多方面问题，以改善其经济、物理、社会和环境条件。相比之下，"城市重建"涵盖的内容更为具体、范围更小，是指在已有用途的场地上进行的建设。城市重建是将建筑物恢复到良好的运行状态。总之，城市更新旨在通过采取各种行动，包括重新开发、恢复和遗产保护，改善城市地区的物理、社会经济和生态方面。

为了帮助解决城市发展、再生过程中出现的问题，人们对许多城市更新方案进行了研究。高质量发展理念在社会、经济和环境的可持续性方面与城市更新相对应，人们认识到城市更新和城市的可持续、高质量发展应结合在一起。城市更新过程涉及各种规划和不同的利益相关者之间的问题，两者之间错综复杂的关系又使过程变得复杂化。

城市更新旨在解决城市功能退化、社会排斥、环境污染等一系列问题。它被视为提升土地价值和改善环境质量的一种合理方法；解决城市衰退问题，实现各种社会和经济目标；强化现有的社会网络，提高对弱势群体的包容性，减小对生活环境的不利影响。具体而言，城市更新项目有助于提高住房质量，降低社区健康风险；促进破旧建筑物的维修；提高城市建筑存量和土地资源的有效利用。在这些方面，如果遵循可持续发展的道路，城市更新可以大大促进可持续城市发展。然而，大多数城市更新政策往往侧重于经济再生，而不是环境或社会再生。城市更新的过程很复杂，但它确实为城市的可持续发展提供了方向。

参考文献

Couch C. , "Urban Renewal: Theory and Practice," 1990.

Zheng H. W. , Shen G. Q. , Hao W. , "A Review of Recent Studies on Sustainable Urban Renewal," *Habitat International*, 2014, 41 (1) .

Perez M. , Rey E. A. , "Multi-criteria Approach to Compare Urban Renewal Scenarios for an Existing Neighborhood," Case Study in Lausanne (Switzerland) , *Building & Environment*, 2013 (65) .

Bloom N. D. , "Manhattan Projects: The Rise and Fall of Urban Renewal in Cold War New York," *Contemporary Sociology*, 2012, 41 (1) .

Ho D. , Yau Y. , Poon S. W. , et al. , "Achieving Sustainable Urban Renewal in Hong Kong: Strategy for Dilapidation Assessment of High Rises," *Journal of Urban Planning & Development*, 2012/138 (2) .

北京市老旧小区适老化改造需求
及对策研究

曲嘉瑶[*]

摘　要： 人口老龄化是 21 世纪我国的基本国情，面对快速人口老龄化发展形势，老旧小区基础设施建设也要顺应从年轻社会向老龄社会转型的形势。调查显示，北京市城六区近八成的老人居住在 2000 年前建成的老旧住宅中；近八成和六成老人分别需要家庭适老化改造和楼房适老化改造；社区照料及老年教育设施比较欠缺。在城市更新的过程中，通过老旧小区适老化改造来完善老龄社会基础设施体系，促进老年友好型社会建设，助力积极应对人口老龄化问题。

关键词： 北京市　老旧小区　适老化改造　老年友好型社会

一　老旧小区适老化改造的战略意义

（一）老龄化对城镇化建设提出更高要求

我国老龄化是工业化、城镇化进程中的老龄化，老龄化与城镇化同

---

* 曲嘉瑶，博士，北京市社会科学院城市问题研究所副研究员。

步共振，成为我国老龄化的重要特征。我国经历了世界历史上规模最大、速度最快的城镇化进程，但是在此过程中，我国基础设施建设未能前瞻性地考虑到人口老龄化的速度，出现了许多不利于老年人居住、出行的缺陷与隐患。老龄社会下，老年群体在总人口中所占比重不断提高，因此，全社会必须将老年群体的需求置于更加重要的地位，整体考虑所有年龄群体的所有问题。随着我国从年轻社会转向老龄社会，现有基础设施难以满足老龄社会需求的问题日益凸显，因此，不仅要做好新基建的适老化前瞻设计，也要做好既有基础设施的适老化改造。

（二）老旧小区适老化改造需求迫切

从中国的文化传统与老年人的养老意愿来看，居家养老是老年人最主要的选择，[①] 城市的老年人口通常聚集在旧城区，老旧小区适老化改造是提升老年人居家养老服务品质的主要途径。据统计，84%的老年人居住在 2000 年以前建造的住宅中，既有社区的老龄化程度达到 18.6%～21.3%，普遍高于全国老龄化水平，且老年居民增加速度也快于小区新建速度。[②] 然而，老龄化程度高的老旧小区面临着小区环境的适老化程度低、养老配套设施不足、老年人出行活动困难等问题。[③] 现存的大量二十世纪八九十年代建造的老旧小区不能满足老年人居家养老的需求，应进行适老化改造。[④] 广大中低收入老人所居住的老旧小区需要进行适老化改造的需求日益迫切。[⑤]

---

① 杜鹏、孙鹃娟、张文娟、王雪辉：《中国老年人的养老需求及家庭和社会养老资源现状——基于 2014 年中国老年社会追踪调查的分析》，《人口研究》2016 年第 6 期。

② 何凌华、魏钢：《既有社区室外环境适老化改造的问题与对策》，《规划师》2015 年第 11 期。

③ 赵立志、丁飞、李晟凯：《老龄化背景下北京市老旧小区适老化改造对策》，《城市发展研究》2017 年第 7 期。

④ 桑轶菲、应佐萍：《城市老旧小区适老化改造的路径探讨》，《价值工程》2015 年第 20 期。

⑤ 裘知、楼瑛浩、王竹：《国内老旧住区适老化改造文献调查与综述》，《建筑与文化》2014 年第 2 期。

（三）适老化改造是老年友好型社会建设的重要内容

老年友好型社会已成为世界各国环境规划的目标，对既有居住区进行适老化改造是老年友好型社区建设的重要内容。在全球人口老龄化背景下，世界卫生组织提出了"老年友好城市"理念，旨在提供包容的、便利的城市和社区环境，优化老年人的健康条件，保障参与机会和安全，提升老年人生活质量。中国已进入老龄社会，社会环境建设要积极适应人口结构的变化，满足居民日益增长的宜居需求。2020年，国家卫生健康委（全国老龄办）印发《关于开展示范性全国老年友好型社区创建工作的通知》，决定在全国范围内开展创建活动，从社区环境入手推进老年友好型社会建设，并明确提出，到2035年全国城乡实现老年友好型社区全覆盖。在工作任务中，改善老年人的居住环境及方便老年人的日常出行均涉及适老化改造。老年友好型社会建设已被列入北京市"十四五"时期老龄事业发展规划。《北京市推进老年友好型社会建设行动方案（2021—2023年)》（以下简称"友好九条"）正在征求意见中，老旧小区适老化改造将促进老年友好型社区环境建设。

（四）老旧小区适老化改造是城市更新的重要方向

老旧小区适老化改造满足了城市存量更新的规划诉求，成为当前城市更新的重要方向，也是城市向老龄社会转型的主要途径。近年来，国家多次出台重要文件，支持老旧小区适老化改造。2015年，中央城市工作会议提出"加快推进老旧小区改造"，《中共中央　国务院关于进一步加强城市规划建设管理工作的若干意见》要求"实施城市修补和有机更新"。2019年，国务院办公厅印发《关于推进养老服务发展的意见》，提出要"实施老年人居家适老化改造工程"。为全面推进城镇老旧小区改造工作，2020年，国务院办公厅印发《关于全面推进城镇老旧小区改造工作的指导意见》，明确老旧小区改造内容分为基础类、完善类、提升类三类，其中，完善类和提升类均涉及适老化改造。计划到"十四五"期末基本完成 2000 年底前建成的需改造城镇老旧小区改造任务。2020 年 5 月，在十三届全国人大三次会议上老旧小区改造的具体目标首次被写进政府工作报告，标志着老旧小区改造进入发展快车道。

（五）老旧小区适老化改造对于实施积极应对人口老龄化国家战略具有重要意义

《国家积极应对人口老龄化中长期规划》明确提出"建设老年友好型社会"，将社会环境宜居友好作为积极应对人口老龄化的战略目标。2021 年，《中华人民共和国国民经济和社会发展第十四个五年规划和 2035 年远景目标纲要》中，积极应对人口老龄化的内容部分强调，"推进公共设施适老化改造，支持特殊困难家庭适老化改造"。

在我国老龄化形势日益严峻的背景下，老旧小区适老化改造不仅是建设老年友好型社会、构建老龄社会基础设施的重要内容，更关系到积极应对人口老龄化国家战略的实施，意义重大。同时，老旧小区适老化改造工程也是国家扩大内需、拉动消费、促进经济增长的重大行动，对推动老龄社会下经济高质量发展具有重要意义。

二　北京市老旧小区适老化改造
相关政策与实践

根据《关于全面推进城镇老旧小区改造工作的指导意见》，老旧小区通常是指 2000 年以前建成的小区。据住房和城乡建设部城市建设司发布的《老旧居住小区基本情况与有机更新研究报告》，全国 2000 年前建成的老旧小区共有 17 万个，全国老旧小区总建筑面积约为 40 亿平方米，已完成不同程度改造的建筑面积为 10.69 亿平方米。按照累计建设量统计，北京市四环路以内从 20 世纪 50 年代到 1998 年房改之前建成的居住建筑存量面积达 1.4 亿平方米，其中近 85% 是 20 世纪 80 年代后建造的。随着北京市老年人口对居住环境适老需求的日益增加，老旧小区适老化改造任重道远。

随着老龄化的快速发展，我国多个城市开始推动老旧小区适老化改造。北京市以政府为主导，从家庭环境开始，推进老旧小区适老化改造工作。"十三五"时期，公共区域无障碍设施和适老化改造，已被列为北京老旧小区改造的基础项目。自 2017 年新一轮老旧小区综合整治工作启动以来，北京市已累计确认了 433 个项目，涉及小区 511 个、住宅楼 3646 栋、居民 34 万户；累计开工项目 317 个、完工项目 105 个，"十四五"期间，北京市将聚焦适老化改造等重点难点问题①。

（一）相关政策出台

北京市针对残疾人的居家环境无障碍环境改造进行了多年，从 2016 年开始实施以年龄段区分的老年人家庭环境适老化改造，助力"三边四级"就近精准养老服务体系建设。

北京市于 2016 年启动经济困难老年人家庭适老化改造工作，以政府采购的方式，对本市户籍 60 周岁及以上的城市特困、农村五保、低保、低收入老年人家庭进行适老化改造。2016 年 5 月，北京市民政局出台《支持居家养老服务发展十条政策》，提出"十三五"期间适老化改造覆盖全部经济困难老年人家庭，并为符合条件的特殊困难老年人配

---

① 《北京："十三五"改造老旧小区实现物业管理基本覆盖》，https：//m.thepaper.cn/baijiahao_ 11048313。

备生活辅助器具给予支持。9 月，出台老年人家庭适老化改造工作专项文件。北京市民政局、北京市老龄工作委员会办公室相继印发了《北京市老年人家庭适老化改造需求评估与改造实施管理办法（试行）》《关于开展 2016 年老年人家庭适老化改造工作的通知》，正式启动家庭适老化改造需求评估及实施管理工作。通知明确了改造内容包括建筑硬件改造、家具家装改造、康复辅助器具适配、智能化助老服务设施配备。

北京市整合残疾和老年群体需求，推动"老残一体"居家环境改造。为了进一步加强残疾人、老年人居家环境无障碍改造的服务和管理，北京市残疾人联合会、市民政局、市财政局及市老龄委于 2018 年联合制定并印发了《北京市居家环境无障碍改造服务管理暂行办法》，对具有本市户籍的残疾人或能力综合评估为重度失能或经济困难的老年人家庭进行居家改造，解决其居家生活中的障碍和困难，提高自主生活水平。办法规定，改造资金由申请人户籍所在地的区级财政负担，改造项目采取目录化管理，建立《北京市残疾人居家环境无障碍改造项目目录》。为统筹推进老旧小区综合整治同步实施适老化改造和无障碍环境建设，2021 年，北京市住房和城乡建设委员会印发《关于老旧小区综合整治实施适老化改造和无障碍环境建设的指导意见》，进一步推动通行无障碍改造、公共空间适老化改造、完善适老化公共服务设施、增加居家养老服务有效供给等。

北京市不断提升改造工作的标准化、规范化水平。2019 年 10 月，北京市朝阳区民政局发布《居家改造适配评估标准》，并同步推出《适老辅具适配从业人员培训教材》。标准对居室内不同空间的指标进行改造适配评估，同时提供了居家辅具适配方案和空间适老化改造解决思路，填补了居家环境领域适老化改造的标准空白。教材围绕适老辅具适配，详细介绍了常见辅具的各项知识，力求建立空间（居家环境）、使用者（老人及照护者）、适老辅具三者协调统一的适配观念，推动形成全面立体的适老化改造解决思路。《居家改造适配评估标准》已在劲松社区的改造中予以应用。

北京市将家庭适老化改造与养老家庭照护床位结合。2021 年，中共北京市委社会工作委员会等部门联合印发《北京市养老家庭照护床位建设管理办法（试行）》，明确提出通过家庭适老化改造等方式，将专业的照护服务送到老年人的床边。2021 年，市委社会工委市民政局制定了"我为群众办实事"年度清单 31 项重点任务，其中包括加快推进老年人家庭适老化改造，计划在中心城区增设 2000 张养老家庭照护床位。

（二）改造试点经验

2017 年 4 月，朝阳区常营地区通过政府购买服务的方式，开始实施老年人居家适老化改造。常营改造项目注重评估老年人的需求，制定个性化的改造方案。项目前期，在社区开展"社区居家环境安全"讲座，了解老年人的需求并进行居家环境安全性评估，编制《适老化改造设计标准》，对老旧住宅进行入户评估，建立数据库，形成评估报告。项目中期，对 120 户老旧住宅实施适老化改造。项目后期，改造完成后，召开研讨会，组织社区居民、同行代表、行业专家、老人代表对适老化改造工作进行讨论和总结。

2018 年 7 月至 2019 年 5 月，北京市首个老旧小区适老化改造试点项目在海淀区北下关街道南二社区启动。项目由海淀区政府出资，实施小区公共空间和家庭适老化改造。共为 97 户老人家庭进行了家庭适老化改造，改造内容涵盖配备适老设施及智能监测设备等，结合改造，为老年人提供健康管理和紧急救援服务。此外，还进行了小区公共设施适老化改造，包括加装电梯、配备爬楼机；在小区内安装 12 个室外报警桩；加装坡道、户外扶手、园林步道、指示向导牌等，提升小区的适老化水平。

2019 年 7 月，朝阳区劲松北社区启动老旧小区适老化改造，首次引入社会机构，开展社会资本模式的尝试。作为老龄化比例高达 40%的社区，该小区的改造源于老年居民联名信的推动。社区适老化改造比住房内改造难度更大，面临不同人群的异质化需求，并且面临资金筹措问题，为此，引入北京愿景明德管理咨询有限公司来开展运营。该机构向街道提供了"投资、设计、实施、运营"一体化的打包方案，朝阳区房管局和劲松街道则把社区配套用房等约 1600 平方米的低效利用空间运营权交给该公司运营以增加补贴。

三 北京市老年人适老化改造需求特征

20 世纪末的一项实证研究发现，相对于其他北方城市，北京市老年人对居住环境的满意率最低。[①] 作为首都，为什么老年人对居住环境的满意率偏低？现阶段，北京市老年人的居住环境现状如何？老年人的适老化改造需求有哪些？下文将基于 2016 年"北京市老年人居住环境调查"数据，结合国家统计局北京调查总队发布的《2018 年北京市养老现状与需求调查报告》，分析北京市老年人居住环境的现状与需求特点。

"北京市老年人居住环境调查"于 2016 年 9～10 月在北京市开展。鉴于北京市主城区较远郊区县人口老龄化程度更加严重且建设空间有限[②]，老年人的住房老旧、适老化程度较低、环境拥堵等问题更加突出，[③] 因此该调查将范围限定为北京市城六区的居家老年人。此次调

---

① 陆伟、林文洁：《我国城市老年人居住环境现状与问题初探》，《大连理工大学学报》（社会科学版）1999 年第 4 期。

② 《北京 2020 年老年人口达 400 万　影响城市竞争力》，http：//business. sohu. com/20151126/n428531274. shtml，2015 年 11 月 26 日。

③ 纪竞垚：《老年人住房满意度及影响因素分析——以北京市为例》，《人口与社会》2016年第 4 期。

查共发放 2004 份问卷，回收有效问卷 1978 份，有效率 98.7%。采用分层抽样、PPS 抽样、随机抽样相结合的抽样方法，以阶段的不等概率换取总体的等概率。调查方式为入户调查，被访者包含不同经济状况的老年人，样本整体上具有较好的代表性。该数据是本研究使用的主要数据。

（一）近八成老人居住的是老旧住房

1982 年第一届老龄问题世界大会强调，适宜的住房条件对于老年人而言更为重要，住房是其所有活动的中心，良好的家庭住房环境是老年人实现居家养老的基础保障。

"北京市老年人居住环境调查"数据显示，从老年人的住房类型来看，无电梯的多层住宅占主流。被访老年人的住房以楼房为主，约六成是多层住宅，近三成是高层住宅，平房占 12.7%（见表 1）。从住房性质来看，老年人家庭住房以房改房和商品房为主，分别占 26.8% 和 20.2%，私房占 13.2%，回迁房/安置房占 12.3%，公管房占 10.8%，经济适用房/两限房/自住型商品房占 10.0%，公租房/廉租房（无产权的政策保障房）占 6.6%。

从房屋建筑年代看，近八成（74.4%）的老年人住在 20 世纪建成的老旧住房内。老年人居住的住房多为 20 世纪 70~80 年代建成，占 35.8%，20 世纪 90 年代建成的占 23.3%，20 世纪 50~60 年代的占 12.2%，新中国成立前建成的占 3.1%，2000 年以后建成的住房仅占 25.6%。从现住房屋产权来看，近八成的被访老年人居住的房屋产权属于自己或老伴，租住公房的占 8.8%，产权属于子女的占 6.8%，租住私房的占 3.3%，借住其他人的房屋占 2.2%。老年群体内部住房面积差异很大，被访老年人家庭的平均住房面积为 69.02 平方米，其中，面积最大的住房为 122 平方米，最小的仅为 14 平方米。

表1　老年人住房基本情况

单位：%，平方米

变量	数值	变量	数值
住房性质占比		房屋建筑年代占比	
房改房	26.8	2000年以后	25.6
商品房	20.2	20世纪90年代	23.3
私房	13.2	20世纪70~80年代	35.8
回迁房/安置房	12.3	20世纪50~60年代	12.2
公管房	10.8	新中国成立前	3.1
经济适用房/两限房/自住型商品房	10.0	现住房屋产权占比	
公租房/廉租房(无产权的政策保障房)	6.6	自己或老伴	78.8
住房类型占比		子女	6.8
多层住宅	59.5	租公房	8.8
高层住宅	27.7	租私房	3.3
平房	12.7	借住	2.2
住房面积	69.02	其他	0.1
平均数(标准差)	(25.259)		

（二）家庭适老化改造需求迫切

"北京市老年人居住环境调查"数据显示，从住房的内部设施来看，坐便器很普遍，有该设施的占85.8%；近九成的老年人家庭有室内卫生间。但是，住房适老化设施的普及率很低，仅13.6%的老年人家中装有燃气报警设施；紧急呼叫/报警设施的拥有率更低，只有1.9%的被访老年人家中有此设备。

老年人迫切需要家庭适老化改造。近八成（77.5%）的老年人认为居住的房屋存在一项及以上问题。其中，老年人反映最强烈的问题是没有呼叫/报警设施，46.3%的老年人都选择此项；其次是储藏空间不足（38.3%）；排第三位的是室内过道窄（21.9%）；之后依次是室内光线昏暗（21.4%）、没有扶手（17.7%）、房间门窄（17.5%）、厕所/浴室不好用（17.0%）、管道线路有问题（13.5%）；其他问题，如窗户开启不便（7.5%）、地面滑（4.0%）、门槛绊脚（3.6%）等被选择的比例较低（见图1）。

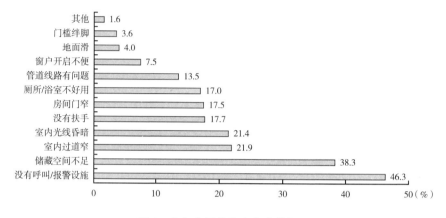

图1 老年人评价住房存在的问题

另外，《2018年北京市养老现状与需求调查报告》显示，本市近八成（79.5%）老人希望家中配备适老化设施，最盼望安装的三个设施依次为紧急呼叫设备、远程监控系统、家庭无障碍设施。其中，紧急呼叫设备需求率最高，选择比重为70.3%；远程监控系统和家庭无障碍设施选择比重分别为37.7%和34.7%。此外，智能穿戴用品和生活辅助器具选择比例也超两成。①

居住环境中的不适老问题会影响老年人居住和生活的安全性，许多老年人对此表示担忧。"北京市老年人居住环境调查"数据显示，超过六成（63.0%）的老年人表示担心因居住条件或设施差而引起的安全问题。其中，老年人最担心的是突发疾病无法告知别人（25.6%的老人选择此项）和入室盗窃等财产安全问题（25.1%），还担心家电、燃气等家用设备使用出现意外（22.3%），以及在家中滑倒或绊倒

---

① 《北京发布〈2018年北京市养老现状与需求调查报告〉》，https：//www.sohu.com/a/259832787_100195306，2018年10月16日。

（22.2%）等。老年人担忧这些问题的比例很接近，可以推断出这些安全问题在日常生活中比较普遍。

（三）老年人需要楼房进行适老化改造

"北京市老年人居住环境调查"数据显示，对于楼房住户而言照明灯和信报箱是比较普及的设施；门禁也比较普遍，有该设施的比例为78.8%；但是，楼房的无障碍设施覆盖率比较低，入口处扶手、坡道的比例分别为53.4%、42.6%，不利于行动困难及坐轮椅的老年人出行。另外，电梯的普及率不高，有电梯的楼房仅占42.9%（见图2）。

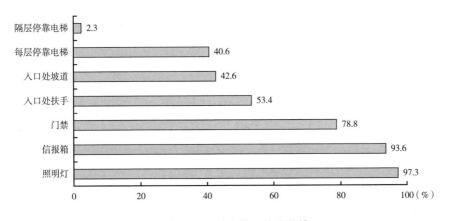

图2 老年人所住楼房的设施覆盖情况

六成（60.4%）老年人认为所住的楼房环境需要适老化改造。其中，需在楼房入口处设置坡道/轮椅通道的比例最高，20.4%的老年人选择了此项；其次是安装电梯/升降设备，占20.2%；改造现有电梯的紧随其后，占19.1%；选择在楼房入口处安装扶手的老年人占15.7%。此外，分别有12.0%和9.8%的老年人认为应改造照明设施和安装门禁（见图3）。

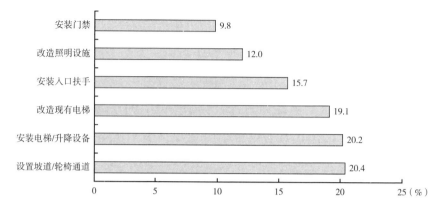

图3 老年人对楼房适老化改造的需求

（四）社区照料设施较缺乏

"北京市老年人居住环境调查"数据显示，从社区设施的配置情况来看，各项老龄服务设施的覆盖率较高。其中，健身设施比较普及，近八成的老年人居住环境周边有此设施；约七成有公共卫生间、社区服务中心/站，以及社区卫生服务中心；超过六成的老年人所在社区有老年活动中心和室外休息座椅；近六成老年人社区有室外活动场地；但是，照料设施比较欠缺，仅有两成多的老年人所在社区有老人日间照料中心（见表2），难以满足失能失智群体的照护需求。

表2 社区老龄服务设施覆盖率

单位：%

设施名称	覆盖率	设施名称	覆盖率
健身设施	79.8	老年活动中心	65.2
公共卫生间	70.6	室外休息座椅	61.0
社区服务中心/站	69.8	室外活动场地	55.1
社区卫生服务中心	69.0	老人日间照料中心	21.5

四　推进北京市老旧小区适老化改造的建议

老旧小区适老化改造将成为首都应对人口老龄化的重要抓手。2021年8月18日，市委常委召开会议研究了《北京市积极应对人口老龄化实施方案（2021年—2025年）》。会议指出，要按照《国家积极应对人口老龄化中长期规划》要求，抓好实施方案落地，走出一条首都特色应对人口老龄化道路。用改革应对老龄化，把老旧小区作为适老化改造的重要场景，城市更新要将养老服务织补进去。

在后疫情时代城市更新和基础设施的建设中，应注意对新的基础设施做好前瞻适老化设计，对旧的基础设施做好全面适老化改造。从北京市老旧小区适老化改造实践以及北京市老年群体的需求特点来看，建议采取以下措施。

（一）适老化改造要体现年龄包容性

老旧小区适老化改造不仅要考虑老年群体的需求，更应体现年龄包容性和全龄友好性。老旧小区改造是一个系统工程，应整合所有年龄、所有功能状况群体的需求特点，既要立足老年人的需求，又要充分考虑残疾人、儿童等所有群体的需求。统一规划、同步建设养老、托幼、教育等各类公共服务设施，建设年龄复合型、通用型设施。增强所有年龄居民生活的便利性。充分利用社区的存量房产、设施，按照资源贡献、集约建设的原则，促进社区资源的有效利用和交流。

本研究发现，社区的照料设施普遍比较欠缺，难以满足失能失智老人的照护需求。我国已进入长寿时代，随着预期寿命的延长，失能、失智者所占比重也会增加。面对人口高龄化带来的挑战，小区及社区应满足个体从自立到终老的生活，囊括生活能够自理以及需要照顾的所有人群，形成多世代融合的社区。为此，应注意建设满足轻度和中度护理需求以及痴呆症等需要重度护理的照料服务设施。

（二）完善适老化改造相关标准和规范

相关标准和规范的出台对于老旧小区适老化改造的规范发展具有非常重要的意义。然而，当前我国仍尚未出台强制性、可操作化的适老化改造相关标准和规范，只有部分倡议性、建议性的标准和规范，住房和城乡建设部门无法强制性要求开发商按照相关标准和规范执行，难以科学指导老旧小区适老化改造建设。

现行相关建设标准和规范大多只适用于新建设施，缺乏对于以改造为主的既有社区养老服务设施的针对性指导。① 2018 年 3 月，住房和城乡建设部发布公告，原国家标准《养老设施建筑设计规范》（GB50867 - 2013）和《老年人居住建筑设计规范》（GB50340 - 2016）同时废止。虽然行业标准《老年人照料设施建筑设计标准》（JGJ450 - 2018）已于 2018 年 10 月开始实行，但已有规范和标准专门针对养老设施和老年人居住建筑，属于公共建筑，均不适用于既有社区室外环境的适老化改造，亟待予以研究和完善。在国家相关标准和规范缺位的情况下，北京市可以探索形成老旧小区适老化改造地方标准，增强改造的科学性、规范性，在全国发挥示范引领作用。

（三）促进全过程的多元主体参与

老旧小区改造需要政府、企业等多元主体的合作与协调。政府部门应完善相关政策，逐步引入市场，完善激励机制、监管机制、协调机制和公众参与机制，通过多种渠道拓展改造资金来源，推进老旧小区适老

---

① 程晓青、张西华、尹思谨：《既有建筑适老化改造的社区实践——北京市大栅栏社区养老服务驿站营建启示》，《建筑学报》2018 年第 8 期。

化改造产业的形成和发展。一方面，为了盘活社会闲置资源，应调整土地出让、税收及城市规划的政策。可以借鉴韩国活用空置房屋的策略，引导空置房屋的更新与改造，以此增加低成本老年公寓及公共老龄服务设施的供给。另一方面，要建立社区自我更新机制。在西方国家，老旧社区改造资金一部分是来源于政府补贴和非营利组织支持，但更多的是依靠社区的自我更新，政府应出台具有激励措施的土地使用政策并明确规划管理程序，促进自我更新机制的形成。

老旧小区适老化改造在评估、实施及后期管理阶段都需要有城市规划、建筑设计、医疗护理等各部门及专业人士的共同参与。以日本为例，日本在适老化改造方面存在的最大问题是没有专门负责住宅改造的审查员，对于护理保险是否被正当利用无法予以核实，此外，由于福利、健康、医疗等部门和建筑专业机构缺乏配合，难以确认工程的实施效果。为了避免改造工程整体性不足、项目零散、后期缺乏科学系统的管理等问题，在实施过程和管理过程中，需要多学科专家鼎力合作，尤其应注意建筑与医疗等各专业人才的配合。

（四）实现改造的经济价值最大化

国家应逐年加大老旧小区改造力度，为了提高财政资金的使用效率，应让有限的改造投入实现经济价值最大化，同时在方案设计上注重细节并考虑资源回收的可能性。由于旧居住区迟早会面临功能升级和建筑更新问题，可参考瑞典的资源可回收设计原则，为部分6层及以下的住宅加建电梯，在建筑达到使用年限或土地另作他用后再挪至他处循环使用。另外，可参考瑞典和荷兰的经验，对于改造难度大的住宅或居住区，可使一部分老年人移居到更安全、舒适的公租房，这也是解决老旧小区老年人居住问题的办法。

长期护理保险制度具有灵活性，可根据地区情况确定老人医疗、护理、生活支援的公费资助比例和范围，较适合中国国情，可为老年人家庭适老化改造提供支持。但要解决楼道、小区等公共区域问题仍有赖于专项的公共资金支持，这也是中国的适老化改造区别于国外常见的个人申请模式之处。

（五）改造空间应从家庭延伸到公共设施

有研究发现，北京市实施的老旧小区改造多停留在节能改造和管线改善等方面，适老化改造内容单一且流于形式，远远无法满足老年人对其居住环境的适老性需求。[①] 另一项研究对北京市城区 40 个老旧小区进行调研发现，老年人较多的居住区普遍是早期建成的，环境条件较差，一些设施老化，社区对老年群体关注程度不高，专门为老年人配套建设的公共服务设施的比例明显偏低，在老年设施中，老年活动中心的比例较高，达到 60% 以上，而老年教育、老年护理院、养老院等的比例较低。有的研究提出，北京市老旧小区综合整治后未解决的问题包括：住宅缺乏电梯，单元出入口缺少无障碍坡道；社区居家养老公共服务设施不能满足老人需求；停车位、活动场地及绿化存在冲突等。[②]

住房只是基础设施的一部分，老年群体的活动范围并不局限于住房内，还涉及小区环境乃至社区基础设施。适老化改造应从家庭环境拓展至小区环境。在老旧小区综合整治改造过程中，应推动坡道、扶手、电梯、楼梯等公共建筑节点和道路系统、休息设施、标识系统等公共设施适老化改造。同时，还应加快停车位、活动设施及照料设施等社区配套设施的建设。

---

① 何凌华、魏钢：《既有社区室外环境适老化改造的问题与对策》，《规划师》2015 年第 11 期。
② 赵立志、丁飞、李晟凯：《老龄化背景下北京市老旧小区适老改造对策》，《城市发展研究》2017 年第 7 期。

（六）适老化改造将助力房地产业转型

随着中国地产行业步入存量时代，城市更新与既有环境的适老化改造将成为重要的经济增长点。一方面，存量房屋改造与转化将成为城市更新的重中之重。将存量房转化为租赁型老年公寓或养老社区，或将成为房地产开发企业的市场战略选择。与新建设施相比，适老化改造既可以降低成本，也可以使收费更低。另一方面，传统的房地产业正在转型升级。越来越多的房地产开发企业对现有的项目进行适老化改造。当前，部分房地产项目地处郊区，配套设施较差，库存高企，销售困难。针对这种情况，应鼓励开发企业调整项目定位，通过对设施进行适老化改造和物业升级，使之转型。持续照护社区是一种热门的商业模式，其本质是在传统房地产的基础上重点发展老龄服务。在老龄社会的背景下，中国将迎来适老化改造的万亿蓝海市场，适老化改造市场前景十分广阔。

参考文献

杜鹏、孙鹃娟、张文娟、王雪辉：《中国老年人的养老需求及家庭和社会养老资源现状——基于 2014 年中国老年社会追踪调查的分析》，《人口研究》2016 年第 6 期。

陆伟、林文洁：《我国城市老年人居住环境现状与问题初探》，《大连理工大学学报》（社会科学版）1999 年第 4 期。

纪竞垚：《老年人住房满意度及影响因素分析——以北京市为例》，《人口与社会》2016 年第 4 期。

桑轶菲、应佐萍：《城市老旧小区适老化改造的路径探讨》，《价值工程》2015 年第 20 期。

何凌华、魏钢：《既有社区室外环境适老化改造的问题与对策》，《规划师》2015 年第 11 期。

赵立志、丁飞、李晟凯：《老龄化背景下北京市老旧小区适老化改造对策》，《城市发展研究》2017 年第 7 期。

程晓青、张西华、尹思谨：《既有建筑适老化改造的社区实践——北京市大栅栏社区养老服务驿站营建启示》，《建筑学报》2018 年第 8 期。

裴知、楼瑛浩、王竹：《国内老旧住区适老化改造文献调查与综述》，《建筑与文化》2014 年第 2 期。

城市文化篇

新发展格局中北京市文化产业
治理体系研究

杨浩　韦苇*

摘　要：文化产业治理体系是国家治理体系中重要的组成部分，促进文化产业治理体系的发展是完善国家治理体系的必然要求。本研究聚焦新发展格局下北京文化产业的治理，对北京市文化产业发展现状进行分析，探寻文化产业治理体系建设的规律。从多元共治和联盟链的角度，提出基于区块链的北京市文化产业治理监测平台，技术赋能北京市文化产业的发展与治理，以此解决北京市文化产业治理中存在的问题，并提出建设北京文化产业治理体系的对策建议。

关键词：文化产业　区块链　治理　北京市

经济新常态下，区域文化产业因内容多样、路径复杂的特点，日益受到社会各界的关注。北京作为全国文化中心，文化资源丰富，文化产业发展迅速。多年来，北京文化产业发展走在全国的前列，对于全市经济的转型和升级而言，起到了不可忽视的推进作用，但也带来了一系列

---

* 杨浩，博士，北京市社会科学院管理研究所副研究员；韦苇，中国传媒大学经济与管理学院博士生。

治理上所要面临的问题，如主管部门分工不明确、知识产权保护力度小、社会公众参与程度不足等，这些问题对文化产业的健康有序发展产生了直接影响。党的十九届五中全会对"十四五"期间繁荣发展文化事业和文化产业、提高国家文化软实力作出全面部署，提出实施文化产业数字化战略，促进形成文化产业发展新格局。文化产业是文化活动重要的有机构成部分，其健康发展很大程度上受到建立健全文化治理体系的影响。基于此，本报告重点聚焦在新发展格局下北京市文化产业的治理，对北京市文化产业发展的现状进行分析，探寻当前北京市文化产业治理工作中存在的问题，并提出符合实际的文化产业治理体系建设路径及对策建议，以期最大限度地实现北京市文化产业的科学治理。

一 北京市文化产业治理现状分析

（一）北京市文化产业结构持续优化

北京市文化产业正在逐步向高质量发展阶段迈进，其产业规模在全国占据重要地位。2020年，北京市达规模以上的文化相关产业营运收入14209.3亿元，同比增长0.9%，其中新闻信息服务营运收入4149.5亿元，同比增长12.9%；内容创作生产营运收入2898.8亿元，同比增长26.0%。疫情下，文化相关企业普遍受到冲击，但北京的新闻信息服务、内容创作生产和创意设计服务领域依然持续保持较快增长态势。

近年来，北京市文化产业结构持续优化。根据国家统计局的《文化及相关产业分类（2018）》，文化及相关产业分为两大领域和九大类，两大领域是文化核心领域和文化相关领域，九大类是新闻信息服务、内容创作生产、创意设计服务、文化传播渠道、文化投资运营、文化休闲娱乐服务、文化辅助生产和中介服务、文化装备生产、文化消费终端生产。2019年，北京文化产业保持了良好的发展态势，核心领域的产业

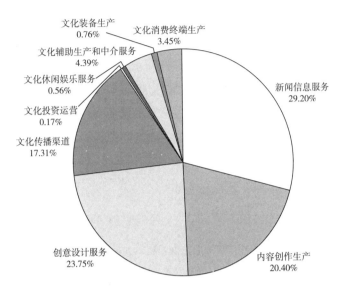

图1　2020年北京规模以上的文化及相关产业营运收入占比

资料来源：北京市统计局。

增速为9.9%，[①] 但是由于经济下行压力，规模以上的相关企业数量发生变化，相关领域的产业增速放缓。2020年规模以上文化相关企业数量发生了变化，如企业达规模以上/企业没有达到规模以上、新建投产企业/破产、注（吊）销企业等，加上疫情影响，相关领域收入呈现负增长状态，如图2所示。

（二）北京文化产业治理体系发展历程

自新中国成立以来，我国文化产业快速发展为国家支柱型产业。[②] 以2000年国家正式启用文化产业概念为标志，北京市文化产业经历了萌芽期（1990~2000年）、发展期（2000~2011年）、完善期（2011年至今）三个不同的阶段，也经历了相对应的不同产业规制模式，如图3所示。

---

①　罗荣华：《北京经济增长与文化产业的空间溢出效应研究》，《当代经济》2020年第11期。

②　范周、侯雪彤、宋立夫：《新中国成立七十周年文化建设回顾与展望》，《山东大学学报》（哲学社会科学版）2020年第6期。

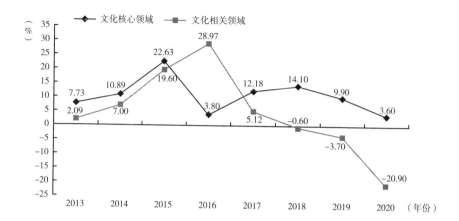

图 2　2013～2020 年北京市文化产业核心领域与相关领域收入增速

资料来源：北京市统计局。

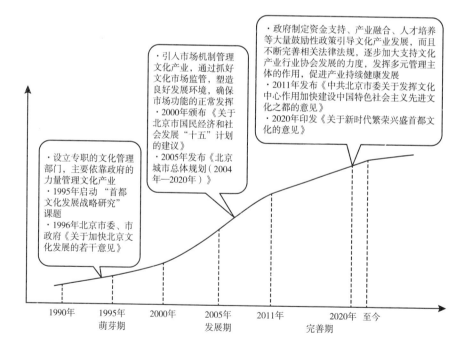

图 3　北京市文化产业治理体系的发展阶段

文化产业治理体系建设的萌芽期，设立专职的文化管理部门，依靠政府的力量管理文化产业。20 世纪 90 年代初，市场机制的正向作用逐渐被认识和接受，文化领域的改革创新相继开始。1995 年，北京市委审批北京市社会科学院启动"首都文化发展战略研究"课题。1996 年，《首都文化建设现状考察与建议》公开阐述了对北京文化建设的要求：充分利用"全国文化中心"的功能，使首都充足的文化和人才资源得到利用，为北京市的文化发展打下坚实的经济基础。①

文化产业治理体系建设的发展期，引入市场机制管理文化产业，通过抓好文化市场监管，塑造良好的文化发展环境。2000 年 11 月，北京市委发布的《关于北京市国民经济和社会发展"十五"计划的建议》中明确提及首都经济的重要组成部分，文化产业当仁不让。2004 年，《北京市文化产业发展规划（2004 年—2008 年）》颁布，这是北京市第一个系统规划文化相关产业发展的文件。2005 年 1 月，国务院批复同意《北京城市总体规划（2004 年—2020 年）》②，第一次明确提出文化创意相关产业应当得到大力度的发展。

文化产业治理体系建设的完善期，政府制定政策，颁布相关的法律法规，发挥多元管理主体的作用，促进产业健康发展。2011 年 12 月，《中共北京市委关于发挥文化中心作用加快建设中国特色社会主义先进文化之都的意见》颁布，为北京建设中国特色社会主义先进文化之都明确了发展目标。2017 年，党中央、国务院批复《北京城市总体规划（2016 年—2035 年）》，进一步作出以文化中心为抓手、发展首都文化的规划安排。2020 年 4 月，北京市委印发《关于新时代繁荣兴盛首都文化的意见》，指出北京市要坚持城市保护和有机更新相衔接、内涵挖掘和活化利用相统一、保护传统和融入时代相协调。

---

① 钱光培、高起祥：《北京应大力发展文化产业》，《北京政协》1997 年第 5 期。

② 丁成日、宋彦、张扬：《北京市总体规划修编的技术支持：方案规划应用实例》，《城市发展研究》2006 年第 3 期。

（三）北京文化产业治理体系的技术手段

科技革命与技术创新颠覆了文化生产方式，为"文化产业"向"现代文化产业"转变提供了动力。[①] 技术创新促进了文化产业的数字化发展，以文化产业的内容生产为例，人工智能技术逐渐渗透到媒体领域，"智能主播""智能写稿""智能语音"等产品进入大众视野。新华社推出的"MAGIC 短视频智能生产平台"，运用技术手段赋能文化产业的发展。2020 年，《北京市促进文化科技融合发展的若干措施》指出，积极支持 5G + 8K、大数据、区块链等关键技术攻关，加快文化领域新技术转化应用，积极培育新业态新模式。区块链技术在文化产业数字化发展中已步入探索阶段。目前，区块链技术已在数字音乐、数字图片、网络文学等领域得到较为广泛的应用，[②] 许多官方和商业机构使用区块链提供版权登记、交易、监测等综合服务，如中国的版权家、保全网等，德国的 Ascrib，美国的 Binded，俄罗斯的 IPChain；还有一些专门针对音乐、图片等内容提供服务，如中国的百度图腾、英国的 Ujo Music 和 Mycelia、俄罗斯的 Soundmusic。部分区块链平台将众筹的理念与版权保护结合，如美国的 Mediachain、瑞士的 SingularDTV。但区块链技术只是在知识产权保护上被广泛应用，还未被应用于对文化产业治理体系的监测。

二 北京市文化产业治理中存在的问题

基于对北京市文化产业相关数据的调研，北京市文化产业规模、结

---

① 雷杨、金栋昌、刘吉发：《"文化—技术"关系视角下现代文化产业高质量发展对策研究》，《理论导刊》2020 年第 3 期。

② 解学芳、温风鸣：《"智能 +"时代区块链驱动的现代文化市场体系变革》，《学术论坛》2021 年第 1 期。

构、扶持力度都保持良好的发展态势，治理体系逐步明确，但从实际运行效果来看，新发展格局下的北京市文化产业治理还存在一定的问题。

（一）新兴领域法律法规亟待完善

随着社会发展和科技的进步，新的文化市场经营业态如数字出版产业、创意设计、移动网络、动漫产业等逐渐兴起，新兴文化市场的产生和发展给文化市场监管法律制度建设带来了新挑战。技术发展衍生出文化产业市场领域一些新的问题，包括手机中的垃圾短信、微信客户端、网络视听点播、室外视频广告等文化产品载体还没有相应的文化产业市场监管法律法规来予以规范和管理。[①] 从政府监管角度来看，需推进立法的进程，完善相关法规，健全文化产业市场监管法律法规体系。

（二）主管部门职责分工不够明确

北京市文化市场监管既涉及广播电视业、报纸杂志业、电影业、互联网业等文化信息产业，又涉及市文旅局、市广播电视局、市新闻出版局、市市场监管局、市经信局、市公安局、市委宣传部等文化管理部门，由不同行业主管部门制定文化市场监管规章条例，容易造成各自为政、体系混乱甚至相互冲突、矛盾的现象。以内容创作生产领域为例，北京市广播电视局对广播影视节目中影视节目、录音节目的制作有指导和监管的职责，而北京知识产权局负责影视节目、录音节目的版权问题，两个部门存在责权交叉的问题。诸如此类的管理交叉、分工不明确的问题长期存在。

（三）行业协会作用发挥不够明显

行业协会能有效破解市场调节与政府干预在市场经济运行中的

---

① 解学芳、申林：《"智能 +"时代现代文化市场体系的制度创新》，《南京社会科学》2021年第 6 期。

"双失灵"困境，有利于实现行业自律、创新社会治理。① 北京市目前大多数的文化产业行业协会依附于政府而存在，在对文化产业的治理上更多的是对政府功能的延伸，民间性和独立性缺乏、自治水平缺乏。文化产业市场是统一、竞争、开放、有序的，单靠政府的规范和培育难以实现有效治理，基于协同治理的逻辑，行业协会作为政府和市场间的重要纽带，应当充分发挥在文化产业中提供信息和协调行动的优势，承担相应的治理责任。

（四）知识产权保护力度较弱的问题长期存在

文化产业中，创造创意产品的成本高、投入大，但复制容易且成本低。这个特点让文化产业中侵权变得非常容易，不能对知识产权进行有效保护，创意行为主体的合法权益就得不到保护，其创作的积极性就会大打折扣。以短视频平台为例，内容的视频化呈现是短视频平台的核心竞争力，也是文化产业数字化发展的重要支撑。在网络上传播内容的侵权者，往往都是分散的个人用户，版权人在维权时面临侵权者无法准确锁定、维权成本与收益悬殊等难题，导致很多版权人放弃维权。当短视频平台企业发现被侵权时，会想到运用法律手段来维护自身合法权益，但考虑到维权成本和所获赔偿难以匹配、侵权者受到的处罚力度较小等，短视频平台企业一般会先通过协商调解的方式解决，只有针对造成比较恶劣影响的侵权行为，短视频平台企业才会采取提起诉讼的方式制止其继续侵权。

（五）社会力量难以进行有效参与

文化产业治理不仅需要依靠政府力量，而且需要通过行业协会和市场中介组织等社会力量肩负起维护文化产业市场秩序的职责。在北京市

---

① 张钦昱：《行业协会是创新社会治理的助推器》，《人民论坛》2020 年第 25 期。

现行的文化产业治理体系中，政府承担了较多的责任，压缩了社会力量的成长空间，社会组织在管理体制、资金来源、制度建设等方面面临许多障碍。同时，市民的参与渠道并不通畅。公众在遇到文化产业相关问题时，不知道用什么渠道进行投诉和举报。

三 基于区块链的北京市文化产业治理体系构建

从北京市文化产业治理中存在的主管部门职责不明确、行业协会作用不明显、社会力量难以参与等问题，可以看出，目前北京市文化产业治理体系仍有较大的完善空间。文化产业的核心竞争力就是文化资源的开发与监管，内容是文化产业高质量发展的决定因素。区块链技术的不可篡改性和可追溯性为完善文化产业治理体系提供了突破口。

（一）区块链的原理及主要特征

区块链是一种数据存储技术，主要以散代结构进行储存和确认数据，且所安装的算法是后来建立，并不断进行更新，[①] 区块链会永久地保存这些数据，并且会随链内事件的发生而不断延展。区块链技术的特征可以归纳为去中心化、开放性、自动化、匿名性和不可篡改性等。在区块链的 P2P 分布式网络架构下，信息的可信性与一致性不再需要中心节点的确认，而是通过零知识证明和共识算法对所有节点进行测试，从而突破时间和力量的限制，进行信用共建，为知识产权信用体系的构建提供新的视角和模式。

区块链中，每一个节点的权限有所不同，为此，可将区块链分为公有链、联盟链和私有链三种。从北京市文化产业运行现状来看，联盟链的应用效果更加令人满意。有很多公司或机构都加入管理区块链，即它

---

① Lansiti M., Lakhani K., "The Truth of Blockchain," *Harvard Business*, 2017, 95 (1).

们形成了联盟链，这些公司和机构运营一个或多个节点。在管理联盟链中，权限设计很复杂，但在相对公平的条件下，这样可以提高效率。

（二）运用区块链技术优化文化产业治理

新发展格局下的文化产业治理可以考虑引入新兴技术，有效解决治理中存在的职责分工不明确、协会作用发挥不足、社会力量难以参与等问题，积极推广文化产业治理的新模式。基于此，建议由市文旅局领头，协调市委宣传部、市发改委、市知识产权局、市文旅局、市市场监管局等相关主管部门以及市行业协会共同建设"北京市文化产业治理监测平台"，如图4所示。

文化产业的治理节点主要由相关主管部门和行业协会组成，职能部门是文化产业的主导方，应加大对北京市文化产业的宏观管理和调节力度，引导和支持相关企业健康发展，与公众形成良性互动。行业协会为参与方，配合职能部门制定政策法规、规划等指导性内容，推动文化产业管理组织机构的多元化建设。文化产业的治理流程包括产权登记、产权交易、信用评估和维权，具体内容如下。

第一，登记模块利用区块链分布式技术取代传统登记注册所使用的中心化模式，提高处理效率，降低篡改风险。以文化产业中的内容创作生产为例，新技术的发展提升了内容创作的便利性，现阶段很多创作者逐步适应了线上创作，创作的表达形式日趋多样化。基于区块链技术的北京市文化产业治理监测平台可以为创作者提供作品的存储和所有权的登记服务。创作者完成作品后，可以将作品以电子文稿、图片、音频、视频等形式上传到监测平台，平台通过智能化审核与人工审核相结合的方式，对上传的内容进行预判，当确定上传内容为作者的原创作品时，平台会给创作者颁发电子证书，以此证明该作品的知识产权归属；反之，驳回创作者的证明申请。

第二，交易模块利用智能合约完成所有权转移和付款，以数字化的

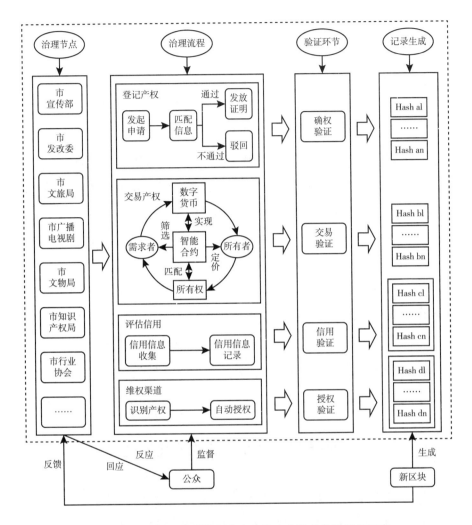

图 4 基于区块链技术的北京市文化产业治理监测平台示意

形式完成整个交易过程。以文化产业的创意设计服务为例，当需求者对平台上的作品感兴趣时，可以向创作者发送消息，进行线上沟通。双方达成交易协议后，需求者通过平台向所有者支付数字货币，所有者将作品的私钥发送给需求者，需求者结合作品的公钥和私钥完成作品所有权的转移。

第三，信用评估模块记录文化产业各主体的信用信息，按照信用评估体系进行评估并计算信用得分，以支持失信惩戒。以文化产业的文化投资运营为例，北京市文化产业相关部门应建立健全北京市国有文化投融资体系，引导所监管文化企事业单位面向资本市场融资，促进文化和资本市场对接。同时遵循公平、合法、合理和诚实信用的原则，建立信用评估体系，同步各企业和创作者的信用数据，对于信用记录较好的企业或个人采取适当的激励措施，信用好的企业和个人可以加大对其文化投资的力度。

第四，维权模块对侵权行为进行取证和存证，并为被侵权者提供维权渠道。以上业务在区块链运行过程中涉及业务执行、事件记录验证、记录生成等环节，每一个操作都将通过对应的节点验证后以 Hash 值的形式写入区块链，并受到联盟链各治理节点的监督。

公众作为文化产业治理中的监督者，参与新发展格局中文化产业治理流程环节的监督。公众既是文化产业中的消费者，也是文化产业数字化发展中的创作者。当公众发现监测平台上治理流程存在问题时，及时将问题反馈给联盟治理节点，各治理节点根据反馈的问题合理划分主要职能分工，及时回应公众。

四 北京市文化产业治理体系建设的建议

以"协同共治"理念搭建的北京市文化产业治理监测平台可以实现文化产业的多元共治、促进文化产业的健康发展、保障文化企业的有序发展。近年来，北京市文化传播无论是在地传播、国内传播还是海外传播都取得了良好的效果。技术手段只是建设北京市文化产业治理体系的途径之一，新发展格局下还可以借助完善机制、强化服务、提高品质和创新方式等途径。

（一）完善主体治理机制，加强文化共建共治

文化产业的发展离不开多元主体的参与，包括市委市政府职能部

门、行业协会、文化企业、公众，均是文化产业协同治理的共同责任承担者。北京市政府与公众缺乏必要的交流互动，必须意识到公众是文化市场的主体之一，同时是文化市场的服务对象和参与对象，应当被纳入文化产业治理体系。例如，公众可以通过北京市的 12345 接诉即办渠道积极主动参与文化产业的治理，进行投诉以及提供建议和意见，政府也可以定期组织文化产业主管部门领导参与电话接听工作，通过与公众互动，形成治理的良性循环。

北京市委、市政府职能部门作为文化产业的引领者，一方面，应全面优化文化市场的治理体制并促进产业企业和公众之间的互动。另一方面，应通过政策支持、市场培育，减少直接干预，适当放开管制，推动文化相关产业管理组织机构的多元化，同时，形成的职能配置一定要严谨，形成的组织机构一定要合理，形成的文化产业生态治理机制一定要能够有效地、平稳地运转，否则，各方主体是没有办法开展协作治理的，也无法实现合作治理。

（二）强化文化产权服务，保障文化产业健康发展

北京市相关行业协会应当创新现代文化产业运行机制，推行文化市场经营企业信用"黑名单"管理，落实文化企业信用等级评定工作，推进文化产业信用体系建设。对于文化产品和服务的知识产权保护力度要加大，完善文化产品与服务内容的专利申请、版权登记、商标注册制度。在现有行业协会的基础上，针对设计行业的不同领域，筹建相应的行业分会，并形成系统化的组织架构；在行业协会的组织下，优化知识产权信息分享平台，提高知识产权保护服务水平。

（三）提升文化内容品质，打造文创产业策源地

提升文化内容品质、坚持原创。文化产业是内容产业，必须坚持原创；文化产品具有精神文明属性，其内容导向毫无疑问要遵循以人为

本，牢牢把握意识形态领导权。内容品质的提升是文化产业的中心环节、重中之重，应当鼓励文化产业内容创新，加强对文化内容质量的监管，提升文化内容品质。文化产业相关主体要坚守内容价值、不断提升服务品质，杜绝损害国家安全、违背公序良俗的文化内容创作；受到推崇的文化内容，它们必须是高质量的，能够启迪思想，能够滋养心灵，能够建立感情，能够向善传递价值，能够更好地引导社会潮流，持续弘扬首都精神。

针对文化相关市场主体的多元化发展，要予以培育，增强民营文化企业的竞争力，通过联合重组，支持符合条件的私营文化企业发展壮大，培育和发展具有自主知识产权和核心竞争力的大型私营文化企业集团。推动大型文化企业品牌建设，巩固文化产业龙头企业的核心地位。支持小微、初创文化企业发展，针对旗舰类企业实施"领航计划"，针对头部企业实施"领鹰计划"，针对创新性好、潜力佳的企业实施"蜂鸟计划"。

（四）创新公众监督方式，降低公众参与难度

公众参与文化产业治理主要体现为"参与和监督"。作为文化产业的需求方，在文化产业的治理体系中，推动公众的积极参与，并与政府互动，有效解决文化产业服务供应问题，[①] 如单一主体、信息不对称和结构失衡问题。为公众搭建了解、参与、监督文化产业治理的平台，建立和完善公众对相关监管机构的问责机制，充分发挥公众在文化产业治理中的监督作用。引导公众通过北京市 12345 接诉即办热线主动参与文化产业的治理，使公众充分参与文化产业发展。此外，公众进行反馈的方式不应局限于传统思维，而要充分发挥文化产业的特性，发挥互联网

---

① 嵇江夏、宋迎法：《公民·顾客·伙伴：公众角色视域下城市精细化治理的逻辑与路径》，《领导科学》2021 年第 12 期。

的优势，使渠道的形式新颖、内容更具趣味性，如在各类文化产品的物料中适当增设公众进行参与监督的小程序二维码等，以文化产业周边奖励的方式鼓励公众参与文化治理，降低公众参与文化治理的门槛，使反馈的渠道便捷且易被广泛知晓，从而调动公众参与的积极性。

参考文献

解学芳、申林：《"智能＋"时代现代文化市场体系的制度创新》，《南京社会科学》2021 年第 6 期。

张钦昱：《行业协会是创新社会治理的助推器》，《人民论坛》2020 年第 25 期。

Lansiti M., Lakhani K., "The Truth of Blockchain," *Harvard Business*, 2017, 95 (1).

Yan Chen, "Blockchain Tokens and the Potential Democratization of Entrepreneurship and Innovation," *Business Horizons*, 2018 (4).

Alexander Savelyev, "Copyright in the Blockchain Era: Promises and Challenges," *Computer Law & Security Review: The International*, 2018, 66 (2).

嵇江夏、宋迎法：《公民·顾客·伙伴：公众角色视域下城市精细化治理的逻辑与路径》，《领导科学》2021 年第 12 期。

新发展格局下市郊铁路
与文旅产业融合发展研究

唐　鑫[*]

摘　要： 北京构建新发展格局，迫切需要发达的轨道交通支撑，市郊铁路是未来北京轨道交通发展的重点，其与文旅产业融合发展对于形成首都"大交通""大旅游"格局具有重要意义。要发挥市场在资源配置中的决定作用，构建由文化、铁路、旅游产业元素组成的廊道，形成复合型产业链，全面综合施策，实现市郊铁路与文旅产业共同发展的目标。

关键词： 市郊铁路　文化旅游　北京

一　研究背景和重要意义

习近平总书记指出，城市轨道交通是现代大城市交通的发展方向。发展轨道交通是解决大城市病的有效途径，也是建设绿色城市、智能城市的有效途径。北京要继续大力发展轨道交通，构建综合、绿色、安全、智能的立体化、现代化城市交通系统，始终保持国际最先进水平，打造现代化国际大都市。大力发展市郊铁路是贯彻落实习近平总书记指示精神的重要举措。

---

* 唐鑫，北京市社会科学院市情调查研究中心主任、研究员，北京世界城市研究基地主任。

（一）北京融入新发展格局需要大力发展市郊铁路

北京融入新发展格局是在紧要处落好"五子"，子子都需要轨道交通来支撑。建设国际科技创新中心，"三城一区"战略布局已经开启；建设国家服务业扩大开放综合示范区、中国（北京）自由贸易试验区、国际消费中心城市、全球数字经济标杆城市，不仅中心城区、城市副中心承担着重要任务，而且城市功能拓展区乃至生态涵养区也承担着特殊任务；深入推动京津冀协同发展，建设以"一核两翼"为骨架的世界级城市群，拓展城市发展空间。在优化城市功能空间结构的过程中，轨道交通已经成为连接各功能区的极为重要的交通方式，"城市跟着轨道走"不仅表明轨道交通在未来首都发展中的重要地位，而且要求加快发展市郊铁路，不断完善城市交通网络。

到 2020 年底，北京市内轨道交通开通里程 1092 公里，其中 24 条地铁 727 公里，4 条市郊铁路 365 公里占轨道交通总里程的 33.4%。市郊铁路线路少、发车频次低、通勤率不高是北京城市交通体系中的"短板"。为优化首都发展空间结构、缓解交通拥堵，需要大力发展市郊铁路，使其与城际铁路的发展相得益彰，分担地铁和地面公交的客运承载压力，完善城市交通网络。

（二）市郊铁路与文旅产业融合发展具有重要意义

从文化资源转化的角度看，市郊铁路 S2 线、怀密线、城市副中心线和通密线，北贯长城文化带、东连大运河文化带、西跨西山永定河文化带，在文旅血脉交融发展、推进全国文化中心建设中具有重要的通络作用。但是由于交通不便，大量的文化资源未能与旅游融合，文旅产业难以实现长足发展，同时市郊铁路发展受到制约。通过完善交通服务设施，以市郊铁路连接三条文化带，推动文化资源转化为旅游资源，对于促进市郊铁路与文旅产业融合发展具有重要意义。

从旅游供给的角度看，郊区旅游是北京旅游供应链中的薄弱环节，存在旅游交通不便利、旅游产品单一、旅游服务质量不高等问题。完善交通服务设施，充分开发利用市郊铁路沿线的文旅资源，为社会提供多样化、高质量的旅游产品，完善旅游产品供给体系，优化旅游供应链布局，对于推动北京全域旅游发展和京津冀旅游协同发展具有重要意义。

从旅游需求的角度看，"文化+旅游"正在升级为"文旅+"，"银发游""亲子游""师生游"等方兴未艾，体验、休闲、康养、研学等已经成为普遍的旅游需求。旅游需求呈现新特征，要求拓展旅游空间，将旅游重心下沉到乡村。完善交通服务设施，以市郊铁路为骨干形成乡村旅游网络，提供不同类型的旅游服务平台，对于提升旅游消费水平、满足人民群众多层次旅游需求具有重要意义。

二 文献综述与作用机理

学术界对市郊铁路旅游的研究越来越重视，取得了一些可喜的成果。从铁路线到列车、从空间组织到发展模式等都有学者进行了深入探讨。有必要在此基础上，把握交通运输产业和文化旅游产业发展规律，运用基本原理探索市郊铁路与文旅融合发展的路径，理论与实践相结合进行产业发展模式创新。

（一）国内外相关研究成果综述

国外学者 Watts 提出在火车的特定时间和空间内，以文字和图像等形式创造关于目的地的想象，发展火车旅行艺术[1]。Esteve-Pérez 等[2]采

---

[1] Laura Watts，"The Art and Craft of Train Travel，" *Social & Cultural Geography*，2008（9）.

[2] Jerónimo Esteve-Pérez，Antonio García-Sánchez，"Key Stakeholders in Train Traffic，" *Tourism and Hospitality Management*，2016（12）.

用演变分析和组合分析技术，对瑞士伯尔尼纳快车及沿线腹地旅游市场进行了实证分析。Lohmann 等从旅游目的地本身的形态与内容出发，研究了旅游运输的新框架问题。[①] Froidh 评估了瑞典和北欧市场的绿色列车研发项目，提出了通过收益管理等来提高火车的吸引力并赢得航空公司支持的举措。[②] Hergesell 从环境角度，探讨了可能影响假日运输模式选择的运输模式感知。[③]

国内学者对轨道旅游的研究涉及选线设计、旅游空间组织、舒适度设计、发展模式等。韩亚品等通过分析旅游交通出行链，确定旅游轨道交通主要承担区域出行和景区内漫游功能，并提出 4 种线路规划形式。[④] 刘仲对旅游观光轨道交通的功能定位、系统制式、规划选线等方面进行了研究。[⑤] 刘昕宇提出旅游轨道交通作为旅游资源，能起到充分的调节、盘活作用。[⑥] 纪海燕从景观与艺术设计的角度，开展了观光列车规划设计与景观建设的研究。[⑦]

现有研究主要基于实际案例，对列车本身以及相关资源的研究较多，而缺少对于旅游市场、运营模式以及与周边区域联动发展的研究。对铁路旅游的产业机理与系统性发展的研究较为不足。

---

① Gui Lohmann, David Tlmothy Duval, "Destination Morphology: A New Framework to Understand Tourism-transport Issues?" *Journal of Destination Marketing & Management*, 2014 (3).

② Oskar Froidh, "Perspectives for a Future High-speed Train in the Swedish Domestic Travel Market," *Journal of Transport Geography*, 2008 (16).

③ Anja Hergesell, "Environmental Commitment in Holiday Transport Mode Choice," *International Journal of Culture, Tourism and Hospitality Research*, 2016 (11).

④ 韩亚品、卢祝清、李三兵：《基于旅游交通出行链的旅游轨道交通规划分析》，《铁道标准设计》2019 年第 10 期。

⑤ 刘仲：《旅游观光轨道交通主要制式》，《交通与运输》2017 年第 1 期。

⑥ 刘昕宇：《国外典型旅游列车产品特点及对我国旅游列车发展的启示》，《铁道经济研究》2019 年第 1 期。

⑦ 纪海燕：《通过创意设计将铁路变为旅游观光地——JR 九州的观光列车策略》，《美术大观》2019 年第 5 期。

（二）构建"双核心、复合型"的产业圈层结构

交通运输是国民经济的命脉，"要想富先修路"是我国经济特别是边远地区经济发展的成功经验。在运量加运速的综合效益方面，铁路运输相较于其他交通运输方式具有明显的优势。它在加速要素流动和商品流通的同时，拉近了生产与消费之间的距离，不断助力供需矛盾的解决。发挥市场在配置资源中的决定作用，市场在哪里铁路就延伸到哪里，哪里有铁路哪里的市场就活跃，铁路与经济发展的辩证关系由此可见一斑。

基于上述原理，市郊铁路与文旅产业融合发展，不仅必要而且可行。在市场经济条件下，交通运输是重要的产业，尽管市郊铁路具有公共产品的属性，但也是产业，也要讲成本、效益。如果市郊铁路发展完全由政府公共财政来支撑，既不符合市场经济规则，也难以实现可持续的健康发展。市郊铁路的发展应基于产业内生性和产业融合，激发内在动力，通过列车的媒介和载体作用，促进文化资源向旅游资源的转化、形成文化资源的交通旅游开发新模式。

郊区旅游日益受到人们的青睐，快速增加的自驾游目的地主要分布在郊区。面对广阔的消费市场，市郊铁路公司要扭亏为盈，旅游公司要增加市场份额，经营者求新求变的积极性要不断增强。因势利导，开发利用铁路沿线丰富的文化资源，进行以文化、铁路、旅游为基本要素的产业融合创新，构建以文化为核心、交通运输产业和旅游产业交织的复合型产业链，进而促进市郊铁路与文旅产业融合发展。

为此，应构建"双核心、复合型"的产业圈层结构，即形成以铁路串联的双核心产业集聚模式：列车本身作为独立的旅游吸引物，应融入旅游要素，成为产业融合的核心之一；铁路站点的旅游地是旅行体验的重要内容，应完善交通服务设施，成为产业融合的另一核心；铁路沿线风光带将二者有机联系，形成"列车＋旅游"的融合产业链，并连接相关产业形成产业圈层，如图1所示。

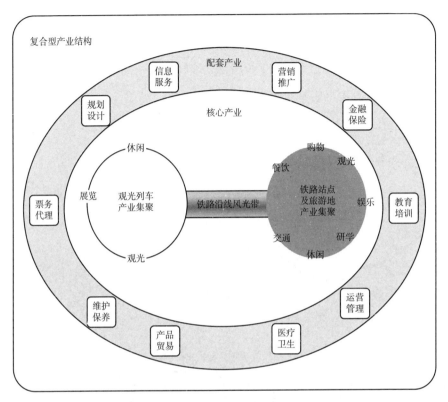

图 1 旅游列车的双核心、复合型产业圈层结构示意

三 发展现状与存在问题

近年来，北京市郊铁路建设取得了显著的成绩，铁路线路和发车班次增加，列车车体更新美化，站区服务有所改善，运营管理水平不断提高，但是与融入新发展格局的要求和人民群众日益增长的交通旅游需求相比还有较大差距，还存在一系列制约发展的问题，迫切需要促进市郊铁路与文旅产业融合发展。

（一）市郊铁路沿线文化旅游资源分布和利用情况

市郊铁路北贯长城文化带、东连大运河文化带、西跨西山永定河文化带，附近旅游资源丰富，其中不乏著名的旅游景区，在文旅血脉交融发展、推进全国文化中心等建设中具有重要的通络作用。下文就市郊铁路 S2 线、怀密线和城市副中心线的相关状况进行概述。

1. S2线由黄土店站至延庆站（康庄站），线路全长73公里，全程设置6个站点

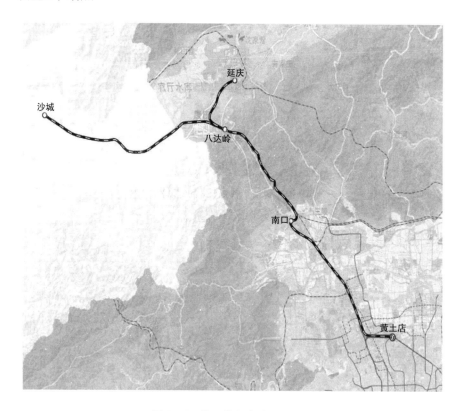

图 2　S2 线：黄土店站—延庆站

表 1　S2 线站点周边旅游景区调查统计

站点	方圆 15 公里范围旅游区数量（个）	A 级景区数量
黄土店	6	2A 级 1 个
南口站	5	2A 级 1 个
八达岭站	8	5A 级 1 个 4A 级 2 个 3A 级 3 个

续表

站点	方圆 15 公里范围旅游区数量（个）	A 级景区数量
延庆站	2	4A 级 1 个
康庄站	3	4A 级 1 个 3A 级 1 个 2A 级 1 个
合计	24	

2. 怀密线由清河站至古北口站，线路全长135.6公里，全程设置6个站点

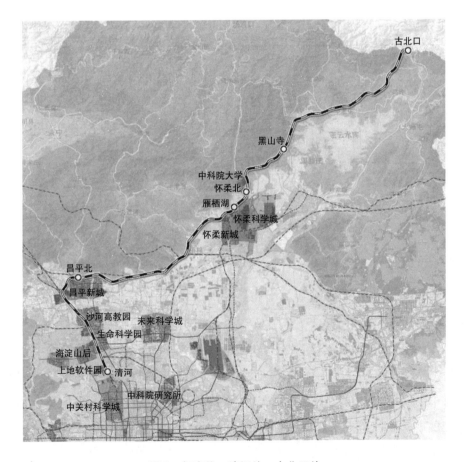

图 3　怀密线：清河站—古北口站

表 2　怀密线站点周边旅游景区调查统计

站点	方圆 15 公里范围旅游区数量（个）	A 级景区数量
昌平北站	5	3A 级 1 个
怀柔北站 和雁栖湖站	20	5A 级 1 个 4A 级 3 个 3A 级 5 个 2A 级 2 个
黑山寺站	16	4A 级 3 个 3A 级 1 个 2A 级 2 个
古北口站	11	4A 级 2 个 2A 级 1 个
合计	52	

3. 城市副中心线由良乡站至乔庄东站，线路全长63.7公里，全程设置6个站点

表 3　城市副中心线站点周边旅游景区调查统计

站点	方圆 15 公里范围旅游区数量（个）	A 级景区数量
良乡站	7	4A 级 4 个 3A 级 3 个
乔庄东站	7	4A 级 2 个 3A 级 2 个 2A 级 3 个
合计	14	

从整体上看，沿线文化旅游资源未因市郊铁路而形成有机联系，存在上座率低、使用效率不高，速度慢、没有比较优势，接驳不便、客流吸引力弱，旅游功能所需要素严重不足，没有建立铁路与所在地区合作发展旅游业的机制等问题，出现各自为政、资源浪费和自驾游为主等现象。

图 4   城市副中心线：良乡站—乔庄东站

（二）市郊铁路在通勤与旅游方面存在的主要问题

1. 与通勤功能相关的问题

一是上座率低，使用效率不高。目前，现有三条市郊铁路均以通勤为主，但客流量很不理想，通勤效率不高，并没有有效发挥其旅游功能。S2 线日均发送旅客 5891 人次，怀密线日均发送旅客 237 人次，城市副中心线日均发送旅客 1034 人次。S2 线平均上座率是 66%。而尽管每天从副中心到主城区往返的人流量非常大，但副中心线平均上座率仅为 16.5%。

二是速度慢，没有比较优势。受既有线路基础设施条件及行车组织的影响，已开通运营的 S2 线、怀密线均存在列车平均旅行速度低、在轨运行时间过长的问题。如 S2 线方面，由于近三分之一的线路处于山区，沿线地形及线路状况复杂，最大坡度达 38‰，全线运行时间需 84分钟，平均旅行速度仅为 45 公里/小时。怀密线方面，由于京通铁路设计速度仅为 100 公里/小时，且昌平北站至怀柔北站区段全线有三分之一的线路是曲线，区段 79 公里运行时间 81 分钟以上，平均旅行速度不到 58 公里/小时。经初步测算，从中关村至怀柔科学城，中科院大学校园班车"门到门"全程约需 80 分钟；怀密线"门到门"约需要近 100分钟（适应性改造完成后），缺乏竞争优势。

2. 与旅游功能相关的问题

一是接驳不便，客流吸引力弱。利用既有铁路资源开行市郊铁路，车站周边配备方便快捷的交通接驳设施是线路开通运营的重要支撑。但由于历史原因，铁路车站多处于偏僻位置，与地方规划衔接不紧密，与城市融合性差，一定程度上制约了交通接驳设施作用的发挥。如 S2 线和怀密线的市内始发站，地处北五环外，距离中心城较远，乘客需多次换乘地铁或公交才能抵达出行目的地，出行极为不便捷，客流吸引力弱。2016 年 11 月，S2 线由北京北站迁移至黄土店站后，客流下降40%。同样，城市副中心线的通州站离行政办公区有 7 公里，需要通过公交接驳，接驳时间将近 30 分钟，使得线路的出行效率大打折扣。此外，还存在各参与方积极性不高，没有形成利益共享、风险共担机制；宣传力度不够，地图导航、接驳信息缺乏；对客流需求分析不全面，尚未精准掌握群众通勤、旅游等不同类别需求等问题。

二是旅游功能所需要素严重不足。市郊铁路承担旅游功能所需的各种配置严重不足。从吃、住、行、娱、购、游六要素来看，完全不能满足游客的需求，主要表现为：火车站公交线路少，很多站点没有接驳车；停车场面积不足甚至没有停车场，游客出行不便；缺乏基本的旅游咨询中心、标识系统等旅游信息服务；没有适当的住宿餐饮、购物休闲娱乐等旅游配套设施；旅游环境卫生较差；等等。

三是没有建立铁路与地方合作发展旅游业的机制。市郊铁路运营与沿线旅游资源利用结合不紧密。尚未充分掌握沿线旅游资源分布情况，尚未形成统一的旅游规划，尚未建立铁路与地方合作开发利用旅游资源的机制。目前，已经认识到随着京张高铁的开通，S2 线应作为旅游专线发挥效益；城市副中心线已经东延，未来大运河、环球影城等可以作为旅游吸引点；怀密线已经引入清河站、2021 年完成电气化改造提速，可将雁栖湖会都、怀柔科学城、古北水镇作为旅游吸引点。但是根据旅游、通勤等需求优化开行方案、精准匹配需求、做好两端接驳、提供高水平的运营服务等还缺乏统一规划和举措。另外，对各区文化旅游产业方面的研究论证不够，缺乏一批储备项目。

四　实现路径与保障措施

市郊铁路与文化旅游融合发展，要立足国内、放眼全球，明确发展目标与定位，加快品牌化和国际化发展，走生态之路、文化之路、康养之路和研学之路，在我国铁路旅游发展中发挥示范带动作用。

（一）市郊铁路与文旅产业融合发展的目标定位

1. 发展目标

积极建设北京市郊铁路旅游廊道，将市郊铁路打造成国内外著名交通旅游品牌和北京文化旅游产业新的增长点，形成目标清晰的发展格局，构建"铁路＋旅游"的北京样板和市郊铁路与文旅产业融合发展的示范区。

（1）生态之路：通过对铁路沿线生态环境的保护和建设，对沿线景观资源进行设计与展现，打造风景观光带。

（2）文化之路：深入挖掘铁路沿线文化资源的内涵，将文化资源以艺术化的手法加以表现，打造文化体验带。

（3）康养之路：利用铁路沿线山、水、林、田、湖、草等资源，建设国家森林康养基地，打造康养休闲带。

（4）研学之路：发挥市郊铁路能满足学生旅游高安全、崇俭朴要求的优势，连接铁路沿线众多教育场馆，打造研学旅游带。

2.发展定位

（1）功能定位：根据市郊铁路的乘客需求特征、铁路使用效率、沿线旅游资源分布及北京城市发展的需要，市郊铁路的功能定位是：S2线为旅游专线，怀密线以旅游为主、通勤为辅，城市副中心线以通勤为主、旅游为辅。

（2）市场定位：结合全国政治中心、文化中心、国际交往中心和科技创新中心建设的大背景，不断拓展文旅产业的市场，走品牌化和国际化发展的道路，核心市场是国内市场，拓展市场是国际市场。

（二）市郊铁路与文旅产业融合发展的资源整合

1.用好长城文化资源，构建文化体验旅游廊道

S2线、怀密线处于北京市长城文化带的重要位置，附近有八达岭长城旅游核心区、八达岭古长城自然风景区、八达岭水关长城、居庸关长城、石峡关长城、司马台长城、金山岭长城、慕田峪长城、古北口长城等景区，是北京市长城文化的主要承载地，能够满足游客体验长城文化的不同需求。大部分景区交通不便利、旅游设施不完善，加之分散经营，旅游团队主要集中在八达岭长城旅游核心区，其他景区游客较少，导致核心区交通拥堵且游客停留时间短、体验效果差。因此，迫切需要以S2线八达岭站和怀密线怀柔北站、古北口站为重要节点，构建长城文化体验旅游廊道。通过完善交通设施，实现市郊铁路与公共交通的互

联互通，促进北京西北部长城文化资源和其他旅游资源统筹开发利用。同时，深入挖掘长城文化内涵和资源，通过科技赋能将长城文化转化为鲜活的场景，配套建设与文化氛围相称的公共服务设施，使游客不仅在物质层面而且在精神层面体验长城文化的灿烂，避免"走马观花"，吸引客流通过市郊铁路合理流动。

2. 用好山区森林资源，构建康养旅游廊道

市郊铁路附近山、水、林、田、湖、草星罗棋布，许多地方森林植被丰富，如 S2 线有蟒山国家森林公园、八达岭国家森林公园，怀密线有云蒙山国家森林公园、大杨山国家森林公园，城市副中心线有大运河森林公园等。我国"康养＋旅游"处在黄金发展期，给市郊铁路发展提供了机遇。因此，需要以 S2 线南口站、八达岭站，怀密线黑山寺站、昌平北站，城市副中心线乔庄东站、良乡站为节点，编织市郊铁路为主、公交道路为辅的交通网络，构建森林康养廊道。在廊道周边打造森林康养小镇，采用"旅游＋居家＋度假＋享老"的度假模式，形成集旅游、医疗、养生、保健、康复、体育、文娱等为一体的森林康养产业链，吸引游客、从业人员等乘坐市郊铁路列车。

3. 用好教育场馆资源，构建研学旅游廊道

市郊铁路附近有较多教育场馆，如 S2 线有中国长城博物馆、詹天佑纪念馆，怀密线有古北口长城抗战纪念馆、白乙化烈士纪念馆、云蒙山国家地质公园，城市副中心线有中国人民抗日战争纪念馆、韩美林艺术馆，这些都是很好的研学资源。应以八达岭站、青龙桥站、古北口站、黑山寺站、良乡站、乔庄东站为节点，发挥市郊铁路能满足学生旅游高安全、崇俭朴要求的优势，构建研学旅游廊道，改善通往各类教育场馆的交通状况，实现列车与公交车无缝接驳，丰富研学旅游产品。

4. 用好铁路自身资源，在车次和车体等方面满足游客需求

游客普遍反映市郊铁路车次偏少，应根据不同季节和节假日旅客需求适时调整运行方案、增加车次，为此，基于 S2 线已经开展了相关探

索。同时，根据游客对高品质车体的要求，将列车本身作为旅游吸引物，根据各种不同旅游主题对车厢内部进行改造装饰，将首都文化元素融入座椅、吧台、门窗、挂饰、餐具、茶具、乘务员服饰等，让游客沉浸于浓厚的文化氛围，提升舒适度和体验感。

（三）市郊铁路与文旅产业融合发展的保障措施

1. 制定市郊铁路旅游总体规划

北京市郊铁路沿线有 A 级旅游景区近百个，但是景区未因市郊铁路而形成有机联系，存在各自为政、资源浪费和自驾游为主等现象。因此，迫切需要编制市郊铁路旅游总体规划，通过规划引导，打造郊区旅游廊道，将每个站点建成廊道上的节点，由节点带动周边旅游业发展，形成点线面结合、各类资源统筹保护利用的大旅游格局。

2. 建设市郊铁路旅游公共服务体系

一是完善旅游咨询服务。在旅游资源富集、游客量较大的八达岭站和怀柔北站，设置旅游咨询服务中心，在其他站点设置咨询服务站，为游客提供查询旅游景区和乘车线路、预订火车票和酒店等全方位服务。二是建立旅游标识系统。在道路起止点、观光景点、休憩节点设置指示牌和导览图，用规范的中英文准确提供所在位置方圆 500 平方米范围内的重要信息。三是健全旅游卫生设施。每个车站均有卫生间、垃圾箱、痰盂和排风等设施，设施卫生标准不低于城区公共场所设施卫生标准。

3. 创新市郊铁路旅游营销方式

一是形成独特的品牌。根据旅游主题为旅游列车命名，如春天号列车、青年研学专列、夕阳红专列等，打造特色旅游品牌。二是多方合作、共同经营。市郊铁路运营公司与沿线景区经营管理单位合作开发、经营旅游产品，共享成果，同时让旅客凭旅游列车往返车票享受景区门票、住宿、餐饮等方面优惠。三是构建多层次营销网络。将"开往春天的列车"作为重点旅游项目予以推广，在重点客源地加强宣传，运用新媒体加大线上宣传力度，开展"百万人线上乘专列"等主题营销活动。

4. 培育智慧型市郊铁路旅游

一是建立市郊铁路综合信息服务平台。加快市郊铁路信息化网络平台建设，发挥其运营信息共享、运行情况监测、数据统计分析、突发事件应对等功能。二是加快山区智慧化基础设施建设。完善铁路沿线通信基础设施，实现主要区域和景点、车厢内外的 4G 或 5G 网络全覆盖。三是提供一站式智慧服务。加快互动体验、信息查询、紧急求助、投诉处置等方面的智慧服务系统建设，通过客户端了解游客诉求，及时在车厢内帮助其解决困难。

5. 加强市郊铁路旅游运营管理

一是健全运营管理机构。成立市郊铁路旅游管理办公室，专门负责规划制定、市场开发、运输组织、游客服务、对外合作等工作。二是探索建立"市郊铁路＋土地开发"的投融资模式。基于资源综合开发利用收益反哺市郊铁路建设、运营是国外大城市发展市郊铁路的通用做法，可借鉴这一做法，制定站点及周边资源一体化综合开发政策。三是制定市郊铁路旅游服务质量标准。针对市郊铁路的特点，制定站房面积、候车环境、乘车环境、进出站及换乘便捷度、列车正点率等方面的标准。

参考文献

Anja Hergesell, "Environmental Commitment in Holiday Transport Mode Choice," *International Journal of Culture, Tourism and Hospitality Research*, 2016 (11).

Gui Lohmann, David Tlmothy Duval, "Destination Morphology: A New Framework to Understand Tourism-transport Issues?" *Journal of Destination Marketing & Management*, 2014 (3).

Jerónimo Esteve-Pérez, Antonio García-Sánchez, "Key Stakeholders in Train Traffic,"

Tourism and Hospitality Management, 2016（12）.

Laura Watts, "The Art and Craft of Train Travel," *Social & Cultural Geography*, 2008（9）.

Oskar Froidh, "Perspectives for a Future High-speed Train in the Swedish Domestic Travel Market," *Journal of Transport Geography*, 2008（16）.

韩亚品等：《基于旅游交通出行链的旅游轨道交通规划分析》，《铁道标准设计》2019 年第 10 期。

纪海燕：《通过创意设计将铁路变为旅游观光地——JR 九州的观光列车策略》，《美术大观》2019 年第 5 期。

刘昕宇：《国外典型旅游列车产品特点及对我国旅游列车发展的启示》，《铁道经济研究》2019 年第 1 期。

刘仲：《旅游观光轨道交通主要制式》，《交通与运输》2017 年第 1 期。

新发展格局下北京文化高质量
发展研究与思考

袁　媛　宋明晏[*]

摘　要： 京津冀一体化战略为三地的协同发展带来新一轮的历史机遇，三地从市场经济、生态环境、交通、产业、公共服务等不同层面进行全方位合作，而文化的协同发展是构建区域城市群的重要力量。发挥北京文化资源集聚优势，以文化资源和文化传播为着力点，整合文化特色与优势，提升京津冀地区的文化创造力，促进关联产业耦合，打造文化产业链条，形成京津冀地区互补式的文化发展格局，从根本上提高京津冀区域协同发展的内在驱动力，进而推动北京文化更高水平、更高质量发展。

关键词： 京津冀　"四个文化"　城市群　北京文化

北京作为京津冀协同发展的中心城市，在挖掘京津冀文化内涵、整合京津冀文化资源、凝聚京津冀文化力量、推动京津冀文化发展的过程中扮演着至关重要的角色。2020 年 4 月 9 日，北京市发布《北京市推

---

* 袁媛，博士，北京师范大学文化创新与传播研究院讲师；宋明晏，中共北京市委前线杂志社社会部副主任。

进全国文化中心建设中长期规划（2019 年－2035 年)》，明确指出大运河、长城、西山永定河三条文化带承载了北京"山水相依、刚柔并济"的自然文化资源和城市发展记忆，是京津冀协同发展、深度交融的空间载体和文化纽带。① 在京津冀一体化发展的战略背景下，北京作为京津冀文化产业联动发展的核心城市，亟须从统领三地文化发展的视角出发，构建具有京畿特色、多元活力的跨区域文化体系。

《关于新时代繁荣兴盛首都文化的意见》明确指出首都文化发展的四条具有鲜明特色的文化繁荣主干，即传承源远流长的古都文化、弘扬丰富厚重的红色文化、发掘特色鲜明的京味文化、繁荣蓬勃兴起的创新文化。② 如果说三条文化带建设为京津冀文化协同发展提供了主要抓手与实施对象，那么根植于北京发展历程提炼出的四条文化主干则是京津冀文化协同发展需要关注的内核。

本报告将从古都文化、红色文化、京味文化、创新文化四个视角探讨京津冀文化协同发展的内在关联，结合文化资源力、文化创新力、文化传播力、文化涵育力、文化凝聚力五大评估指标，③ 提出在京津冀城市群建设过程中，北京作为京津冀区域文化协同发展的核心，应在激活京津冀三地文化协同基因的同时，进一步促进文化高质量发展。

一　北京文化高质量发展对区域城市群建设的重要意义

党的十九大报告从中国区域发展的新形势和决胜全面建成小康社

---

① 《〈关于新时代繁荣兴盛首都文化的意见〉〈北京市推进全国文化中心建设中长期规划（2019 年－2035 年)〉正式发布》，《北京日报》2020 年 4 月 10 日。

② 北京市人民政府：《中共北京市委关于新时代繁荣兴盛首都文化的意见》，http://www.beijing.gov.cn/zhengce/zhengcefagui/202004/t20200410_ 1799129. html，2020 年 2 月 14 日。

③ 于丹：《全国文化中心核心指标体系建构研究》，《前线》2019 年第 8 期。

会、开启全面建设社会主义现代化国家新征程的新要求出发，明确提出要实施区域协调发展战略。这是对"两个一百年"奋斗目标历史交汇期中国预期发展的新部署，也是今后一个时期推进区域协调发展的行动指南。① 文化是民族生存和发展的重要力量，从党的十八大报告指出"建设社会主义文化强国，必须走中国特色社会主义文化发展道路"到党的十九大报告强调"要坚持中国特色社会主义文化发展道路，激发全民族文化创新活力，建设社会主义文化强国"，文化建设与发展的重要性愈加重要。②

北京是全国文化中心建设的重要力量，文化产业成为北京的支柱性产业，基于"1 + N + X"政策体系的搭建，从顶层设计、政策创新、精准施策这三方面为北京文化高质量发展保驾护航。在"十三五"期间，北京入选"全国文化企业30强"及提名名单企业、国家文化出口重点企业、国家文化科技融合示范基地数量均居全国首位，文化领域独角兽企业数量占全国的一半左右。③ 北京作为京津冀地区文化产业协同发展的核心角色，政策、文化资源、人才汇集于此，对于盘活天津独特的"津派"文化底蕴以及河北地方特色文化资源具有辐射带动作用。

北京文化高质量发展对京津冀城市群建设、各类新型业态的催生、区域产业转移联动等起到了至关重要的作用。北京始终坚持融合创新，积极培育各类新型文化业态、新文化模式，大力实施"文化＋"战略，为京津冀城市群建设融入新动能。"文化＋金融""文化＋旅游""文化＋科技"等文化产业战略模式能够为京津冀地区的产业融合与发展提供更多元化的路径，也有助于促进京津冀城市群产业结构优化，加快京津冀文化产业群的崛起，进一步以文化赋能推动社会经济发展。

① 王一鸣:《实施区域协调发展战略》，载《党的十九大报告辅导读本》，人民出版社，2017。
② 范周:《建设文化强国 铸就中华文化新辉煌》，《光明日报》2021年3月20日。
③ http://whlyj.beijing.gov.cn/zwgk/wygq/202101/t20210113_2218891.html.

二 北京"四个文化"助力京津冀文化产业协同发展

京津冀三地山水相连、文化一脉，历史渊源深厚，同根同源的文化基因——燕赵文化为京津冀的协同发展创造了良好的交流基础。三地文化资源呈现相通性与差异性并存的局面，在文化产业方面有着极大合作的空间，为京津冀文化产业协同发展提供了有力的支撑。为了更好地促进文化资源的整合与利用，《关于新时代繁荣兴盛首都文化的意见》聚焦北京文化特色，提出了古都文化、红色文化、京味文化和创新文化的"四个文化"发展格局。深入研究北京"四个文化"，不仅可以触及京津冀同根同源的文化基因，更有助于探寻京津冀城市群产业发展的内在联系，更好地整合利用三地文化资源，打造国内文化产业的发展集聚地，形成互补式的文化发展格局，从而加强京津冀地区的深度合作。

（一）源远流长的古都文化

古都文化是北京加强京津冀文化协同发展的特色纽带。在北京加强全国文化中心建设的过程中，一方面强调北京老城整体保护，如明清北京城"凸"字形城廓，借此打造文化景观环线，展示历史人文遗迹和首都风貌；另一方面则是通过挖掘老城文化内涵，围绕老城深厚的历史渊源和丰富的文化遗产，打造汇聚老城文化精髓的博物馆群。事实上，从文化背景来看，河北地区也有十分丰富的古都文化资源，如承德避暑山庄、清东陵与清西陵等，这些文化遗产也具备浓厚的王朝文化色彩，与故宫、颐和园等都是古都文化的一部分，能够形成文化共鸣，是联通京津冀三地文旅产业的绝佳纽带。

（二）特色鲜明的京味文化

京味文化是北京历史文化的重要组成部分，是由宫廷文化、缙绅文化与庶民文化三者长期并存并且相互结合的产物。① 京味文化有一个形成的过程。从北京成为封建皇都时便开始酝酿，明清两代为形成期，至清末民初最终形成，但其文化源头可上溯到远古时代，至少有 3000 多年的历史。北京虽然京味文化的色彩较浓厚，但燕赵之地古朴的民风和原有生活习俗并未完全失掉，京味文化既包含着流传数千载的"燕赵遗风"，也涵括着来自南北各地的文化荟萃。此外，自辽金以来，由于行政区域的划分，京畿区域一体化趋势日益增强，自成为畿辅以来，天津和河北一直兢兢业业地恪守辅助与保卫的功能。三者之间的经济来往频繁，从北京的经济影响来看，天津城市的发展是其中的典型。清代由于漕运尤其是海运的发展，天津成为北京物资供应的重要来源地和周转站，天津的发展从根本上也离不开其作为京城运河漕运转输重地的地位。② 同样作为京城的军事屏障、资源供给，河北的商业文化、书院文化、建筑文化、民俗文化等都深受其影响，如为京城提供粮食、畜牧等农业物资；河北多地建筑名为"敕造""行宫"，承德避暑山庄、木兰围场都是为皇家服务的；专供皇家的景泰蓝制作工艺、花丝镶嵌制作技艺等民俗艺术。京津冀三地浓厚的文化交流合作氛围使得京味文化不只局限于北京城内，可以向外拓展为京畿文化，三地的民众对这种文化普遍熟悉，可以协力推进文化项目的发掘和文化产业的发展。

（三）丰富厚重的红色文化

红色文化是北京促进京津冀文化协同发展的重要名片，北京有丰富的红色文化资源优势，如北大红楼及其周边旧址是中国共产党早期在北京革命活动的主要区域；卢沟桥、宛平城与中国人民抗日战争纪念馆是抗日战争的代表；香山革命纪念地和香山革命纪念馆则是新中国成立的

---

① 李淑兰：《试析构成京味文化的三种因素》，《首都师范大学学报》（社会科学版）1998 年第 6 期。

② 刘仲华：《京津冀区域协同发展的历史文化根基》，《前线》2014 年第 7 期。

一张名片。与此相应的是，河北石家庄平山县西柏坡曾是中共中央所在地，在此曾召开七届二中全会与全国土地会议，享有"新中国从这里走来""中国命运定于此村"等美誉，2017年1月入选国家发改委发布的《全国红色旅游经典景区名录》中的中国红色旅游经典景区名录，是十分具有代表意义的红色文化名片之一。事实上，红色文化所代表的勇气与阳刚等文化内涵与京津冀地区传统的燕赵文化有异曲同工之妙，都代表着人类奋进的精神。因此，京津冀地区的文化协同发展中，完全可以将红色文化作为名片，推动红色旅游内涵式发展，塑造红色旅游经典品牌，推进革命文物保护，打造红色文化弘扬传承重点品牌，从而形成京津冀地区的红色文化产业链条。

（四）繁荣蓬勃的创新文化

创新文化是北京推动京津冀文化协同发展的关键动力。作为首都，北京集中了大量的创新型企业与创新人才资源，这些都是促进城市未来发展的关键动力。理查德·佛罗里达在《创意阶层的崛起》一书中曾详细论述了创意阶层在未来城市发展中的重要性，包括创意阶层对于城市经济的影响，进而对人们日常生活的基本架构产生巨大影响。事实上，该书中创意阶层便是最重要的一类创新人才，也是创新文化的主要承载者，他们将加强文化在城市规划建设运行管理中的作用，从城市空间和街区空间两个层面进行文化设计与改造，在城市更新中融入特色风貌元素，愈加体现人文关怀，通过提升公共基础设施与城市环境的艺术品位，提高城市文化品质。从这一点来看，河北与天津两地则处于绝对的弱势，一方面固然有自身创新力不足的原因，另一方面也是大多数创新企业和创新人才都被北京吸引，导致河北与天津更加难以提升创新力。因此，值得注意的是，虽然北京具有丰富的创新资源，在全国范围内都属于佼佼者，但之后如何将其的影响辐射到周边城市，从而带动京津冀地区整体的协同发展，仍需要不断地思考与努力。

目前京津冀在文化协同发展的具体实践上，没有形成上中下游的贯通发展关系，受制于各地"各自为政"的管理体系、差距较大的发展现状，分布不均的文化资源以及交通网络的密度较低，京津冀的文化发展并没有形成明确分工，还存在资源开发缺乏新意、内涵挖掘深度不够、文化定位模糊不清等问题。

三　京津冀协同发展视域下北京文化高质量发展路径优化

区域协调发展战略是党的十九大报告提出的决胜全面建成小康社会必须坚持的一项重大战略，京津冀协同发展，建设京津冀城市群有助于进一步完善城市空间结构与功能布局，其中文化治理体系建设也越来越受到重视。围绕北京"四个文化"发展新格局，依托以文化资源力、文化创新力、文化传播力、文化涵育力与文化凝聚力为核心指标的评估体系，[①] 立足新发展阶段，贯彻新发展理念，构建北京文化发展新格局，以"五力"为抓手，加快推动北京文化高质量发展，谱写京津冀城市群建设新篇章。

（一）整合文化资源，激活文化资源力

文化资源力在指标体系中主要是指文化遗产资源与文化设施资源，前者包括物质文化遗产与非物质文化遗产，后者包括公共文化服务设施与社会化文化设施，而在京津冀文化协同发展中，三地文化资源禀赋深厚，地方特色鲜明，北京的"四大文化"、天津的"津派"文化、河北"十大非物质文化遗产"共同构成了京津冀区域发展的重要文化资源，为京津冀文化产业联动提供了得天独厚的文化资源优势。挖掘文化资源

---

① 于丹：《首都文化治理与全国文化中心建设》，《前线》2020 年第 5 期。

自身的核心价值，并赋予其新时代的表现形式，在促进京津冀文化资源融合共享的同时，凸显各自的文化底蕴，强化自身的文化品牌，从而扩大京津冀文化资源的影响力。正如以纽约大都市区为核心的美国东北部世界级城市群，通过挖掘自身文化产业发展优势，制定科学的产业发展路径，从而形成良性联动的城市群，纽约大都市区专注于文化内容生产，华盛顿都市区优势则在于媒体业和政策咨询业，波士顿都市区的优势产业是体育产业，巴尔的摩与费城大都市圈则没有明显的文化集聚特征。整体来看，美国东北部城市群的艺术与文化领域已形成产业互动关联格局，纽约、华盛顿与波士顿彼此之间形成了特色鲜明、功能清晰、分工合理的协作模式。[①]

基于此，京津冀城市群建设在文化协同发展方面，综合考量三地发展文化产业的优势，以北京文化高质量发展为龙头引领，激活天津、河北的文化资源，进行差异化发展，提升京津冀城市群文化产业链条的关联度和互补性，同时，依托北京城市发展的自身优势，在"1＋N＋X"文化经济政策体系下，聚焦"文化＋"创新战略，以文化事业滋养文化产业，用文化产业反哺文化事业，持续焕发北京文化新活力。

（二）强化三地要素流动，构建文化创新力

文化创新力是以文化企业作为创新主体，以文化科技、文化金融等要素催生发展动能，以文化平台为支撑，以创新驱动为核心实现文化资源与价值创新转化的能力。文化创意产业是世界公认的朝阳产业，发展文化创意产业是京津冀文化协同发展的重要手段和转型升级的必然方向。文化创新力包括文化政策动力、文化资本活力、文化企业实力、文化经济体量四个指标。基于概念对标京津冀文化产业发展现状，不难发现京津冀文化创意产业发展呈现"核心—边缘"的基本空间格局，三

---

① 田蕾：《美国东北部城市群文化产业集聚特征与启示》，《当代经济》2020 年第 9 期。

地文化产业的发展还存在巨大的差距。北京在产业发展、政策举措、文化融合、产业园区改造、文化市场、文化企业等方面居核心地位；天津市拥有环渤海地理优势，也是北方经贸往来和对外开放的腹地，在"津派"文化、软件互联网、广告会展业方面有明显优势；河北拥有大量特色文化遗产资源，文化旅游、文化产品生产具有巨大的潜力。如何促进天津、河北的文化产业发展是当前我们亟待关注的重点问题之一。

因此，实现京津冀文化协同发展，应该首先完善顶层设计，建立统筹三地发展的区域管理体系和资本保障体系，完善人才合作和引进机制，实现三地人才的流动、知识资源共享以及创意企业集群的平衡分布，充分依托京津冀协同发展所带来的各种资源，如北京的创意与科研、天津的项目与生产，取长补短，将京津两地的科研、创意、项目、生产等文创产业优势变为区域协调发展优势，充分利用好河北丰富的传统文化技艺、人力优势，实现共赢共荣局面。

（三）讲好文化故事，强化文化传播力

文化传播力主要包括城市文化品牌与核心文化产品，前者包括重大文化活动与传播媒介平台，后者包括文化符号产品与文化内容产品。在京津冀文化协同发展过程中，强化科技传统文化领域中的应用，推动传统文化行业转型升级，让优秀的文化资源借助数字技术"活起来"，搭建京津冀文化传播渠道，发挥各类文化传播渠道的影响力，推动文化传播。通过讲好文化故事、塑造文化品牌与搭建传播平台等措施实现京津冀地区文化传播力的提升，进而扩大京津冀文化品牌的影响力。

以大运河文化带为例，作为京津冀地区的文化资源代表，大运河历史悠久且内涵丰富，是京津冀文化协同发展的文化载体与纽带，而要推进大运河文化带的发展，一方面需要北京发挥带头作用，依托丰富的博物馆、剧场、公共空间、会馆、名人故居等传播平台资源，推动京津冀优秀文化成果的对外展演与交流，从而扩大京津冀地区大运河文化的整

体影响力；另一方面文化科技深度融合已成为北京文化实现高质量发展的必然选择，因此，利用不断更迭的科技来加强文化艺术的表现力，使丰富的文化资源依托于5G、大数据、VR/AR等技术得以差异化、艺术化的呈现，用现代化的表现方式讲好大运河背后的文化故事，使静态的大运河实现活态传承，激活其作为文化遗产的公共文化属性及社会价值。

此外，在打造大运河的文化品牌时，应该营造具有多元活力的跨区域文化体系。例如在沿大运河打造水上旅游精品线路时，需要完善大运河沿线文化遗产保护清单，如河北段等同样拥有古桥、古闸、古码头、古仓库等珍贵的文物遗存，对此，要合理保存传统文化生态，做好文物遗存的保护修缮工作，扩大文物展览开放空间，并借此在大运河的重要河段建设大运河系列的遗址公园作为传播平台，能够更有效地恢复历史景观。同时，大运河沿线的文化艺术、名人故事以及民俗习惯等非物质文化遗产也十分丰富，如沧州武术、吴桥杂技及馆陶皮影等都是京津冀最具代表性的文化名片，通过举办国际武术节、吴桥杂技节等节庆活动将其整合打造京津冀区域的大运河文化品牌，丰富京津冀文化资源的内涵，提高京津冀文化产业的质量，实现京津冀城市群文化传播影响力的整体提高。

（四）推动三地政策衔接，提升文化涵育力

文化涵育力是指以深厚的文化底蕴、丰富的文化形态和充足的文化供应，涵养与化育首都市民的能力。文化涵育力主要分为公共文化服务治理与公共文化服务参与，前者以政府为主体，包括文化内容服务供给与文化服务机制创新；后者以群众为主体，包括综合文化素养与精神文明模范。

目前，京津冀三地的公共文化服务配置不均衡、供需不平衡。在政策方面，北京围绕文化产业高质量发展，大力推动文化经济政策创新，

仅市十二次党代会以来，三年时间就出台了 51 项政策，包括关于推进文化创意产业创新发展的意见、文化产业发展引领区建设中长期规划和文化产业高质量发展三年行动计划，2021 年发布的"十四五"文化产业发展规划，为新时期的北京文化产业发展路径指明了方向。面对 2020 年新冠肺炎疫情突袭而至，北京第一时间出台《关于应对新冠肺炎疫情影响促进文化企业健康发展的若干措施》，即"北京文化 28 条"，为化解文化企业危机起到了关键的引导作用。此外，2015 年北京市率先印发了《关于进一步加强基层公共文化建设的意见》《关于做好政府向社会力量购买公共文化服务工作的意见》等政策，而天津与河北在文化产业发展政策方面存在明显的不足。天津市印发了《关于加快构建现代公共文化服务体系的实施意见》及其附件《天津市基本公共文化服务实施标准（2015—2020 年)》，为基层公共文化服务建设提供了指引，河北省的一些公共文化政策没有得到全面落实，在公共文化资源等相关指标方面大幅落后于北京和天津。

因此，京津冀三地应努力实现三地公共文化政策的对接，由京津冀政府为主导向公共文化弱势的周边、农村地区扩散。在公共文化服务供给方面，2015 年京津冀公共文化服务示范走廊发展联盟成立，围绕文艺展演、非遗展示、干部交流等内容开展交流与合作。应提高图书馆、博物馆、青少年活动中心、文化公园、文化站的覆盖率及利用率，规划文化志愿活动、流动书屋、流动舞台等，加强三地之间公共文化项目的沟通，文化涵育力以培养具有高文化素质和文明素养的"人"为出发点和落脚点。在促进文化消费方面，各地均采取了扶持文化消费的措施，天津推出文惠卡，而北京引导社会资本积极打造业态多元、体验丰富的文化场所；北京国际电影节、北京国际图书节、北京国际设计周、北京的惠民文化消费季等文化品牌活动成为文化交流和市民享受文化生活的重要平台。丰富的文化活动，繁荣的文化市场，对于受众的媒介素养培育也起到了积极的作用，因此，京津冀三地应互相借鉴，多多举办类似活动，扩大活动惠及的地区和人群，为群众提供更加多样、丰富、易接触的活动，激发群众参与公共文化活动的热情，培育全社会公共文化服务的良好氛围，提高全民文化素质。

（五）打造文化共同体，形成文化凝聚力

文化凝聚力是在文化的资源力、创新力、传播力、涵育力基础上形成的向上、向善的道德规范和价值取向。文化凝聚力表现为吸引、团结一个文化共同体，或某一文化圈所有成员的感召力和约束力，能唤起人们主动追求积极向上的价值观念，激发人们自强不息的奋斗精神，最大限度地发挥人的主观能动性，创造出无可比拟的物质财富和精神财富。围绕北京 2022 年冬奥会和冬残奥会，京张高铁沿线文化产业与体育、旅游等产业融合发展，推动京张体育文化旅游带建设，这些措施都离不开京津冀三地有着共同的文化基因——燕赵文化，而北京提出的古都文化、红色文化、京味文化和创新文化"四个文化"也与天津和河北有着千丝万缕的联系，文化不会因行政区域的划分而截然分割，京津冀三地可以根植于文化传统进行挖掘，整合文化因子进行营销传播，如系列文化专题片《文化京津冀》的播出可以让观众了解到京津冀地区的文化风貌和历史渊源。此外，利用三地共有的文化资源，开发其衍生价值，如长城、大运河、雄安新区、冬奥会都可以挖掘相应的文化故事、打造文化品牌、实现价值对接，让群众感受到三地文化息息相关，从而对于京津冀区域文化产生一种认同感，增强京津冀文化的凝聚力，实现地域相近、文脉相连、人民相亲。

参考文献

李淑兰：《试析构成京味文化的三种因素》，《首都师范大学学报》（社会科学版）

1998 年第 6 期。

刘仲华：《京津冀区域协同发展的历史文化根基》，《前线》2014 年第 7 期。

于丹：《首都文化治理与全国文化中心建设》，《前线》2020 年第 5 期。

田蕾：《美国东北部城市群文化产业集聚特征与启示》，《当代经济》2020 年第 9 期。

杨胜利、姚健：《城市群公共服务资源均等化再测度与思考——以京津冀为例》，《公共管理与政策评论》2021 年第 3 期。

范周：《建设文化强国　铸就中华文化新辉煌》，《光明日报》2021 年 3 月 20 日。

新发展格局中社会资本参与
北京博物馆之城建设研究

陆小成[*]

摘　要： 打造"博物馆之城"是新发展阶段北京推进全国文化中心建设的重要内容和关键载体。北京地区博物馆在规模、等级、影响力等方面均居全国前列，但面临"保护难、修缮急、开发弱"等挑战，社会资本参与不足。贯彻新发展理念，构建新发展格局，做好首都文化这篇大文章，吸引社会资本参与，加强政策扶持，完善规章制度，提升服务水平，拓展参与领域，助推北京建设国际一流的"博物馆之城"，谱写全国文化中心建设的新篇章。

关键词： 新发展格局　北京博物馆之城　社会资本

党的十八届三中全会《中共中央关于全面深化改革若干重大问题的决定》明确提出，鼓励社会力量、社会资本参与公共文化服务体系建设，培育文化非营利组织。2017 年，中共中央办公厅、国务院办公厅印发《国家"十三五"时期文化发展改革规划纲要》，明确提出推广政府和社会资本合作（PPP）模式，允许社会资本参与图书馆、文化

---

* 陆小成，博士，北京市社会科学院城市所研究员。

馆、博物馆、剧院等公共文化设施建设和运营。各级各类博物馆是公共文化服务体系的重要组成部分，鼓励社会资本参与博物馆建设是整合资源、激发活力，推动文博事业高质量发展的重要战略选择。北京提出打造博物馆之城的发展目标，将加快推动首都新时代文博事业发展，也是北京推进全国文化中心建设的重要内容和载体，更好地满足广大市民对博物馆事业发展的文化消费需求，更好地感受博物馆的文化魅力。北京地区博物馆面临"保护难、修缮急、开发弱"等挑战，仅靠政府力量难以持续，社会资本参与不足，严重制约"博物馆之城"建设。构建新发展格局，做好首都文化这篇大文章，应吸引社会资本参与，加快建设国际一流的"博物馆之城"，谱写新阶段北京高质量发展的新篇章。

一 社会资本参与北京博物馆建设的基本现状

博物馆是体现城市历史图景、文化底蕴的重要地标，是保护和传承人类文明的重要殿堂，是连接城市过去、现在、未来的重要桥梁。博物馆是历史的保存者和记录者，也是保护和传承人类文明的重要殿堂。[①]北京文化底蕴深厚，拥有三千多年的建城史和八百余年的建都史，博物馆资源丰富，类型丰富多样、资源特色鲜明。北京的博物馆家底雄厚，既包含藏品丰富的大型博物馆，也包含独具特色的中小型博物馆；既包含纵横广泛的综合类博物馆，也包含内容专精的专题类博物馆，博物馆的数量、规模、等级、影响力在全国乃至全球国际大都市中位居前列。

从国际上看，北京拥有各种类型的博物馆数量仅次于伦敦，成为全球拥有博物馆数量第二多的城市。英国博物馆是世界上博物馆最多的国家，这些博物馆大多集中在伦敦，伦敦各类博物馆有 200 多家。北京吸

---

① 赵子义：《打造"博物馆之城"让文物资源"活起来"》，《中国文物报》2019 年 5 月 17 日。

引社会资本等力量参与打造"博物馆之城"，进一步增加和提高博物馆数量和质量，提升国际竞争力和文化软实力，加快构建国际国内双循环新发展格局，助力北京建设国际消费中心城市。

从全国来看，北京作为全国政治、文化、科创、国际交往等中心，是各行业开展文化交流、举办大型会议的首选之地，是开办行业博物馆的首选城市。根据2020年5月公布的《2019年度全国博物馆名录》[①]，截至2019年底，北京市备案博物馆共有157家，在全国各大城市中排名第一，紧随其后的是西安市和上海市，分别有博物馆151家和135家。

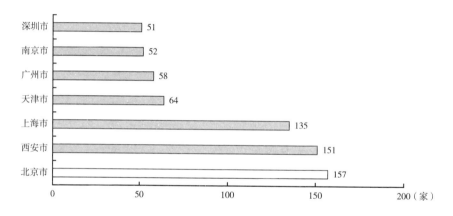

图1 全国主要城市博物馆数量

截至2020年底，北京地区备案博物馆达197家，一级博物馆数量居全国之首，国有大中型博物馆及国家级行业博物馆集中，红色文化及京味文化主题博物馆特色鲜明，非国有博物馆收藏门类广泛，形成了具有首都特色的博物馆体系。[②] 北京可移动文物普查总数与珍贵文物数量均居全国前列，博物馆从业人员众多，从博物馆的软件、硬件来说都具

---

① http://www.ncha.gov.cn/art/2020/5/18/art_ 2318_ 43812. html.

② 李祺瑶：《北京地区备案博物馆达197座》，《北京日报》2021年5月27日。

备打造博物馆之城的必然条件。① 研究数据显示，2019 年故宫博物院参观人次达到 1933 万人次；其次是重庆红岩革命历史博物馆，参观人次为 1150 万人次；秦始皇帝陵博物院参观人次 902.91 万人次，排名第三位。②

表1　2019 年全国博物馆参观量前十排名

单位：万人次

排名	博物馆	参观人数
1	故宫博物院	1933
2	重庆红岩革命历史博物馆	1150
3	秦始皇帝陵博物院	902.91
4	侵华日军南京大屠杀遇难同胞纪念馆	800.38
5	中国国家博物馆	739
6	韶山毛泽东同志纪念馆	662
7	鸦片战争博物馆	584.5
8	西柏坡纪念馆	564
9	成都武侯祠博物馆	541
10	扬派盆景博物馆	520

北京地区博物馆数量和万人拥有比例在全国排名前列，文博事业发展较快。2019 年末，北京常住人口达到 2153.6 万人，文化层次较高，是北京博物馆较固定的观众和消费群体。近些年来，国内外游客持续增多，从 2012 年的 23134.6 万人次增加到 2019 年末的 32209.9 万人次，国际旅游收入达到 51.9 亿美元，国内旅游收入达到 5866.2 亿元，参观博物馆人次达到 2530.8 万人次。北京近现代史上名人辈出，腾退后的名人故居和大量的文物建筑具有开办博物馆的得天独厚的优势。北京各区还拥有比较丰富的自然景观、生态资源、非物质文化遗产等，均可打

---

① 赵媛：《新时期下建设北京博物馆之城的几点思考》，《文化产业》2021 年第 8 期。
② 《2019 年中国博物馆数量、博物馆接待人次及博物馆参观量排名分析》，https://www.chyxx.com/industry/202006/876632.html，2020 年 6 月 23 日。

造为特色的博物馆。北京博物馆资源丰富，积淀深厚，为人们展示历史提供了丰富的素材，成为独具北京特色的"京文化"名片。

社会资本参与建设的北京非国有博物馆，已经形成一定规模，社会影响力不断增强，取得了一定的发展成就。但相较而言，与市民日益增长的美好生活期待还有一定差距，还有一定发展空间和消费潜力，主要表现如下。

一是非国有博物馆的占比不高。根据《2019年度全国博物馆名录》，北京市地区非国有博物馆21家，占北京地区博物馆总数的13.37%，但该比例低于全国20%以上的平均水平。

二是非国有博物馆空间分布不均。北京市共有9个区均建有非国有博物馆，主要分布在朝阳、东城、海淀、昌平等区，其中朝阳区有12家，占1/2，① 主要集中在经济相对发达的区域。而大兴、房山、门头沟、石景山、平谷、怀柔、顺义等区的非国有博物馆建设滞后，博物馆建设的相关设施不够完善，社会资本参与有较大发展空间。

三是非国有博物馆类型多样但规模不一。非国有博物馆主要分为四大类，其中艺术类博物馆以13家的数量居首位，其次为历史类博物馆、科学与技术类博物馆、民族宗教类博物馆等。非国有博物馆的类型丰富多样，但各馆的规模大小不一。比如，炎黄艺术馆建筑面积1万多平方米，藏品4515件；古陶文明博物馆建筑面积600平方米，藏品425件；老甲艺术馆建筑面积900平方米，藏品100件；何扬·吴茜现代绘画馆展馆面积450平方米，展品170余件。北京市各类博物馆资源丰富，社会资本实力雄厚，吸引其参与打造北京"博物馆之城"，对助力全国文化中心建设以及拉动消费、扩大内需等大有潜力可挖，大有空间可为。

---

① 孟宝华：《北京市非国有博物馆发展现状、问题与对策探究》，《赤峰学院学报》（汉文哲学社会科学版）2017年第9期。

二 社会资本参与北京博物馆之城
建设存在的主要问题

博物馆是文物精品荟萃之地，在保护的前提下利用好人类历史的物质遗产，向世人展示文化魅力是值得深入研究的重要课题。北京不少博物馆供给内容和氛围单调，干扰观众与展品之间的交流，影响对展品所蕴含的艺术、文化、历史等价值感受，严重削弱了博物馆的社会资本功能，因多方面原因存在社会资本参与动力相对不足的问题。

（一）陈列内容单调，消费氛围不够浓厚

受举办者自身资源和经济实力影响，不少社会力量举办的非国有博物馆馆藏面积狭小，许多馆藏文物束之高阁，导致藏品资源闲置，使珍贵的博物馆资源变成"一次性"消耗品，当地居民缺乏参观的原动力。部分年头稍久的博物馆陈列方式单一，多年不变，面貌单调，存在讲解设备不足和语言缺乏生动性、讲解员不足等问题，有的缺乏休憩区域，消费品质次价高，产品创新不足，消费氛围不浓厚，难以吸引游客多次参观消费。不少非国有博物馆缺乏社会知名度、品牌影响力和市场竞争力，导致相关服务消费的吸引力不强。

（二）宣传引导不力，社会资本功能弱化

世界许多知名博物馆不仅能吸引外地游客，也是当地居民休闲之处。北京大多数非国有博物馆内提供电子导赏服务和 3D 效果图，但宣传引导方式缺乏创新，有的仅仅透过玻璃屏幕观赏内部展品，视公众为博物馆的"过客"，博物馆社会功能难以充分发挥。北京较多博物馆的本地游客少。不少公众对博物馆的传统定位和刻板印象是陈旧而古老，博物馆缺乏对大众心理文化的引导，难以满足大众审美需

求，难以吸引年轻人、社会组织、社会资本等更多群体力量参与，社会资本功能弱化。

（三）政策扶持滞后，社会参与存在"三难"

北京不少传统博物馆的修缮、新建博物馆的投入资金严重不足，在立足社区服务、发挥社会资本价值等方面严重脱节。打造北京博物馆之城仅靠政府力量难以持续，但非国有博物馆建设的相关政策不够完善，社会资本参与缺乏有效渠道，存在以下"三难"。

一是持续运营难。目前，北京地区部分博物馆尚未实现良性运转，不少非国有博物馆与国有博物馆地位不平等，待遇相差甚远。国有博物馆均有财政补贴以维持日常运营，但非国有博物馆资产完全依赖举办者，主要依靠门票或自筹经费解决，即使有部分政府资金扶持也难以维持。规模较小的非国有博物馆处境相对艰难，有的博物馆运营还依靠举办者个人退休金维持，有的仅靠门票收入和私人其他收入，自身造血功能不强，运营相对困难。还有的特色博物馆在用地、用水、用电等多方面缺乏支持政策，而已有政策也难以落地，在疫情等特殊情况下非国有博物馆运营更加艰难，成本居高不下。

二是规范管理难。北京市非国有博物馆规范化程度低，主要反映在博物馆设立备案手续、硬件设施、藏品真伪性、治理机构、资产管理等方面。部分非国有博物馆未依法履行民办非企业法人的设立备案手续，地位相对尴尬。如 2020 年 5 月公布的博物馆名录中显示北京市登记在册的非国有博物馆有 21 家，但事实上北京非国有博物馆数量要大于该数字，不少博物馆没有按规定备案。有的博物馆定位不明确，硬件条件差，藏品日常维护难，有的缺乏藏品维护部门。收藏政策不明晰，藏品未能建档备案，部分藏品的真伪性和来源合法性难以确认。有的法人治理机构不健全，没有建立理事会制度，法人财产权的确权手续烦琐。在财产分割上，部分博物馆藏品归属权不清、博物馆账目混乱，博物馆与个人财产分割不清。

三是服务提升难。有的社会力量举办的博物馆陈列展览水平有待提升，对博物馆教育功能的发挥不受重视，难以融入当地市民生活，对周边社区居民的多样化需求缺乏了解，有的存在"孤芳自赏""自娱自乐"情况，博物馆服务水平和效能亟待提升。与博物馆发展相关联的消费创意项目少，服务创新能力不强，难以形成新的消费特色和服务品牌，难以拉动其他文化消费，导致社会资本盈利空间小、投资预期差、参与博物馆建设动力不足。

三　新发展格局中社会资本参与
北京博物馆之城建设对策

立足新发展阶段，加快构建新发展格局，是以扩大内需为战略基点，以国内大循环为重要基础，意味着进一步挖掘国内市场潜力，提升消费活力，成为促进国内国际双循环、推动高质量发展的重要支撑。扩大消费成为当前应对国际挑战、稳定国民经济、满足人民美好生活需要的关键动力，进一步凸显具有经济效益和社会效益并存的文化消费作用，进一步持续推动高质量的文化消费，是加快构建新发展格局的重要命题。加快公共文化服务体系建设，加快建设各类博物馆、图书馆、文化馆等文化服务设施，是加快文化事业与文化产业融合发展，进一步促进文化消费、推动文化高质量发展的重要基础。《北京市推进全国文化中心建设中长期规划（2019年—2035年）》提出，要打造布局合理、展陈丰富、特色鲜明的博物馆之城。加快构建新发展格局，做好首都文化这篇大文章，结合北京现有条件，吸引社会资本参与，整合新建一批能体现北京历史、文化、生态等领域发展成就的特色博物馆，构建彰显首都形象、国际一流的博物馆体系。

（一）加强政策扶持，破解运营"难"问题

山西省打造"文明守望工程"，推进文物建筑认领认养，鼓励私人企业、社会团体等参与创设博物馆。重庆九龙坡区采取政府引导、社会参与、市场运营模式打造博物馆群，在房租、装修等方面给予扶持，创新民资独建、政企联建、政建民营等建设模式。湖南省出台政策，推广政府和社会资本合作（PPP）模式，吸引社会资本参与文物保护和博物馆建设。

借鉴以上经验，出台政策鼓励社会资本参与"博物馆之城"建设，加快制定《"十四五"时期北京"博物馆之城"建设专项规划》《北京博物馆改革发展实施意见》《吸引社会资本参与北京"博物馆之城"建设的意见》等。打造北京博物馆之城，不要仅仅依靠政府单一力量，应构建政社合作（PPP）新机制，打造多主体参与博物馆建设运营的新模式，完善政府购买博物馆服务政策，由政府、社会资本、企业、个人等多元持股，扩大和提升首都地区博物馆群规模和质量，发挥北京博物馆建设在全国的示范引领作用。

探索建立北京博物馆事业发展基金，引导社会力量积极投身博物馆事业。制定优惠政策，在资金、人力资源、藏品捐献、博物馆建设用地用房等方面支持博物馆事业发展。[①] 对投资主体有充足的项目资本的，采取社会投资、政府补贴、独立运营的模式建立新博物馆，政府按照投资总额给予一定的资金扶持、财政补贴或税收减免；对承担公共文化职能、社会投资不足的，采取政企联建模式，享受税收、投融资服务等优惠政策。对社会资本参与的博物馆建设用地，可以采取划拨、一定年限的免租期等方式供地，在房租、装修等费用上给予一定的扶持，水、电、气等按居民价格收费。针对项目审批、规划、环评等提供"一条

---

① 程存洁：《建设"博物馆之城"的几点新认识》，《城市观察》2014年第4期。

龙"服务，做好政策"最后一公里"的落实工作，切实降低运营成本，提升盈利空间，强化投资预期。

（二）完善规章制度，强化规范治理

建立健全社会资本参与博物馆建设的规章制度，加强对藏品、展览、教育、人事、财务等的规范管理，细化非国有博物馆备案办法与设立指导标准，为社会参与博物馆运营提供指引，明确博物馆定位，突出文化特色，提高建设质量与服务水平。加快社会资本参与博物馆的理事会、监事会和监督机制等建设。建立和完善以理事会为核心的法人治理结构，对人员构成、议事规则、表决程序等予以规范，落实法人财产权。制定体现北京特点、符合首都情况的博物馆收藏政策，加强征藏指导，完善藏品的登记和确权工作，提升藏品保护管理水平。制定并完善北京非国有博物馆的法人财产内部审计和社会审计等制度。建设北京非国有博物馆馆藏文物数据库，建立信息公开和信用档案制度，将非国有博物馆、技术人员培训、职称评定等纳入北京地区博物馆统一管理与服务体系。

（三）提升服务水平，打造"享受博物馆"

欧美国家提出"享受博物馆"理念，把音乐、戏剧、舞蹈等表演艺术形式引入博物馆，增强消费吸引力，打造令人流连忘返的高雅殿堂和享受之地。如伦敦自然博物馆为游客提供休闲、餐饮、娱乐、购物等消费场所。东京米博物馆，走小而精路线，推广大众饮食文化，提供米制化妆品、自助式餐饮等消费内容。湖北省博物馆的编钟演奏、云南省博物馆的少数民族歌舞表演、澳门红酒博物馆开辟品酒吧台等都吸引着旅客进入博物馆消费。

借鉴以上经验，应加快构建北京"博物馆之城"宣传平台，引导社会资本参与建设，采取购买服务、消费直补和专业指导等措施，以市民满足"七有""五性"需求为导向，增加文化消费等"享受"功能，丰富博物馆供给内容，提升博物馆接待、文化消费等服务能力和水平，进一步激发潜在消费，开辟文化消费新空间，以优质的文化供给满足市民多样化的文化消费需求，加快建设全方位、多样化、高质量的博物馆供给体系，形成供给创造需求的良性循环，加快构建新发展格局。

借助云计算、大数据、5G、人工智能等新一代信息技术，开展云展览、云直播、文博+等活动，进一步增强博物馆文化魅力，提升博物馆服务水平和质量。利用官方网站采取讲故事的方法叙述藏品背后的故事，汇聚文化创新的强大力量，利用平台大数据、人工智能，实施文化+融合发展战略，提升博物馆服务品质。① 加快博物馆的数字化、智能化建设，让"沉睡"的文物或难以直观感受的博物馆内容，可通过新一代信息技术进行线上展览、线上直播，让博物馆资源"活"起来、"动"起来、"亮"起来，增强博物馆文化消费活力和潜力。比如，2020 年 5 月 13～18 日，宋庆龄故居、李大钊故居、北京鲁迅博物馆等 10 家名人故居纪念馆开展直播活动，云游名人故居，体味名人故事，累计观看量达 3512.6 万人次，展现信息化、网络化时代博物馆事业发展的良好前景。

借助数字化、智能化发展契机，创新展示方式方法，以文博+校园、文博+徒步等各种创新形式，提升博物馆的文化消费体验。加快打造数字博物馆、智能博物馆，改进和优化博物馆服务模式，增强市民对文博活动的获得感和满足感。整合资源、形成合力，与国有博物馆建立互助机制，联合举办鉴赏拍卖、艺术论坛等活动，提升策展能力，提高讲解员服务水平，丰富讲解形式和内容，利用科技手段破除"博物馆疲劳效应"。

---

① 赵媛：《新时期下建设北京博物馆之城的几点思考》，《文化产业》2021 年第 8 期。

（四）拓展参与领域，谱写文博新篇章

出台政策不断拓展社会资本参与建设博物馆的领域，创新投融资模式，不断丰富博物馆内涵，形成具有文化竞争力和消费吸引力的博物馆特色与品牌，助力国际消费中心城市和全国文化中心建设。

一是优先支持填补博物馆门类空白、体现行业区域特色、反映民族民俗文化的专题博物馆建设。针对当前北京博物馆空间分布不均的问题，巩固提高现有博物馆水平，利用各区自身的特色资源优势，加快补齐一些特色的博物馆门类。比如，吸引社会力量参与，利用门头沟区、房山区、密云区、延庆区、怀柔区等关停后的煤矿、金矿、铁矿等闲置矿井资源，加快门头沟区的京西煤矿博物馆、怀柔区的金矿博物馆、密云区的铁矿博物馆、延庆区的冬奥主题博物馆和硅化木博物馆、平谷区的上宅文化博物馆等建设，依托特色博物馆形成生态涵养区绿色转型与高质量发展的新模式、新样板、新高地。鼓励社会资本参与非物质文化遗产保护和资源利用，如围绕大兴区所特有的布艺、剪纸、刺绣、烙画、根雕等传统文化资源，打造具有北京特色的非物质文化遗产博物馆。

二是基于音乐、美术、京剧等打造特色博物馆和"书香"北京文化街区，破解中心城区名人故居保护难、再利用难等问题，吸引社会资本参与将腾退名人故居打造为名人博物馆，增加服务项目，与社区融合发展，拉动文化消费。新发展格局是以扩大内需、促进消费为战略基点，以国内大循环为重要基础，具有经济效益和社会效益并存的文化消费作用将更加凸显。在加快构建新发展格局的大背景下，北京加快吸引社会资本参与博物馆建设，创造新的文化供给，激发市民潜在的文化消费需求，持续促进高质量的文化消费，形成文化供给创造需求的良性循环。

三是吸引社会资本参与体现北京自然景观、生态资源等博物馆建设，将自然生态、绿色低碳等资源优势转化为发展优势。助力生态涵养

区坚持生态优先与绿色发展，吸引社会资本打造乡村生态、森林康养等特色博物馆，构建博物馆型生态文旅景区。策划"博物馆之城一日游"等项目，组织"文博＋校园""文博＋徒步""文博＋滑雪""文博＋生态"等系列活动，引入相关文旅创意及配套项目。立足新发展阶段，贯彻新发展理念，构建新发展格局，应进一步增强博物馆自身的造血功能和文化软实力，通过鼓励社会资本参与投融资和建设，拓展多样化的博物馆建设内容，完善文化服务体系，由博物馆发展带动相关文化消费和文化产业发展，助推北京建设国际一流的"博物馆之城"，加快谱写"十四五"期间全国文化中心建设、推动首都文化高质量发展的新篇章。

参考文献

赵子义：《打造"博物馆之城"让文物资源"活起来"》，《中国文物报》2019 年 5 月 17 日。

李祺瑶：《北京地区备案博物馆达 197 座》，《北京日报》2021 年 5 月 27 日。

赵媛：《新时期下建设北京博物馆之城的几点思考》，《文化产业》2021 年第 8 期。

孟宝华：《北京市非国有博物馆发展现状、问题与对策探究》，《赤峰学院学报》（汉文哲学社会科学版）2017 年第 9 期。

程存沽：《建设"博物馆之城"的几点新认识》，《城市观察》2014 年第 4 期。

北京市旅游咨询站设置标准研究

倪维秋[*]

摘　要： 北京已建立覆盖全市的专业化、网络化的旅游咨询服务体系，成为对外树立文明形象的重要窗口。北京市旅游咨询服务站自开业运营以来，暴露出了选址不合理、不科学、服务功能单一等问题，无法满足越来越多游客的咨询需要。在对北京旅游咨询站点运行现状进行分析的基础上，借鉴世界主要城市的经验，结合北京的具体实际，从不同的维度，制定旅游咨询站的设置标准，为后续不断优化旅游咨询站服务提供参考。

关键词： 北京　旅游　咨询站　标准

北京是一座有着 2000 多年历史的文明古都，具有深厚的历史文化积淀，是中华文化的典型代表。^① 在《北京城市总体规划（2016 年—2035 年）》中提及"四个中心"建设，其中文化中心的建设列在政治中心之后，排在国际交流、科技创新之前，不仅传递出北京城市定位正在进行重大战略调整的明确信号，也蕴含着更为丰富的信息并具有深远的象征意义。^② 2018 年国家机构改革，组建文化和旅游部，实现文化与

---

* 倪维秋，博士，北京市社会科学院城市问题研究所副研究员。

① 刘冬磊、王子朴：《北京市"四个中心"建设和"一带一路"国际体育交流与合作的融合发展研究》，《首都体育学院学报》2020 年第 6 期。

② 马娜、刘士林：《北京建设全国文化中心的历史还原与理论思考》，《甘肃社会科学》2019 年第 6 期。

旅游深度融合将是新时期旅游业发展的大势，[1] 与此同时，为旅游者提供的各种服务基础设施也需要进一步完善。制定旅游咨询站的设置标准，优化调整现有旅游咨询站布局，将在全面介绍北京丰富的旅游资源、多角度展示北京深厚的历史文化，并向海内外旅游者及时提供权威、准确的旅游信息等方面发挥更加重要的作用。

一 北京市旅游咨询站设置现状分析

（一）旅游咨询站发展回顾

1. 北京市旅游市场发展及趋势

北京作为全国政治中心、文化中心、国际交往中心、科技创新中心，拥有 A 级景区 174 处，吸引着全国各地的游客，旅游业蓬勃发展。根据北京市旅游委的数据，2018 年北京市实现旅游总收入 5921 亿元，同比增长 8.3%，旅游总人次 3.1 亿，同比增长 4.5%，旅游购物和餐饮消费额占社会消费品零售总额的 24.2%。2019 年，北京市旅游总收入 6224.6 亿元，同比增长 5.1%；接待游客总人次 3.2 亿。

按照游客来源进行分析，国内游客持续增加，本市居民在京旅游增长情况好于外省来京游客，入境旅客减少。2019 年北京市国内旅游总人次为 31833.0 万人次，增长 3.7%；国内旅游总收入 5866.2 亿元，增长 5.6%。其中外省来京旅游人次为 19267.2 万人次，旅游收入 5306.9 亿元，北京市民在京游人次为 12565.7 万人次，旅游收入 559.2 亿元。2019 年，北京市累计接待入境游客 376.9 万人次，下降 5.9%；接待外国人 320.7 万人次，下降 5.6%，占接待入境游客总数的 85.1%；接待

---

[1] 刘雁琪：《减量发展框架下的北京文化旅游优势产业发展路径研究》，《时代经贸》2020年第 4 期。

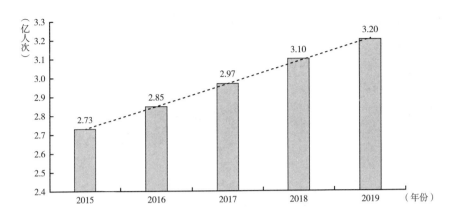

图 1　2015～2019 年北京市旅游人次统计

中国港澳台游客 56.2 万人次，下降 7.3%。

2. 旅游咨询站发展回顾

旅游咨询服务中心作为旅游目的地公共服务体系的重要组成部分，与旅游交通、旅游公厕并称为"旅游城市的三大必备设施"，在为海内外游客与市民提供公益性咨询服务的同时，兼有城市整体形象的宣传和收集为政府决策提供依据的市场信息的职责。

北京市旅游咨询服务中心始建于 2001 年，是北京市政府承诺为群众办的 60 件实事之一。至 2010 年，北京市旅游咨询服务中心（旅游咨询站）从最初按照行政区划设置的 20 个发展为 2010 年的 110 个。在设置伊始，旅游咨询服务中心的定位为国际的、首都的、现代的、公益性的、综合性的旅游咨询服务机构。随着咨询中心的数量增多、功能完善，专业化、网络化的咨询服务体系逐渐形成。2011 年北京市旅游咨询服务中心达到 373 个，全市旅游咨询服务网络初见雏形，旅游咨询服务体系进一步完善。截至 2014 年底，北京市拥有 347 个旅游咨询服务中心，从业人员达 1600 余人。旅游咨询服务中心的数量在 2011 年达到顶峰，而后连续三年略有下滑，截至 2014 年底，全市旅游咨询服务中心达 347 个。因无法获取旅游咨询站点历年数据，根据

2011 年以来咨询站点数量变化趋势，推测 2015 ~ 2019 年咨询站点人数持续下降。

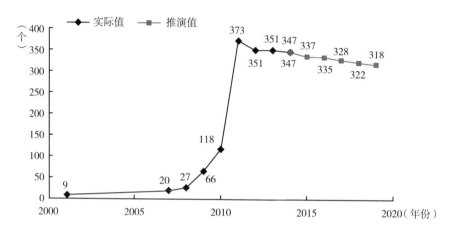

图 2　北京市旅游咨询服务中心数量变化

截至 2014 年底，北京市旅游咨询服务中心为 5117 万人次中外旅游者提供了各项旅游咨询服务，从旅游咨询服务中心的接待游客量可以看出，2009 ~ 2012 年，随着旅游信息咨询中心的数量大幅上升，旅游咨询服务中心的接待量增长迅速，而 2013 ~ 2014 年接待人次出现下降，降幅为 2%。预计 2015 ~ 2019 年仍将进一步下降，根据 2012 ~ 2014 年下降趋势推演，2019 年服务人数将降至 700 万人次以下。

从接待方式进行分析可知，旅游咨询服务中心的接待方式以直接来访为主，占比约 70%，也有小部分游客选择电话来访的方式接受服务。从接待人群方面进行分析，旅游咨询服务中心主要接待的旅客为本地游客，占访问量的 61.8%；外地游客占访问量的 31.9%；境外游客的访问量占 6.3%。结合不同人群来京旅游的人数占比来看，境外游客对旅游咨询服务中心的利用率最高，其次是本地游客，外地游客对旅游咨询服务中心的利用率很低。究其原因，境外游客前来咨询的比例最高可能是出于语言原因；本地居民由于对当地基础设施比较熟悉且其旅游目的

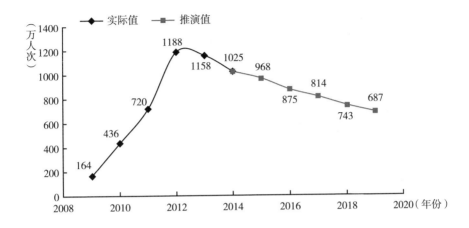

图 3 2009～2014 年北京市旅游咨询服务中心接待游客人次变化情况

地往往是网络上信息较少的"小众景点";而外地游客可能是跟团旅游,或是其在旅游前往往会通过网络搜索做好攻略,且旅游目的地相当大比例为网络热门或北京著名景点。

(二)旅游咨询站现状布局

1. 宏观布局

根据北京旅游咨询站布局及发展规划,北京市旅游信息咨询站共计347 个,数量众多,分布广泛。从区县分析,朝阳、密云、房山区、门头沟区咨询站较多,数量均在 30 个以上,其大多靠近城镇中心、交通通道出入口、景区景点。

按照旅游咨询服务中心的性质进行细分可知,70% 的旅游咨询服务中心分布在 A 级景区;12% 的设置于宾馆与饭店;8.9% 的设置于城镇中心;4.6% 的设置于公路、高速公路出入口附近;4.3% 的设置于公交车站附近;3.5% 的设置于商业区;1.4% 的设置于交通枢纽处。

结合各旅游咨询服务中心的接待量分析,中心城区中西城区的咨询接待量最大，东城区接待量偏小。郊区县中，顺义区的咨询接待量最大，延庆区次之，大兴区最少。另外，值得注意的是，作为大型对外交通枢纽的北京首都机场、北京火车站的咨询接待量很大；作为北京特色餐饮的全聚德的被咨询量最大。而结合各区域的游客接待量进行分析可知，东城区、西城区、海淀区是总游客人次排前三位的区县，但其旅游咨询服务中心接待量分别排全市的第10、第1和第12，东城区、海淀区可能存在旅游咨询服务中心数量较少或布局不合理的问题。

2. 微观布局

东城区：有18个旅游咨询站，数量相对偏少，主要分布在大型景区周边，但南锣鼓巷、孔庙等重点景区缺少咨询站。另外，交通枢纽处缺少咨询站，如东直门枢纽没有设置咨询站。东城区高档宾馆较多，但咨询站分布偏少。

西城区：有25个旅游咨询站，布局较合理，主要分布在人流集中的商业、景区及宾馆。但从布局上，仍有优化空间，如西直门枢纽周边缺少咨询站。

朝阳区：有47个旅游咨询站，是北京市各区县中设置旅游最多的区县，在大型交通枢纽处、景区均有分布，但某些地方分布过于集中，如奥体公园，共有12个咨询站。另外，朝阳区高档宾馆的旅游咨询站分布偏少。

海淀区：有25个旅游咨询站，海淀区内主要景区均分布有咨询站，但与交通枢纽处的结合度不够，有进一步优化的空间。

丰台区：有24个旅游咨询站，丰台区大型枢纽处、景区周边均有设置咨询站。

石景山区：区内A级景区非常少，也没有大型的交通枢纽与商业中心，咨询站最少，共6个。旅游咨询站主要集中分布在轨道站点周边。

昌平区：有 24 个旅游咨询站，辖区内主要景区均分布有旅游咨询站，但仍有优化空间，如部分高速公路服务区未设置旅游咨询站、高级酒店周边缺少旅游咨询站。

顺义区：有 11 个旅游咨询站，主要景区均分布有旅游咨询站，但仍有优化空间。部分高速公路服务区未设置旅游咨询站、高级酒店周边缺少旅游咨询站。

房山区：有 34 个旅游咨询站，数量较多，主要分布在景区内，但是部分高速公路服务区未设置旅游咨询站、民俗旅游村缺少旅游咨询站，有优化布局的空间。

通州区：有 8 个旅游咨询站，数量较少，辖区内景区、高级酒店及高速公路服务站均有分布。但是，通州南部大部分的区域没有设置旅游咨询站，需要适当予以增设。

大兴区：有 13 个旅游咨询站，数量较少。大型景区周边均分布有旅游咨询站，但仍有优化空间，与交通枢纽处结合较差。

怀柔区：有 25 个旅游咨询站，数量较多。辖区内主要景区均分布有旅游咨询站。但部分高速公路服务区、公交枢纽未设置旅游咨询站，有优化布局的空间。

门头沟区：有 33 个旅游咨询站，数量较多，布局相对合理。辖区内主要景区、高速公路服务区均分布有旅游咨询站。

延庆区：有 25 个旅游咨询站，布局相对密集。从布局上分析，辖区内部分景区、部分高速公路服务区未设置旅游咨询站，仍有优化布局的空间。

密云区：有 38 个旅游咨询站，数量较多，辖区内主要景区均分布有旅游咨询站。从布局上分析，现状高速公路服务区未设置旅游咨询站，仍有优化布局的空间。

平谷区：有 15 个旅游咨询站，数量较少，主要分布在景区。从布局来分析，仍有优化空间，部分 A 级景区、民俗旅游村周边缺少旅游咨询站，部分高速公路服务区未设置旅游咨询站。

二 世界超大城市旅游咨询站设置经验

（一）国外案例

1. 美国

在美国，几乎每个旅游城市都设有旅游咨询中心。旅游咨询中心以"i"为标志，一般分布在游客或旅游景点集中的地段，以及高速公路出口；小城市的旅游咨询中心大多设在火车站或市中心人流集中的地方。一般游客会先到咨询中心了解大致情况，随后根据工作人员的介绍以及自己的实际情况选择游览对象。

美国旅游咨询中心一般为非营利机构，由市政府（市政厅）下属的商会或旅游局直接负责。商会主席为总负责人，并由商会派 1~2 人为咨询中心的主管，主管对商会和旅游局负责，并间接对市政府负责；咨询中心所有的工作人员均为商会的雇员。美国的商会是市政府下设机构，主要职能是为本城市的商业企业提供服务，商会与各企业保持着良好的关系，所以各旅游相关企业与旅游咨询中心基本都能保持良好的合作关系。美国旅游咨询中心的资金来源为市政府拨款，而市政府的财政收入来自下属企业，因此二者的关系是互惠互利的。①

2. 澳大利亚

澳大利亚的旅游咨询中心类型丰富，分布较为密集，基本都设置在旅游人流交汇处。酒店前台、街道旁、车站、机场、港口等交通枢纽处，商场和公园都有这些旅游咨询点分布。

澳大利亚的很多旅游咨询中心是由旅游景点的管理机构和当地旅游

---

① 郑杨：《城市旅游休闲服务网络的建设——美国旅游咨询服务的考察与思索》，《旅游学刊》1998 年第 2 期。

局共同建立的，但是其提供的信息却并不仅仅限于自身的景点，而是上至整个澳大利亚、本州以及其他州，下至本城市、本景点的信息都能够提供。澳大利亚几乎所有旅游咨询中心都能提供多语种的服务，旅游者在旅游咨询中心可以了解澳大利亚食、住、行、游、娱、购相关信息，并提供免费的旅游指南、景点介绍、交通图册、娱乐便览等宣传资料。同时，旅游咨询中心的工作人员会协助游客完成各项预定。

综观美国和澳大利亚的旅游咨询中心的选址，主要是设在两类地点，一类是游客到达旅游城市的第一站，即机场和火车站；另一类是游客人流集中的地方。这两类地方都是游客最有可能需要旅游咨询的地点，同时也便于游客在需要的时候能及时发现这些旅游咨询机构。这些遍布全国的旅游咨询中心，构成了为旅游者提供旅游信息服务的周密网络，提高了旅游者旅游消费的满意度。

3. 英国

英国的旅游咨询中心（Tourist Information Centre）一般分布在景点周围、机场及其他对外交通枢纽站。旅游咨询中心不止提供旅游指导、免费游览手册等，也提供指路、交通信息、餐饮信息等相关服务。[1]

4. 韩国

据韩国旅行社协会（KATA）2012 年发布的一份报告，韩国有超过300 个游客信息中心（Tourist Information Center，TIC）。这些游客信息中心共有约 1200 名工作人员，其中每人至少掌握一种外语交流的能力。游客信息中心配备有计算机、打印机、传真机、饮水机和公共厕所等设施，旨在为国际游客提供与旅行有关的信息。据报道，2008 年，这些游客信息中心 90% 以上的到访者都是国内游客。

韩国的 TIC 主要分布在旅游景点（如国家公园、历史古迹）、运营

---

① 黄瑾、德村志成：《中外旅游咨询中心比较分析——兼论我国旅游咨询中心的发展策略》，《西南民族大学学报》（人文社科版）2008 年第 11 期。

图4 英国伦敦的 Tourist Information Centre 分布

和文化景点和主要交通枢纽处（如公交车站、火车站、机场）附近。从经营方式上看，TIC 由地方政府、韩国游客组织（KTO）和韩国旅行社学会（KATA）的旅游部门等以及韩国高速公路公司和韩国铁路公司等公共公司管理。

（二）国内案例

1. 杭州

2007 年 8 月，杭州市旅游委员会成立正处级直属事业单位"杭州市旅游信息咨询中心"，中心成立后主要开展两方面工作：一是旅游咨询服务体系建设。在全市范围内推进旅游咨询（分）中心的建设和咨询点的布点工作，负责标准制定、行业管理、业务指导和监督考核。二是旅游信息化建设。负责"金旅二期"各建成项目的运营维护，负责打造"杭州旅游在线平台"，推动平台各个子项目的建设，为游客（市民）、旅游企业和旅游行政部门提供信息服务和技术支持。

杭州市旅游信息咨询中心，在起步期借鉴北京、上海经验，在发展期借鉴香港、新加坡的经验，并注重结合自身实际。2003 年，杭州尝试通过"花钱买服务"的方式，委托杭州旅游集散中心设立咨询点，为游客提供公益性旅游咨询服务。2004 年，开通了 96123 旅游服务热线，为游客提供旅游信息咨询、订车、订票、客房预订、旅游投诉受理等多项服务。2007 年，杭州市旅游信息咨询中心成立，具体负责全市旅游咨询与信息化建设和管理工作。2008 年，开始推动各个区县（市）及市有关单位设立旅游咨询分中心（点）。2009 年，为配合打击野导、黑车专项整治活动，在西湖周边依托公共自行车服务亭设置旅游咨询点，各地咨询分中心（点）相继建成。2010 年，启动"扩面提质"工作，加快咨询点网络布局和功能提升，依托旅行社门店、景区（点）游客中心、自驾游服务中心、购物商店等社会资源设置旅游咨询服务网点。截至 2013 年 6 月，全市已建成 186 个咨询点，遍布全市主要交通枢纽、商业中心、景区景点等人流密集和游客集中的区域，拥有 300 多人的咨询员队伍，有一个旅游咨询见习实训基地和一支旅游咨询社会志愿者服务队，覆盖大杭州范围的旅游咨询服务网络格局初步形成。

2. 台湾

分类建站、差别管理。台湾"交通部观光局"所设立的旅游咨询中心主要有以下四类。

一是旅客服务中心，是指由台湾"交通部观光局"依据统一形象识别系统设置的观光旅游咨询及信息服务据点，有"观光局"旅游服务中心、桃园国际机场旅客服务中心、高雄国际机场旅客服务中心 3 个，主要为游客提供台湾观光咨询服务、旅游资料索取、申诉处理、紧急通报等服务内容，全年无休。

二是旅游服务中心，是指由台湾"交通部观光局"提供补助或协助地方政府及相关单位在全岛主要航空站、火车站、捷运车站出入门户及重要交通节点，依据统一形象识别系统设置的观光旅游咨询及信息服务据点，目前全岛分布有 39 个。

三是游客中心，是指由"观光局"下属的各"国家风景区"管理处基于辖内重要风景游憩据点，依据统一形象识别系统设置的观光旅游咨询及信息服务据点。目前已建成 15 个，主要为游客提供风景区旅游数据、简报或多媒体展示、解说及相关咨询服务等。

四是交通旅游信息服务场站，是指在各高速公路服务区及未设置旅游服务中心火车站所设立的旅游信息场站。由此可见，台湾地区的咨询中心建设采用多元化设立方式，主要有"观光局"直接出资建设、"观光局"提供补助或协助地方政府或相关单位建设、由风景区管理处建设，以及各种星罗棋布的咨询站点建设等方式。其选址主要集中于机场、火车站、高速公路等游客进出台湾的必经门户，以及风景名胜区等游客赴台湾之后的必游之处，可以及时、有效地满足游客的咨询需求。此外，对于不同级别的咨询中心，台湾"观光局"采取差别管理方式，在营业时间、服务内容等方面的要求都有所不同。如在对咨询中心文宣品内容的管理方面，要求旅客服务中心文宣品的内容需涉及全区域；旅游服务中心或旅游信息场站的文宣品内容则以其所在区域为主；游客中心的文宣品内容以其所在县市为主。

三 北京旅游咨询站宏观趋势分析

（一）互联网背景下的旅游咨询服务中心

随着互联网技术的快速发展，旅游咨询服务中心在游客旅行过程中扮演的角色也悄然变化，其重点服务人群、功能也在发生转变。在当前"互联网＋旅游"的背景下，作为线下咨询的旅游咨询服务中心，应当与以旅游网站、App 为代表的线上信息咨询主体形成相辅相成、互为补充的关系。

线上信息服务蓬勃发展对游客旅游行为的影响主要体现在旅游的前期规划和交通选择上。游客可以在出行前通过网络、电视、杂志等媒介获得出游目的地的相关信息，并对目的地进行选择和行程规划；确定目的地后，游客也可以从网络上直接预订宾馆，规划到景点、到宾馆的交通方式；在旅游目的地游客进行"吃、住、行、购、娱"等多种活动，并通过线上线下的方式获得新的旅游相关信息，最后在结束旅行后形成对旅游目的地的整体印象，并可能以游记或点评形式发布到网络媒体上。

结合以上变化，可以预期旅游咨询服务中心的主要功能和服务人群都会发生变化。在功能上，旅游咨询服务中心"提供景点信息"的功能可能被弱化，而提供本地信息的功能会成为优势，能够为游客提供更详尽的交通、公共服务设施、餐饮等信息。

而在接待人群上，旅游咨询服务中心的服务对象主要为：一是外籍游客，尤其是语言交流不畅的游客；二是中老年、不熟悉互联网操作的游客；三是前往网络信息较少的小众景点的中外游客；四是出游前信息咨询不充分或有误的游客。

因此旅游咨询服务中心在提供服务的方式和种类上也应做出相应改变，如在外籍游客较多的站点雇用更多能够熟练用外语交流的员工，或准备翻译设备；满足散客个性化需求，开发设计创新旅游线路和产品，提供便捷的旅游交通服务，使游客既能快捷地进得去，还可以在游览完之后轻轻松松出得来。

（二）冬奥会背景下的旅游咨询服务中心

2022 年北京—张家口冬季奥运会即第 24 届冬季奥林匹克运动会，将在北京市和张家口市联合举行。北京作为主办城市，届时将迎来大批中外游客，游客数量和结构的变化也需要旅游咨询服务中心做出改变。

从旅游咨询服务中心接待的游客特征可以看出，境外游客的到访率是最高的，而外地游客到访率低可能是因为其时常为跟团游或已提前做好攻略。结合冬奥会期间游客观看奥运会比赛的需求，可以预期境外游客和外地自由行游客的数量均会明显上升。同时，由于冬奥会的部分项目将在张家口市举办，往来北京、张家口的游客数量将大幅增加。

因此在接待人群上，外籍游客和出游前信息资讯不充分或有误以及对交通信息需求较大的游客的比重可能提高。因此在功能上，旅游咨询服务中心应做出的改变主要有：①与线上旅游信息咨询服务互为补充、相辅相成，突出本地生活服务信息特色；②作为城市名片，树立旅游城市的形象、做展示城市文明程度的窗口；③为企业提供宣传促销和市场调研的特殊媒介；④服务冬奥，增加冬奥相关的旅游相关信息、咨询服务。

（三）北京"文化中心"定位背景下的旅游咨询服务中心

北京是我国的政治中心、文化中心、国际交往中心、科技创新中心，也是全国铁路客运的重要枢纽。北京作为拥有千年历史的古城帝都，其旅游业虽然受到疫情冲击，但发展空间仍很巨大，未来旅游咨询服务中心的重要性不言而喻。

过去旅游咨询服务中心的主要功能在于咨询，未充分体现北京市作为"文化中心"的地位，在此背景下可充分结合北京悠久的历史与浓厚的文化积淀设计咨询服务中心，并承担更大的文化展示作用，向游客提供更全面、更丰富的京派文化。

四　北京市旅游咨询站设置指标体系

（一）标准制定的原则

1. 以人为本

以人为本是旅游咨询站点空间布局的核心原则。旅游咨询站点是为游客服务的，应以解决游客的实际需要为最终目的，因此需要匹配游客的空间行为特征，并按照旅游活动的市场规律，进行地理空间配置和微观区位选择，体现人文关怀。

2. 系统整合

旅游咨询站点的设置要将其所在的区域和城市作为一个大系统，进行综合考量，即旅游咨询站点的空间布局最好与整个城市的地域空间、周围环境、公共设施、交通状况、区域文化历史特征等方面互相协调。

3. 服务范围最大化

根据旅游咨询站点的等级和职能，其选址应符合公共服务设施区位选址的基本原则，即中心的区位应最大限度覆盖其所服务的空间范围，也就是其服务范围的外侧界限。根据距离衰减规律，到达旅游咨询中心的距离越长，花费的时间越久，人们选择使用的概率越小。因此，旅游咨询站点的布局要考虑到最大服务范围内的访客到达中心的最短距离，在区位选择上要接近人口密集和人流量大的区域。

（二）初步指标体系

站点的变更可能有四种形式：站点撤销、级别调整、运营方式变更、保持现状。考虑到可操作性，提出 A、B 两套方案。

方案 A 通过上述四维度十个指标的评价，可获得满分 50 分的旅游站点排序，结合得分高低进行进一步分析，并结合具体情况给予判定。由于数据不可得，具体指标赋值情况需结合现状进行确定。

表 1　北京旅游咨询站点评价体系方案 A

维度	指标	含义
政策稳定性	政治经济政策	对于北京市总体规划中与旅游相关的进行赋值,如长城文化带范围内可赋予 5 分
	重大事件或活动发展区	将冬奥会等规划的重要城市事件纳入考虑,按市级、国家级、国际级分别赋予 1 分、3 分、5 分
	城市扩张和发展	对郊区、副中心、中心城区、首都核心功能区给予不同权重 2 ~ 5 分
交通便利性	与市中心距离	结合具体站点分布的距离,进行分档,分值范围 1 ~ 5 分
	与最近主要道路距离	结合 GIS 道路可达性分析,同样分成五档,赋值 1 ~ 5 分

续表

维度	指标	含义
经济合理性	服务需求程度	结合同等级站点总的访问人数分布状况,确定阈值,并就具体站点的访问人数予以赋值
	实际利用程度	结合同等级站点线下访问人数分布状况,确定阈值,并就具体站点的访问人数予以赋值
	游客类型	对国际、外地游客占比较高的赋予较大的权重,需结合具体数据确定阈值
站点竞争性	临近旅游者的程度	结合站点类型予以赋值,市中心模式为5分,交通港站模式、景区模式结合具体站点级别确定赋值范围,郊区模式为3分,复合模式结合具体符合情况赋值
	与其他站点的距离	结合所有站点离最近站点的情况,确定阈值,并就站点之间的距离给予赋值

方案 B 将微观游客体验纳入考虑，需要较为详细的实地调研数据支撑。

表 2　北京旅游咨询站点评价体系方案 B

角度	维度	指标	含义	指标说明
宏观	服务幅度	服务人群	服务站服务的游客种类	对国际、外地游客占比较高的赋予较大的权重,需结合具体数据确定阈值
		来访人群	实际线下访问人数	线下接待人数是站点存续根本,需结合具体数据,确定同等级站点线下访问人数分级赋值标准,同一等级下差距很大的赋值范围为1~5分
		服务需求	总访问人数	结合具体总访问人数基于赋值,按规划文本A1、A2、A3、B1、B2定级确定阈值,在同等级下赋值范围为1~5分
	站点属性	站点类型	市中心模式、交通港站模式、景区模式、郊区模式、复合模式	结合站点类型予以赋值,市中心模式为5分,交通港站模式、景区模式结合具体站点级别确定赋值范围,郊区模式为3分,复合模式结合具体符合情况赋值
		站点区位	核心区、副中心、中心城区、其他	核心区、副中心、中心城区、其他分别赋值5分、4分、3分、2分

角度	维度	指标	含义	指标说明
微观	公共服务	基础服务	结合站点等级统一设置	结合规划标准对每个站点进行打分,按1~5分赋值
		个性服务	结合当地访问人群特征设置	结合游客体验对每个站点进行打分,按1~5分赋值
		便利程度	微观区位选址	结合游客体验对每个站点进行打分,按1~5分赋值
	支撑条件	办公驻地	办公驻地面积	结合规划标准对每个站点进行打分,按1~5分赋值
		人员编制	工作人员数量、构成	结合规划标准对每个站点进行打分,按1~5分赋值
		运营状况	政府经营或企业私营,具体评价	结合规划标准对每个站点进行打分,按1~5分赋值

五　政策建议

基于前述对北京市咨询站点的现状和趋势分析,未来北京市的旅游咨询站点设置应考虑以下几个方面。

(一)站点功能多样化和特色化

旅游咨询站点在日益追求高品质、精细化服务的时代,不应局限于原有旅游咨询服务的功能,应引入多样化功能,并充分结合自身区位和受众,提供特色化的服务。基本功能如旅游咨询、票务预定、旅游纪念册和纪念品展销、旅游宣传片展播、爱心救援、自助服务等,特色功能如办公区附近提供印刷服务等。

(二)把握宏观趋势合理布局与建设

移动互联网冲击下旅游咨询站点的设置必然不能延续此前"大水漫灌式"布局,必然要结合其供需关系对咨询站点的建、并、撤进行综合评价，实现从线下站点为主到线上线下相结合的转变，并探索"互联网＋旅游咨询站点"的途径。此外，作为首都的旅游咨询站点，更要结合城市发展方向进行重点布局与建设，如重点考虑重大城市事件的需求与影响，特别是即将到来的冬奥会，基于文化中心的城市定位将文化展示的需求融入旅游咨询站点的建设。

（三）结合站点属性设置功能

区分枢纽站、首末站及中心站的不同功能定位，枢纽站中城市综合客运枢纽应设旅游咨询站点，城市公共交通枢纽宜设咨询站点，站点面积大，功能丰富，主推旅游咨询服务，凸显旅游传播形象；首末站中大型居住区与其他功能区附近宜设，中型居住区与其他功能区附近可设，面积适中，提供旅游咨询服务同时突出个性化服务；在旅游线上，特别是高速公路服务区、公路服务区等宜设咨询站点，其他公交汽运中心站可设，面积较大，提供旅游咨询服务的同时提供志愿服务、个性化服务。

（四）创新用地形式和运营模式

旅游咨询站点的功能多样化程度往往受限于其用地类型，因此可探索创新多功能混合用地形式。在站点运营模式上，探索企业主导的运营模式，实现旅游咨询服务站点市场化运作。此外，在适宜地区探索"商店＋咨询"模式，引入多元主体参与提供旅游咨询服务，打造"小而美"旅游咨询点，完善旅游咨询站点体系。

参考文献

刘冬磊、王子朴：《北京市"四个中心"建设和"一带一路"国际体育交流与合作的融合发展研究》，《首都体育学院学报》2020 年第 6 期。

马娜、刘士林：《北京建设全国文化中心的历史还原与理论思考》，《甘肃社会科学》2019 年第 6 期。

刘雁琪：《减量发展框架下的北京文化旅游优势产业发展路径研究》，《时代经贸》2020 年第 4 期。

郑杨：《城市旅游休闲服务网络的建设——美国旅游咨询服务的考察与思索》，《旅游学刊》1998 年第 2 期。

黄瑾、德村志成：《中外旅游咨询中心比较分析——兼论我国旅游咨询中心的发展策略》，《西南民族大学学报》（人文社科版）2008 年第 11 期。

城市生态篇

基于 CiteSpace 的城镇化
与生态文明研究知识图谱分析

穆松林*

摘　要：党的十八大以来，对于城镇化与生态文明关系的研究进入了深入期。为了进一步探讨城镇化与生态文明建设的研究现状，提高研究的质量和成效，本报告以中国知网数据来源为基础，根据收录的论文，借助 CiteSpace 软件对 2001 年以来城镇化与生态文明进行可视化的知识图谱分析，了解研究现状、热点和趋势，以期为研究的深入提供有益借鉴和参考。研究结果表明，关于城镇化与生态文明关系研究的发文量呈波浪式上升态势，论文成果丰硕、研究层次广泛、研究领域繁多；核心作者和研究机构的集群效应程度低，联系不紧密；定性与定量研究逐渐结合，尤其是 2012 年后定量研究逐年增多，且研究方法多样化、表达方式多元化。研究认为，北京乃至京津冀城市群城镇化与生态文明关系的理论与实践研究、定性与定量相结合的研究、多学科的协同研究、多源数据的实证研究等均是值得关注的重点领域。

关键词：城镇化　生态文明　CiteSpace　知识图谱

---

* 穆松林，博士，北京市社会科学院城市问题研究所副所长，副研究员。

自党的十八大以来，把生态文明建设放在突出地位，进一步凸显其在社会主义现代化建设总体布局中的地位和作用，并融入经济、政治、文化和社会建设全过程。同时，党的十八大将推进新型城镇化作为调整经济结构的战略重点之一。因此，要将推进新型城镇化与生态文明建设结合起来，促进两大战略协同推进。通过生态文明建设，优化空间格局、调整产业结构、转变消费方式，促进城镇化健康发展；通过推进城镇化，把生态文明理念和原则融入全过程，走集约、智能、绿色、低碳的新型城镇化道路。为了深入分析城镇化与生态文明建设的研究现状，提高研究的质量和成效，本报告以中国知网数据来源为基础，借助 CiteSpace 软件对城镇化与生态文明建设研究成果进行分析，科学了解研究现状、热点和趋势，以期为未来深入研究提供有益借鉴和参考。

一 分析方法和数据来源

（一）分析方法

CiteSpace 是美籍华人教授陈超美开发的一款将知识（信息）进行可视化（即知识图谱化）的分析软件。它以定量的文献为基础，可以将相关主题研究的核心作者、高频关键词、被引文献等信息进行数据处理，以知识图谱的形式，客观、形象地展现相关研究的演进逻辑、当前热点以及未来发展趋势。近年来，经济、地理等学科研究人员利用它，对京津冀协同发展、区域旅游、生态安全、景观等方面开展了研究。

（二）数据来源

本报告在中国知网以高级检索的方式，以篇名为"城镇化"并含

"生态文明"作为检索条件，时间限定在 2001～2021 年。检索时间截至 2021 年 7 月 6 日，共得到 356 条文献数据，经过校对核验，剔除非学术性书评、征稿启事、党政文件、新闻稿件及非主题相关性文献等，共得到有效数据 291 条。随后将数据转化为 CiteSpace 可适用的格式，将时间切片设置为 2 年，参数选取一年中被引次数最高的前 30 篇文献，使用寻径功能进行剪切。

二 城镇化与生态文明研究的知识图谱分析

（一）城镇化与生态文明研究的整体性

根据中国知网的数据统计，按年度发文量梳理，可得到图 1。由此看出，2001～2021 年，关于城镇化与生态文明研究涉及方方面面，尤其是经济学、地理学、生态学、政治学、法学、社会学等人文社科领域关注的学术焦点和学术热点，因此研究成果较多，也相对成熟稳定。2014 年党的十八届四中全会提出加快建立生态文明法律制度，将研究推向了一个新的高潮，研究论文数量急剧增加。

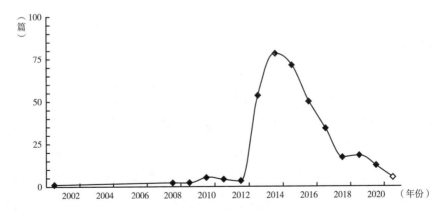

图 1 文献数量变化情况

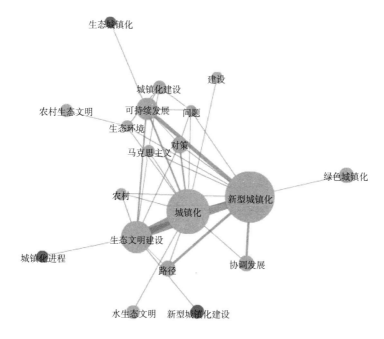

图 2　关键词共现网络

（二）核心作者分析

　　节点代表作者，节点越大，说明作者的发文量越多，在相关领域的学术影响力越大。由图 3 可知，节点与节点之间的直线代表作者之间存在合作关系，直线越粗说明作者之间的合作频次越多，合作关系越紧密。图中共有 96 个节点，49 条连线，网络密度 0.00107，表明核心作者较为分散，作者之间的合作关系并不密切，部分学者只进行了单次合作。发文量在 2 篇以上的作者排名情况如表 1 所示。作者发文量的排名顺序也基本上与图 3 中节点的大小程度相吻合。其中，发文量较多的有同济大学的吴志强、中国社会科学院的潘家华、中国城市规划设计研究院李晓江等高校和科研机构知名学者。

表 1 主要研究者发文数量

Visible	Count	Centtal...	Year	Authors
√	5	0.00	2001	INVALID
√	3	0.00	2001	沈洋
√	3	0.00	2001	朱培伟
√	3	0.00	2001	金酿
√	3	0.00	2001	江国成
√	2	0.00	2021	张宗耀
√	2	0.00	2021	王文慧
√	2	0.00	2021	林英华
√	2	0.00	2021	卢凤娇
√	2	0.00	2021	林玉文
√	2	0.00	2020	韩庚君
√	2	0.00	2019	方宁
√	2	0.00	2017	朝立红
√	2	0.00	2017	李凤梅
√	2	0.00	2017	钟梓玮
√	2	0.00	2016	刘舜
√	2	0.00	2016	钱易
√	2	0.00	2016	吴吟平
√	2	0.00	2016	张银华
√	2	0.00	2016	方兰
√	2	0.00	2016	穆兰
√	2	0.00	2015	吴志强
√	2	0.00	2015	黄娟
√	2	0.00	2015	代丽佳
√	2	0.00	2015	刘婷
√	2	0.00	2015	马百兵
√	2	0.00	2014	邵光学
√	2	0.00	2014	潘家华
√	2	0.00	2014	李晓江
√	2	0.00	2014	徐辉
√	2	0.00	2013	杨伟民
√	2	0.00	2013	康爱荣
√	2	0.00	2013	陈军
√	2	0.00	2013	彭江峰
√	2	0.00	2013	甘霖
√	2	0.00	2013	张百霞

图3　核心作者共现图

（三）研究机构分析

图4展现的是研究机构的共现图。总体来看，对于该主题的研究机构可分为两大类，一类是国家级及地方智库型研究机构，如中国城市规划设计研究院、中国社会科学院、中国工程院和地方社科院及党校等。其中，中国城市规划设计研究院在该领域有着较为突出的影响力。另一类是高校研究机构，如中国地质大学、西南大学、中国石油大学、同济大学等。其中，高校中资源环境类和城市规划类的学院发文较多。经过分析上述研究机构或高校并没有形成较为明显的学术合作网络。

图4　研究机构共现图

三　研究热点主题与演进阶段的可视化分析

（一）关键词频度分析

经过对关键词的分析，可得出 213 个节点、372 条连线的关键词共现图（见图 5），之后按照频次高低进行梳理可得出排名前 20 的关键词（见表 2）。由此可知，"生态文明"频次最高，共出现 186 次，中介中心性为 0.58；其次是新型城镇，共出现 145 次，中介中心性为 0.68。通过对关键词分析可见，城镇化与生态文明始终是研究的热点主题，并且能够大致分析主要研究内容。在整体上，学界着重从党的十八大以来，以习近平同志为核心的党中央关于城镇化与生态文明建设的战略部署，对二者之间的关系展开研究。通过生态文明建设调整产业结构、转变消费方式，促进城镇化健康发展；通过推进城镇化把生态文明理念和原则融入全过程，走集约、智能、绿色、低碳的新型城镇化道路。

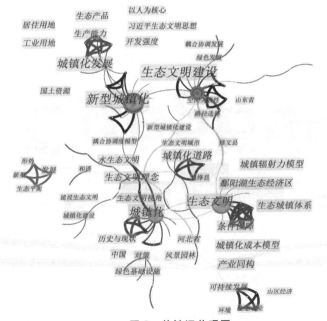

图 5　关键词共现图

（二）关键词突变性和演进阶段分析

所谓关键词突变性分析，是指在关键词的分析中以一定时间为阶段节点，对某一话题中的关键词出现情况进行统计，继而可分析该时间段内关键词的突变特性。经过 CiteSpace 软件分析，根据关键词突变情况、研究热点发生的变化，本报告总结了 22 个突现词。关键词时区图谱能够清楚地展现关键词之间的共现关系和不同时间段内关键词的演变轨迹，进而分析关键词演进特征，以期对研究方向和发展趋势做出梳理和预测。运用 CiteSpace 软件生成关键词时区知识图谱（见图 6）。

表 2　高频关键词的中心性和频次情况

Count	Centrality	Year	Keywords
186	0.58	2010	生态文明
145	0.68	2001	新型城镇化
91	0.69	2010	城镇化
61	0.93	2008	生态文明建设
18	0.15	2001	可持续发展
16	0.20	2001	水生态文明
12	0.86	2011	城镇化建设
10	0.52	2013	生态文明理念
10	0.11	2013	城镇化发展
10	0.04	2001	耦合协调度模型
10	0.25	2014	新型城镇化建设
9	0.00	2001	格兰杰因果检验
8	0.04	2008	绿色城镇化
8	0.06	2014	对策
8	0.01	2013	路径
8	0.09	2015	协调发展
5	0.11	2009	城镇化道路
4	0.07	2015	农村生态文明
4	0.11	2015	城镇化进程
4	0.06	2013	特色城镇化
4	0.00	2015	协调度

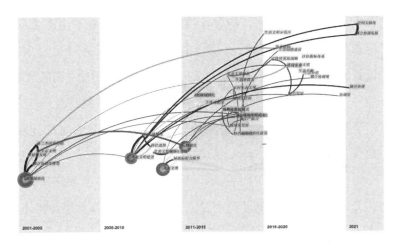

图 6　关键词时区图谱分析

由图 6 可见，将 2001 年以来城镇化与生态文明研究热点演变大体分为以下几个阶段。

（1）第一阶段：2001～2011 年。在这段时期，学术界主要从新型城镇化、绿色城镇化、生态城镇化和低碳城镇化等方面开展研究。2007年党的十七大首次将"生态文明"写入党代会报告，标志着作为世界第一大执政党的中国共产党，形成了马克思主义人与自然观、社会主义人与自然观的原创表达、中国话语和东方智慧，形成了当代中国用什么来有机统一、科学统筹人与自然关系这一历史和时代命题的理论回答。诸多学者开始深入思考城镇化进程中的生态文明建设问题，着手进行了有益探索。

（2）第二阶段：2012～2021 年。这段时期学界更加深入地对城镇化与生态文明的关系进行了探讨。城镇化如何在生态环境承载力范围内实现合理、有效、优质发展，生态环境如何更好地为城镇化发展提供良好空间和基础载体，成为区域可持续发展的关键问题。从定性研究到定量研究的趋势更加明显，其中空间关联性、耦合关联度等定量研究尤为突出。

党的十八大以来，以习近平同志为核心的党中央，谱就了中国特色社会主义生态文明新时代崭新的时代篇章，形成了习近平生态文明思想。习近平生态文明思想以中国特色社会主义进入新时代为时代总依据，紧扣新时代我国社会主要矛盾变化，把生态文明建设纳入中国特色社会主义"五位一体"总体布局和"四个全面"战略布局，坚持生态文明建设是关系中华民族永续发展的千年大计、根本大计的历史地位；以创新、协调、绿色、开放、共享的新发展理念为引领，将绿色发展、生态经济、产业生态化、生态产业化等内化为生态文明建设，并融入经济建设、政治建设、文化建设和社会建设，全方位、全过程、立体化建设生态文明。

（三）研究趋势和热点推测

突现关键词的强度反映了论文研究的热点及发展趋势。通过对突现关键词和关键词时区图谱的分析，发现研究趋势和热点主要集中在以下几个方面。

Top 4 Keywords with the Strongest Citation Bursts

Keywords	Year	Strength	Begin	End	2001~2021
格兰杰因果检验	2001	3.45	2001	2012	
耦合协调度模型	2001	3.37	2001	2012	
城镇化发展	2001	3.91	2013	2014	
生态文明理念	2001	3.21	2013	2014	

图 7　突现关键词分析

（1）生态文明理念指引下的新型城镇化研究。"十四五"时期是我国全面建成小康社会、实现第一个百年奋斗目标之后，乘势而上开启全面建设社会主义现代化国家新征程、向第二个百年奋斗目标进军的第一个五年。城镇化要以生态文明理念为引领，大力实施城市生态修复和功能完善工程，坚持以资源环境承载能力为刚性约束条件，以建设美好人居环境为目标，合理确定城市规模、人口密度，优化城市布局，建立连续完整的生态基础设施标准和政策体系，完善城市生态系统，加强绿色生态网络建设，把构建优美城市生态空间、提升城市生态功能、改善人居环境作为生态文明建设的重要内容。因此，如何统筹与探索"城市三生空间"的理论和实践、优化城市空间格局、建设符合"双碳"理念城市的理论和实践等将会成为研究的趋势和热点。

（2）以城镇化助力生态文明建设研究。新型城镇化是建设生态文明的重要动力，新型城镇化与生态文明建设相辅相成，新型城镇化初始阶段可能会对生态环境造成一定的破坏，但随着新型城镇化的进一步深化，对生态文明建设会有积极的促进作用。在新型城镇化的道路上，必然要发挥新型城镇化对生态文明建设的协同和促进作用。由此，未来以新型城镇化促进生态文明建设的理论与实践也会成为研究的趋势。

（3）城镇化与生态文明建设关系的定性研究。根据分析，开展城镇化与生态环境交互耦合效应的研究，已经成为国际上未来 10 年城市科学、可持续性科学等相关研究的热点与前沿领域。并且二者关系研究内容从单一的耦合协调关系转向多样化发展，如胁迫约束关系、协同关系、脱钩关系和关联耦合关系等。总的来看，未来我国对于城镇化与生态文明关系的定性与定量研究成为新的趋势。随着我国城镇化水平不断提高，城镇化与生态文明的协同耦合关系在未来的一段时间内仍是学界研究的重点主题。

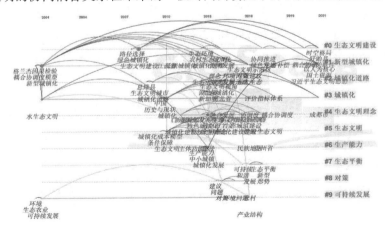

图 8　国内城镇化与生态环境关系研究 Timeline 视图

四 研究结论和讨论

本报告以中国知网为来源数据库，采用 CiteSpace 和 Excel 软件对作者、机构、关键词等方面进行分析，研究并发现国内城镇化与生态文明关系研究的内容、特点、时间脉络及发展趋势。可以得出以下结论。

第一，城镇化与生态文明关系始终是学者关注的重要课题。从发文数量上看，2001~2009 年，国内城镇化与生态文明关系研究发文量均在 10 篇以下。2012 年后，城镇化与生态文明关系越来越受到学界的关注，研究也更为深入。总体来看，近 20 年来国内城镇化与生态文明关系研究发文量始终呈波浪式上升态势，学术论文成果丰硕（核心期刊每年的发文量保持在较高水平）、研究视角广泛（宏观与微观、历史与现实、定性与定量、理论与实践等）、研究领域繁多（经济学、生态学、社会学、管理学、地理学等多学科交叉研究）。

第二，学术研究集群效应并不显著。核心作者群并未形成，核心作者之间及所属研究机构之间联系并不紧密，无论是智库性质的科研院所还是高校都没有形成相互协作的研究集群。

第三，定性与定量研究逐渐结合。学术研究成果前期以理论政策的解释性研究较多，学理性研究和实践应用性研究较少。但近年来，尤其是 2012 年后针对二者关系的定量研究逐年增多，研究方法多样、表达方式多元。

第四，根据上述研究结论，北京作为超大城市，是京津冀城市群的核心，新型城镇化与生态文明的关系尤为值得关注，北京乃至京津冀城市群城镇化与生态文明关系的理论与实践研究、定性与定量相结合的研究、多学科的协同研究、多源数据的实证研究等均是热点与重点领域。

参考文献

孙威、毛凌潇：《基于 CiteSpace 方法的京津冀协同发展研究演化》，《地理学报》2018 年第 12 期。

张新平、张芳芳、王得祥：《2010～2016 年国内外景观研究文献计量与可视化分析》，《西南师范大学学报》（自然科学版）2018 年第 7 期。

许芷浩、岳宗强：《新时代党的领导研究的现状、热点与展望——基于 CiteSpace 知识图谱分析》，《理论建设》2021 年第 3 期。

张洪、方文杰、丁娟、陶柳延：《国内旅游购物研究基本特征、主题脉络与发展进程——综合运用 CiteSpace 和 VOSviewer 的知识图谱分析》，《合肥工业大学学报》（社会科学版）2021 年第 2 期。

北京市生态涵养区生态文明建设评价研究

杨　波[*]

摘　要： 生态文明建设是北京市生态涵养区发展的重要方面。生态文明评价体系涵盖生态空间优化、生态经济发展、生态环境优良和生态人居舒适四个方面。经测算，北京市生态涵养区总体水平略低于全市平均水平，四项一级指标中仅生态环境优良指数优于全市平均水平。生态涵养区各区指数均存在年度变化，门头沟区生态文明建设综合指数最高。提升生态涵养区生态文明建设水平应着力于统筹协调各类设施建设，提高经济发展水平，防控突发自然灾害风险，鼓励低碳产业、多功能农业和生态旅游业发展。

关键词： 生态文明　评价体系　生态涵养区

党的十八大以来明确将生态文明建设同经济建设、政治建设、文化建设、社会建设纳入中国特色社会主义事业"五位一体"的总布局，生态文明建设被作为其他四项建设赖以承载的基础。在高质量发展成为区域发展理念的新时代，生态文明建设的重要作用日益凸显。

北京作为国家首都和大都市圈核心城市，在生态文明建设方面的引

---

* 杨波，博士，北京市社会科学院城市所助理研究员。

领作用毋庸置疑。从行政区范围看北京市辖区内不仅有城市发展区，更有大片的生态涵养区（根据《北京市生态涵养区生态保护和绿色发展条例》，包括门头沟区、平谷区、怀柔区、密云区、延庆区，以及房山区、昌平区的山区），这类地区的可持续发展是践行习近平总书记"两山"理论的重要方面，也是实现大都市圈可持续发展和乡村振兴的重要方面。

近年来，随着生态文明理念深入人心，对生态文明建设评价的研究逐渐成为学界热点，学者们应用不同的方法在全国、省市等多个尺度开展了研究。学者们应用不同的方法构建评价模型，并对全国分省生态文明建设水平进行了评价。[①] 在对特定省份的生态文明建设评价中，赵先贵等[②]应用引入足迹理念对新疆进行了评价；顾勇炜和施生旭[③]应用 PSR 模型对江苏省进行了评价研究；王文军等[④]从经济建设生态化、社会发展生态化、资源环境利用效率化、文化和制度生态化四个维度构建指标体系；谷缙等[⑤]基于投影寻踪模型和障碍度模型对构建的山东省 17 地市生态文明建设指标体系进行水平测度；苟廷佳和陆威文[⑥]运用组合赋权 TOPSIS 模型对青海生态文明建设水平进行综合评

---

① 宓泽锋、曾刚、尚勇敏等：《中国省域生态文明建设评价方法及空间格局演变》，《经济地理》2016 年第 4 期；柴琪宸、郭亚军、宫诚举等：《中国省域生态文明建设协调发展程度的综合评价》，《中国管理科学》2017 年第 7 期；周宏春、宋智慧、刘云飞等：《生态文明建设评价指标体系评析、比较与改进》，《生态经济》2019 年第 8 期。

② 赵先贵、马彩虹、赵晶等：《足迹家族的改进及其在新疆生态文明建设评价中的应用》，《地理研究》2016 年第 12 期。

③ 顾勇炜、施生旭：《基于 PSR 模型的江苏省生态文明建设评价研究》，《中南林业科技大学学报》（社会科学版）2017 年第 1 期。

④ 王文军、王文秀、吴大磊等：《四维生态文明建设评价指标体系构建与案例研究》，《城市与环境研究》2017 年第 2 期。

⑤ 谷缙、任建兰、于庆等：《山东省生态文明建设评价及影响因素——基于投影寻踪和障碍度模型》，《华东经济管理》2018 年第 8 期。

⑥ 苟廷佳、陆威文：《基于组合赋权 TOPSIS 模型的生态文明建设评价——以青海省为例》，《统计与决策》2020 年第 24 期。

价。城市生态文明建设评价研究主要在于评价指标构建①和特定城市的评价②等方面。

已有研究为本研究的开展提供了理念和方法的借鉴，尤其是对于生态涵养区如何全面评价更是本研究的重点。区域生态文明建设评价是区域可持续发展和区域协同演进的基础，通过对生态文明建设水平的总体把握，有助于强化区域生态文明建设，对区域发展具有重要的现实意义。本研究拟通过评估生态涵养地区生态文明建设水平，提出符合生态文明建设的可持续发展对策，进而丰富"两山"理论的实践内涵。

一 生态文明建设评价方法

生态文明建设评价指标体系构建涵养自然生态、经济发展、居民生活、空间结构等多个方面。作为一个复杂的评价体系，其指标包括多个方面，在评价指标的选取上应遵循全面性、易获取、层次性、科学性等原则。

基于上述原则，区域生态文明建设水平评价应按照以下步骤完成：一是选取指标，建立指标体系；二是通过统计数据整理获取客观评价数据；三是将评价结果对照校正，按比率加权计算各类指标评价数值；四是根据评价数值进行分析。

---

① 邹萌萌、杜小龙、张静静等：《城市生态文明建设评价指标体系构建》，《环境保护科学》2017年第5期；李艳芳、曲建武：《城市生态文明建设评价指标体系设计与实证》，《统计与决策》2018年第5期。

② 张欢、成金华、冯银等：《特大型城市生态文明建设评价指标体系及应用——以武汉市为例》，《生态学报》2015年第2期；胡彪、王锋、李健毅等：《基于非期望产出SBM的城市生态文明建设效率评价实证研究——以天津市为例》，《干旱区资源与环境》2015年第4期；孙剑锋、秦伟山、孙海燕等：《中国沿海城市海洋生态文明建设评价体系与水平测度》，《经济地理》2018年第8期。

（一）生态文明建设评价指标体系

区域生态文明建设涉及方面较广，根据上述原则，共在 4 个维度上对其进行评价，包括：生态空间优化、生态经济发展、生态环境优良和生态人居舒适。每个维度下分别选取了 4 个二级指标，具体指标体系如表 1 所示。

表 1　区域生态文明建设评价指标体系

一级指标	二级指标
生态空间优化	常住人口密度
	森林覆盖率
	城镇化率
	地质灾害防治投资占地方一般公共预算支出比重
生态经济发展	人均生产总值
	第三产业产值占总产值比重
	节能环保支出占一般预算支出比重
	单位 GDP 能耗（一）
生态环境优良	空气质量（一）
	化学需氧量排放量（一）
	垃圾无害化处理率
	污水处理率
生态人居舒适	人均日生活用水量
	每万人医疗机构床位数
	建成区绿化覆盖率
	每万人在校人数

（二）指标权重设定

1. 主观权重设定

结合层次分析法与德尔菲法对指标重要性进行评价。目标层为区域生态文明建设评价；准则层 B 为指标类别，即生态空间优化、生态经济发展、生态环境优良和生态人居舒适；准则层 C 为"常住人口密度""森林覆盖率"等 2 级指标。

德尔菲法即专家评分法，共选定6位本领域专家对"生态文明建设指标重要性打分表"中的各指标进行打分，用AHP法得出权重值。

综合分析6位专家评分得出各级指标权重。

2. 客观权重设定

应用熵权法确定客观权重。熵权法是一种在综合考虑各因素提供信息量的基础上计算一个综合指标的数学方法。

运用熵权法按照4类一级指标分别计算各一级指标下二级指标权重；按照权重计算一级指标数值后，以4类一级指标数值为变量计算4类一级指标权重。

综合主观权重与客观权重，各级指标均取两者均值，即首先通过2013~2017年历年区域生态文明建设评价指标的客观权重值计算得到五年平均权重值；然后由上述客观平均权重值和主观权重值计算得到标准权重值如表2所示。

表2 区域生态文明建设评价指标的标准权重值

目标	一级指标	一级指标权重	二级指标	二级指标权重
区域生态文明建设评价	生态空间优化	0.329	常住人口密度	0.4310
			森林覆盖率	0.1610
			城镇化率	0.1835
			地质灾害防治投资占地方一般公共预算支出比重	0.2245
	生态经济发展	0.219	人均生产总值	0.3740
			第三产业产值占总产值比重	0.2580
			节能环保支出占一般预算支出比重	0.1620
			单位GDP能耗（—）	0.2060
	生态环境优良	0.250	空气质量（—）	0.5040
			化学需氧量排放量（—）	0.1160
			垃圾无害化处理率	0.1980
			污水处理率	0.1820
	生态人居舒适	0.202	人均日生活用水量	0.2265
			每万人医疗机构床位数	0.3385
			建成区绿化覆盖率	0.2350
			每万人在校人数	0.2000

（三）数据来源与处理

1. 数据来源

为准确评价区域生态文明建设水平，通过整理国家统计局官方网站、《北京区域统计年鉴》《城市建设统计年鉴》等统计资料，获取相关指标数据。

各二级指标来源与测算分项说明如下：

常住人口密度：由常住人口数与区县面积计算得出，数值单位为"人/平方公里"。

森林覆盖率：数值单位为"％"。

城镇化率：数值单位为"％"。

地质灾害防治投资占地方一般公共预算支出比重：由地质灾害防治投资与地方一般公共预算支出额计算得到，数值单位为"％"。

人均生产总值：由地区生产总值与常住人口数计算得到，数值单位为"元/人"。

第三产业产值占总产值比重：由第三产业产值与地区生产总值计算得到，数值单位为"％"。

节能环保支出占一般预算支出比重：由节能环保支出额与地方一般公共预算支出额计算得到，数值单位为"％"。

单位 GDP 能耗：表示为万元 GDP 能耗，数值单位为"吨标准煤/万元"。

空气质量：由大气中 SO_2、NO_2、PM_{10}、$PM_{2.5}$ 四类指标含量取均值得到，数值单位为"微克/立方米"。

化学需氧量排放量：数值单位为"吨"。

垃圾无害化处理率：数值单位为"％"。

污水处理率：数值单位为"％"。

人均日生活用水量：数值单位为"升"。

每万人医疗机构床位数：由卫生机构床位数除以常住人口总数计算得到，单位为"张"。

建成区绿化覆盖率：数值单位为"％"。

每万人在校人数：由小学生在校数、中学生在校数之和除以常住人口总数计算得到，单位为"人"。

2. 数据标准化处理

为方便数值计算和分析比较，需要对数据进行标准化处理。

其中，常用的方法是离差标准化方法，即 Min-Max 标准化或 0～1 标准化方法，是对原始数据的线性变换，使结果落到［0，1］，转换函数如下：

$$x^* = (x - \text{Min})/(\text{Max} - \text{Min})$$

其中，Max 为样本数据的最大值，Min 为样本数据的最小值。

如果想要将数据映射到［－1，1］，则将公式换成：

$$x^* = (x - x_{\text{meam}})/(\text{Max} - \text{Min})$$

其中，x_{mean} 表示数据的均值。

当前考查的 16 个二级指标中 13 项为正向指标、3 项为负向指标。数值均为正数，故对正向指标直接采用前一转换函数，负向指标采用 $x^* = (\text{Max} - x) / (\text{Max} - \text{Min})$ 这一转换函数。

二　北京市生态涵养区生态文明建设水平评价

根据上述公式和历年数据，测算得到北京市各区 16 项二级指标数值；根据标准权重值计算得到各区生态文明建设水平指数值。

由历年分区数据汇总后测算均值，得到北京生态涵养区和全市生态文明一级指数和生态文明建设水平指数。

总体上看，北京生态涵养区和全市生态文明建设水平综合指数和 4

项一级指标在 2013～2017 年呈逐年上升趋势。其中,生态涵养区综合指数从 2013 年的 0.432 逐年提高至 2017 年的 0.519,提高了 20.1%,全市综合指数从 2013 年的 0.473 逐年提高至 2017 年的 0.534,提高了 12.90%。对比可以看到,生态涵养区综合指数低于全市平均水平,但增长率相对较高。

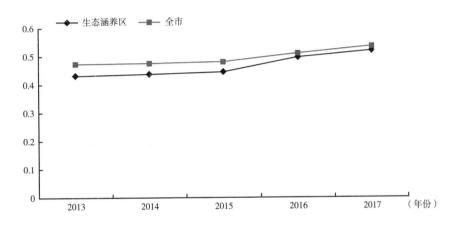

图 1 2013～2017 年北京市生态文明建设水平综合指数变化

与生态文明建设水平综合指数总体上升趋势一致,生态文明建设中 4 个一级指标数值均有所增长(见图 2)。

其中,北京生态涵养区和全市生态空间优化平均指数呈先减小后增加的变化趋势,从年度数值上看,生态涵养区生态空间优化平均指数从 2013 年的 0.225 提高至 2017 年的 0.314,提高了 39.6%;全市平均指数从 2013 年的 0.287 提高至 2017 年的 0.316,提高了 10.1%。

生态经济发展指数逐年递增,生态涵养区平均指数从 2013 年的 0.311 提高至 2017 年的 0.391,提高了 25.7%;全市平均指数从 2013 年的 0.406 提高至 2017 年的 0.475,增长了 17.0%。

生态环境优良指数同样呈缓慢递增态势,生态涵养区平均指数从 2013 年的 0.811 提高至 2017 年的 0.956,提高了 17.9%;全市平均指

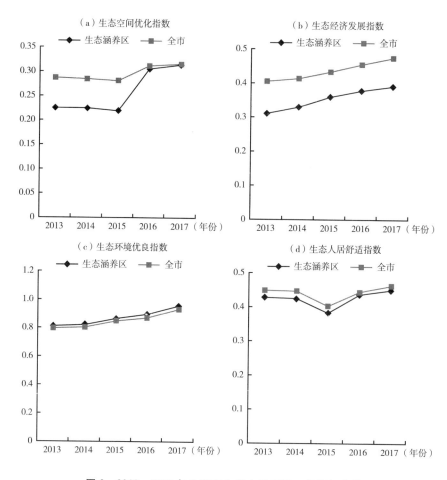

图2　2013～2017年北京市生态文明建设一级指标变化

数从2013年的0.797提高至2017年的0.932，提高16.9%。

生态人居舒适指数波动较大，数值先减小后增大，总体上略有提高，生态涵养区平均指数从2013年的0.428提高至2017年的0.450，提高了5.1%；全市平均指数从2013年的0.449提高至2017年的0.463，增幅为3.1%。

通过对比生态涵养区平均指数与全市平均指数可以发现，生态涵养区的生态环境优良指数值略高于全市平均水平，生态空间优化指数、生态经济发展指数和生态人居舒适指数等其他3项指数则略低于全市平均水平。

三 分区尺度指数评价

（一）生态空间优化水平评价

2013 年，北京市生态涵养区各区生态空间优化指标数值处于 0.186 ~ 0.262，其中，门头沟区指数值（0.262）最高，其次为昌平区（0.249）和怀柔区（0.235），均高于生态涵养区指标平均值；平谷区生态空间优化指数最低。

2014 年，生态空间优化指数处于 0.187 ~ 0.267，7 个区的数值排序无变化，但昌平区、怀柔区、房山区和密云区指数值相较 2013 年略有下降。

2015 年，生态空间优化指数处于 0.182 ~ 0.255，7 个区的数值排序无变化，但各区指数值相较 2014 年均有所下降。

2016 年，生态空间优化指数处于 0.267 ~ 0.339，各区数值相比于上一年度均有所提高。门头沟区和平谷区仍然分别为数值最高区和最低区；怀柔区指数增长至 0.337，仅次于门头沟区，位居第 2；房山区仅高于平谷区，为 0.277。

2017 年，生态空间优化指数处于 0.275 ~ 0.355，各区数值比 2016 年略有增长，各区数值排序与上一年度相同。

（二）生态经济发展水平评价

2013 年，北京市生态涵养区各区生态经济发展指标数值处于 0.224 ~ 0.353，其中，延庆区最高，昌平区（0.339）次之，门头沟区（0.336）再次之；房山区最低，平谷区（0.297）、怀柔区（0.303）略高，3 区指数均低于生态涵养区平均指数。

2014 年，生态经济发展指标数值处于 0.231 ~ 0.375，各区数值均有所提高。其中，昌平区指数超过延庆区，成为各区中最高；房山区、平谷区和怀柔区仍为指数相对较低的 3 个区。

2015 年，生态经济发展指标数值处于 0.296 ~ 0.403，各区数值相比于 2014 年均有所提高，且排序与上一年度无变化。

2016 年，生态经济发展指标数值处于 0.355 ~ 0.393，与上一年度相比，数值和排序均有所变化。其中，密云区指数值达到各区中最高，其次为延庆区（0.392），怀柔区指数最低，且与上一年度相比略有下降，房山区指数以 0.365 优于怀柔区。

2017 年，生态经济发展指标数值处于 0.352 ~ 0.442，除房山区和怀柔区外，各区指数较上一年度均有所提高。其中，昌平区指数最高，密云区（0.418）次之，平谷区（0.401）再次之；房山区（0.352）和怀柔区（0.353）指数相对较低。

（三）生态环境优良水平评价

2013 年，北京市生态涵养区各区生态环境优良指数处于 0.732 ~ 0.862，其中延庆区最高，其次为密云区（0.843）、平谷区（0.829）和怀柔区（0.827）；房山区最低，门头沟区（0.776）和昌平区（0.810）略高，三区指数均低于生态涵养区平均指数。

2014 年，各区生态环境优良指数处于 0.754 ~ 0.885，除平谷区略有下降（从 0.829 下降至 0.822）外，各区指数相较 2013 年均有所提高。

2015 年，各区生态环境优良指数处于 0.802 ~ 0.902，各区指数均有所提高。其中延庆区、密云区（0.884）、怀柔区（0.884）仍为指数较高区，房山区和门头沟区（0.860）指数相对较低。

2016 年，各区生态环境优良指数处于 0.837 ~ 0.921，各区指数相较 2015 年均有所提高。其中密云区超过延庆区（0.917），成为指数最高区；房山区仍为最低区。

2017 年，各区生态环境优良指数处于 0.935 ~ 0.968，各区指数在上一年度基础上有所提高。其中，怀柔区指数最高，其次为延庆区（0.963）和密云区（0.963）；房山区相对较低，但也较上一年度增长了 11.7%。

从总体空间格局上看，与其他 3 项指数相比，生态环境优良指数分布集聚性显著，北部各区生态环境优良指数相对较高。

（四）生态人居舒适水平评价

2013 年，北京市生态涵养区各区生态人居舒适指标数值处于 0.391 ~ 0.481，其中，门头沟区指数最高，其次为房山区（0.456）和昌平区（0.450）；指数值最低的 4 个区依次是延庆区、密云区（0.397）、怀柔区（0.407）和平谷区（0.414），均低于生态涵养区平均水平。

2014 年，各区生态人居舒适指标数值处于 0.385 ~ 0.476，各区中仅昌平区（0.454）和密云区（0.398）相比 2013 年数值有所增长；指数排序与上一年度大致相同，仅昌平区指数超过房山区（0.452）成为生态涵养区中指数次高区。

2015 年，各区生态人居舒适指标数值处于 0.344 ~ 0.442，与 2014 年相比，各区指数值均有所下降，且指数排序与 2013 年相同。

2016 年，各区生态人居舒适指标数值处于 0.414 ~ 0.483，各区指数值相比上一年度均有所增长，但昌平区（0.427）增长较缓，在生态涵养区中位居第 5；7 区中仅门头沟区和房山区（0.450）指数超过平均值。

2017 年，各区生态人居舒适指标数值处于 0.427 ~ 0.497，在上一年度基础上，各区指数继续增长；门头沟区和房山区依然保持在前 2 位，且指数值高于平均值。此外，与 2013 年度相比，除昌平区指数略有下降外（下降了 1.5%），其余各区指数均有所增长，其中密云区增幅最大（提高了 10.1%）。

与生态环境优良指数类似，北京生态涵养区生态人居舒适指数也具有一定的空间集聚特征；总体上看，临近中心城区的区（门头沟区和房山区）指数较高，北部山区各区指数较低，一定程度上反映了城市基础设施空间分布对人居舒适水平的影响。

（五）生态文明建设水平综合评价

2013 年，北京市生态涵养区各区生态文明建设水平指数处于0.397 ~ 0.451。其中门头沟区最高，其次为昌平区（0.450）和延庆区（0.439）；房山区和平谷区（0.417）相对较低，两区均低于生态涵养区平均指数。

2014 年，各区生态文明建设水平指数处于0.402 ~ 0.460，除平谷区指数略有下降（下降0.1%）外，其他各区指数较上一年度均有所增长，且各区指数排序与2013 年一致。

2015 年，各区生态文明建设水平指数处于0.420 ~ 0.466，各区指数在上一年度基础上继续提高，且各区指数排序未发生变化。

2016 年，各区生态文明建设水平指数处于0.471 ~ 0.514，各区指数较上一年度继续提高，但指数排序有所调整。其中怀柔区（0.504）和密云区（0.501）排在门头沟区之后，分别列第2 位和第3 位，昌平区（0.500）和延庆区（0.496）排序有所下降，但上述五区指数均高于生态涵养区平均指数。

2017 年，各区生态文明建设水平指数处于0.500 ~ 0.537，各区指数继续提高。房山区、平谷区（0.508）和延庆区（0.514）为指数相对较低区，均低于生态涵养区平均指数；门头沟区、昌平区（0.532）和怀柔区（0.522）居指数前3 位。

四 生态文明建设水平提升对策

在当前经济社会发展新阶段，生态文明建设的重要作用毋庸置疑。

城市可持续发展需要从资源、环境、经济、社会等多方面统筹考虑，在生态文明建设水平提升策略上应当遵循因地制宜、扬长避短的原则，避免策略上的"一刀切"现象造成经济—社会—生态的不均衡发展。

基于对北京市生态涵养区生态文明建设水平的多层次多尺度多时序综合评价，可以看到，北京市生态涵养区生态文明建设已取得一定的成效，但仍有部分不足有待完善。

（1）生态涵养区生态环境优良水平优于全市平均水平，在减量发展和高质量发展的背景下，这一指数提升空间有限。总体发展策略上，应着重在保持现有生态环境水平下，在经济发展和民生方面加大投入力度。

（2）近年来，生态空间优化水平显著提升，主要原因在于中心城区部分人口和产业向生态涵养区扩散，在当前碳达峰和碳中和背景下，应当对产业发展方向有所调控，鼓励引进低碳产业。此外，随着人口和产业集聚，生态涵养区面临突发自然灾害风险，应提前予以防控。

（3）生态经济发展指数保持持续增长，但生态涵养区经济发展水平显著低于北京市平均水平。应加速转变发展理念，整合优化生态涵养区特色农业资源、旅游资源，发展多功能农业和生态旅游业，进而提高就业和收入水平，缩小城乡差距。

（4）生态人居指数年际波动较大，表明各类基础设施和服务设施建设水平提升的同时，由人口总量变化导致人均水平波动。针对这一情况，应继续统筹协调各类设施建设，保障人居舒适水平稳步提升。

参考文献

谢高地、张彩霞、张昌顺等:《中国生态系统服务的价值》，《资源科学》2015 年第 9 期。

宓泽锋、曾刚、尚勇敏等：《中国省域生态文明建设评价方法及空间格局演变》，《经济地理》2016年第4期。

柴琪宸、郭亚军、宫诚举等：《中国省域生态文明建设协调发展程度的综合评价》，《中国管理科学》2017年第7期。

周宏春、宋智慧、刘云飞等：《生态文明建设评价指标体系评析、比较与改进》，《生态经济》2019年第8期。

赵先贵、马彩虹、赵晶等：《足迹家族的改进及其在新疆生态文明建设评价中的应用》，《地理研究》2016年第12期。

顾勇炜、施生旭：《基于PSR模型的江苏省生态文明建设评价研究》，《中南林业科技大学学报（社会科学版）》2017年第1期。

王文军、王文秀、吴大磊等：《四维生态文明建设评价指标体系构建与案例研究》，《城市与环境研究》2017年第2期。

谷缙、任建兰、于庆等：《山东省生态文明建设评价及影响因素——基于投影寻踪和障碍度模型》，《华东经济管理》2018年第8期。

苟廷佳、陆威文：《基于组合赋权TOPSIS模型的生态文明建设评价——以青海省为例》，《统计与决策》2020年第24期。

"双碳"背景下北京生态产品价值
实现与绿色低碳发展研究

资武成　陆小成　王晓晓[*]

摘　要： 生态产品的价值实现彰显"绿水青山就是金山银山"的发展理念，将丰富的生态价值有效地转化为经济价值，成为实现碳达峰、碳中和目标的重要支撑。在"双碳"背景下，立足新发展阶段，贯彻新发展理念，构建新发展格局，北京应加快构建生态产品价值实现机制，按贡献测算碳汇价值，明确碳排放权等生态产权，构建生态空间资源数据库，畅通多元化生态补偿渠道，建立绿色金融激励机制，构建绿色考核机制，创新绿色低碳发展机制。

关键词： 生态产品价值　绿色低碳发展　北京

党的十九大报告明确提出，既要创造更多的物质财富和精神财富，也要提供更多优质生态产品以满足人民日益增长的优美生态环境的需要。党的十九大提出了加快生态文明体制改革、推进绿色低碳发展、建设美丽中国的战略部署。习近平总书记在十三届全国人大四次会议内蒙

* 资武成，博士，湖南师范大学商学院副教授；陆小成，博士，北京市社会科学院城市所研究员；王晓晓，澳门科技大学人文艺术学院副教授，博士生导师。

古代表团审议会场上强调，生态本身就是价值。习近平总书记的重要论述深刻阐释了生态产品价值的丰富内涵。如何将丰富的生态优势转化为发展优势？如何将生态资源转化为生态资产？如何将生态价值体现为经济价值？如何以生态产品价值实现为动力推动绿色低碳发展？这些都是值得深入研究和实践的重要课题。

2018 年，习近平总书记在深入推动长江经济带发展座谈会上强调，要探索政府主导、企业和社会各界参与、市场化运作、可持续的生态产品价值实现路径。[①] 2021 年 2 月，中央全面深化改革委员会第十八次会议通过了《关于建立健全生态产品价值实现机制的意见》，指出建立生态产品价值实现机制，探索政府主导、企业和社会各界参与、市场化运作、可持续的生态产品价值实现路径，推进生态产业化和产业生态化。对于北京而言，森林资源丰富，2019 年森林面积为 791972.0 公顷，森林覆盖率达到 44.0%，森林蓄积量为 1850.0 万立方米，生态产品的内在价值开发潜力大。为应对气候变化，我国提出"二氧化碳排放力争于 2030 年前达到峰值，努力争取 2060 年前实现碳中和"等庄严的目标承诺。在 2021 年的政府工作报告中，"做好碳达峰、碳中和工作"被列为 2021 年重点任务之一。北京明确提出要率先实现碳达峰、碳中和目标。立足新发展阶段，贯彻新发展理念，实现"双碳"目标，践行"两山"理论，需要加快北京生态产品价值实现研究，构建可行的生态产品价值转化机制，加快构建北京绿色低碳的高质量发展新格局。

一　生态产品价值：实现"双碳"目标的重要支撑

（一）生态产品

随着经济社会的快速发展以及能源消耗、环境污染等生态问题凸

---

① 李宏伟：《实现生态产品价值，市场化路径有哪些》，《光明日报》2020 年 8 月 22 日。

显，社会公众对生态产品的需求与期待日益增强。物质产品、精神产品和生态产品是维系现代人类生存、宜居生活和永续发展的重要产品。其中，生态产品区别于传统物质产品和精神产品，主要是维持生命支持系统、保障生态调节功能、提供环境舒适性的自然要素，包括空气、水源、森林、气候等。[①] 学术界对生态产品的界定有狭义和广义之分。狭义上的生态产品是指维系生态安全、保障生态调节功能、提供良好人居环境的自然要素。广义上的生态产品包括通过清洁生产、循环利用、降耗减排等途径生产的生态农产品、生态工业品等生态标签产品。[②] 潘家华认为，生态产品不同于常规经济活动所交易和核算的物质产品、文化产品，而是维持生命支持系统、保障生态调节功能、提供环境舒适性的自然要素。[③] 方兰、陆航认为，生态产品是维系生态安全、提供良好人居环境的自然要素，是美好生活的需要。[④] 郭兆晖、徐晓婧认为，生态产品是生态系统为了维系生态安全、保障生态调节功能、提供良好人居环境而提供的产品。[⑤] 生态产品超越传统产品概念，更加强调产品的生态性功能，体现其丰富的自然要素属性以及经济活动对生态影响的最小化和环境友好型的产品特征。生态产品概念体现了生态环境本身的经济价值以及一定生态投入所形成的经济效益、社会效益与生态效益的总和，区别于传统以资源能源高强度消耗、破坏生态环境为代价的粗放经济发展模式，强调在保护环境、改善生态、减少污染的基础上实现一定的经济价值。

---

① 曾贤刚：《生态产品价值实现机制》，《环境与可持续发展》2020 年第 6 期。

② 张林波、虞慧怡、郝超志、王昊、罗仁娟：《生态产品概念再定义及其内涵辨析》，《环境科学研究》2021 年第 3 期。

③ 潘家华：《生态产品的属性及其价值溯源》，《环境与可持续发展》2020 年第 6 期。

④ 方兰、陆航：《建立生态产品价值实现机制》，《中国社会科学报》2021 年 3 月 12 日。

⑤ 郭兆晖、徐晓婧：《怎样实现生态产品价值增值》，《学习时报》2021 年 3 月 3 日。

（二）生态产品的价值属性

生态产品的价值属性根据不同的维度有不同的界定。如根据产品的公共性或私有性，可将其划分为三类：第一类是具有排他性的私人生态产品，如私人企业或个人生产的生态农产品、工业品和提供的服务等，该类产品的产权清晰，具有完全排他性。第二类是具有非排他性的公共生态产品，如非私人所有的森林、湿地、河流等，该类产品具有非竞争性、产权不清晰，或产权归国家所有，大多数人可以享受到生态福祉。第三类是准公共生态产品，该类产品涉及多个利益主体。生态产品还可以根据价值涉及的领域，基于二分法分为经济价值和服务价值两种属性，经济价值体现的是生态产品给人类社会带来可以感官的实物性产品价值和经济利益。服务价值主要体现的是生态服务所带来的精神价值，如生态价值、社会价值、伦理价值、文化价值等。其中一种价值的实现可能会影响另一种价值的实现。在计量上，生态产品的经济价值可以用货币进行计量，而服务价值特别是生态价值、伦理价值、文化价值等难以计算并用货币的形式表现出来。

（三）生态产品价值的实现过程

生态产品首先作为产品或者商品，也是作用于生态环境所体现使用价值与价值的统一体。生态产品价值不仅仅可以满足人们某些方面的经济需求，更重要的是强调在保护和改善生态环境、减小对生态环境破坏的基础上，更好地集约利用资源能源，在不降低生态承载力的同时获得一定的经济收益。在传统发展阶段，特别是工业化初期、中期发展阶段也是城市化快速发展阶段，以资源能源消耗、生态环境破坏为代价换取经济的快速增长。比如，钢铁、建材、化工、能源等传统行业快速发展，导致资源能源的高强度开采和消耗、废弃物的大量排放、生态环境的严重污染。从国际经验来看，进入工业化后期发展阶段，经济发展到高级阶段，人均收入的增加引发对生态环境的重视，技术升级和产业转型提高能效，减少污染物排放，推动生态环境质量得到改善。

我国进入新发展阶段，顺应工业化中后期阶段的发展要求，实现碳达峰、碳中和目标，必须树立"绿水青山就是金山银山"的发展理念，更加注重生态文明建设和绿色低碳发展。生态产品价值实现在新时代的内涵就是依靠政府或者市场的力量，推动生态产品的生态服务价值和社会文化价值的正外部性内部化，实现"绿水青山"向"金山银山"转化。[①] 生态产品价值的实现过程，也是将生态产品所蕴含的内在价值转化为经济效益、社会效益和生态效益的过程。[②] 充分发掘良好生态中蕴含的经济价值，推动生态与经济双赢，实现人与自然和谐共生。[③] 生态产品的价值实现彰显"绿水青山就是金山银山"的发展理念，一方面，发挥生态产品的自身碳汇功能，如森林吸碳能力提升一定程度上实现了减碳降碳固碳，助推碳达峰、碳中和目标的实现。另一方面，更多强调将丰富的生态价值有效地转化为经济价值，发展绿色产业和低碳新能源，实现真正意义上的节能减排，破解传统经济增长与环境污染的困境，实现绿色低碳的高质量发展，成为实现碳达峰、碳中和目标的重要支撑。

二 北京生态产品价值实现的主要困境

首都北京位于"京津冀北部水源涵养重要区"和"太行山区水源涵养和土壤保持重要区"两个重要生态功能区，生态空间面积约 1.3 万平方公里，占市域总面积的 4/5。北京以林地、农田和水空间为主，其中林地面积占全市生态空间面积的 3/4、农田将近 1/5、水域和其他生

---

① 金铂皓、冯建美、黄锐、马贤磊：《生态产品价值实现：内涵、路径和现实困境》，《中国国土资源经济》2021 年第 3 期。

② 郭兆晖、徐晓婧：《怎样实现生态产品价值增值》，《学习时报》2021 年 3 月 3 日。

③ 林智钦：《发掘良好生态的经济价值》，《人民日报》2021 年 3 月 26 日。

态空间将近 7% 。① 北京市 2020 年统计年鉴数据显示，如表 1 所示，2018 年北京市耕地面积为 212840.60 公顷，园地面积为 132531.10 公顷，林地面积为 746634.08 公顷，草地面积为 84323.67 公顷。

表 1 2009～2018 年北京市主要土地利用状况

单位：公顷

年份	耕地面积	园地面积	林地面积	草地面积	水域及水利设施用地面积
2009	227170.43	141617.22	743696.19	84843.14	80235.85
2010	223779.38	139298.50	742018.50	85827.05	79774.99
2011	221956.16	138072.99	740730.87	85651.69	79380.05
2012	220856.16	137117.72	739633.48	85491.29	79088.32
2013	221157.28	135573.37	738036.45	85348.82	78739.52
2014	219948.76	135103.71	737542.89	85139.49	78378.65
2015	219326.49	134857.89	737078.88	85066.77	78304.28
2016	216345.43	133453.18	739705.54	84721.53	77968.73
2017	213730.65	132799.79	744473.56	84479.43	76373.77
2018	212840.60	132531.10	746634.08	84323.67	76291.41

资料来源：http：//nj.tjj.beijing.gov.cn/nj/main/2020-tjnj/zk/indexce.htm。

多年来，北京坚持"绿水青山就是金山银山"的发展理念，推进习近平生态文明思想京华大地形成生动实践，推进大气环境联防联控，打赢蓝天、碧水、净土保卫战，以留白增绿城市生态空间，加大生态修复力度，首都生态环境得到有效改善，生态服务功能得到增强，首都绿色低碳发展取得一定成效。但在生态产品价值实现价值过程中遇到不少瓶颈，还存在许多的难点和痛点，需要研究解决。主要表现在以下几个方面。

（一）生态产品难以定价，未能体现生态环境的外溢性价值

从理论上看，生态产品很重要，其生态价值是一个地区或城市经济

---

① 北京市规划和自然资源委员会：《以生态安全格局为基底，构建国土空间开发保护新格局》，https://baijiahao.baidu.com，2021 年 1 月 25 日。

社会发展中不可或缺的重要组成部分，但如何界定生态产品的价格？如何科学定价？有什么样的标准？目前还没有统一的市场定价机制，生态产品进入市场进行交易还存在不少的障碍。部分生态产品如绿色家电、有机蔬菜、环保材料等在市场上相对于同类产品有一定的价格差异，但往往价格高，在质量上也难以区分层次，有的消费者对生态产品因价格高而选择放弃。生态产品定价标准不一致、可比性差，缺乏科学性的估值和标准化的定价，从生态资源到生态资产的转化变现缺少科学依据，生态产品价格未能充分体现生态环境的外部性与外溢性价值，这直接导致实现生态产品价值转化比较困难。

（二）生态价值核算缺乏有效手段，碳汇价值难以计量

与生态产品定价相对应，对其生态价值核算与估值缺乏有效手段和交易机制。北京拥有相对丰富的森林等生态产品资源，但一定时期内生态产品到底吸收了多少碳？减排多少碳？如何对生态产品的生态价值特别是碳汇价值进行科学核算，缺乏有效的核算机制以及市场化转化机制。比如，森林养护者对生态产品生产及其维护到底产生多大的价值和贡献？这些价值和贡献如何进行科学核算？以及如何通过市场化交易机制对这种生态价值贡献进行回报，缺乏科学的核算机制。目前，更多的是通过主观性的价值判断，通过政府财政转移、社会公益性捐赠、企业社会责任等相对粗放方式进行价值回报，难以建立科学、持续、有效的价值核算手段。以碳核算为例，我国已初步形成碳排放核算方法，但仍存在工作机制不完善、方法体系相对落后、能源消费及部分化石能源碳排放因子统计基础偏差大等问题[1]。对于企业而言，企业生产所带来的碳排放核算未能有效推进，碳排放实测技术的研发应用进展缓慢。换言

---

[1] 李继峰、郭焦锋、高世楫、顾阿伦：《国家碳排放核算工作的现状、问题及挑战》，《发展研究》2020 年第 6 期。

之，企业一定时期内到底排放了多少温室气体特别是二氧化碳？对这些排放总量如何计算与碳责任评估？这些方面缺乏科学的计量方法和实际应用。

（三）多重生态服务功能交叉，生态产品权属难以确认

在空间上，山、水、林、田、湖、草的系统的生命共同体，具有复杂的生态空间结构和多重生态服务功能，容易产生交叉、重叠，如林地与农地、林地与河湖水系存在冲突，对其生态功能及其生态产品价值的合法权属难以清晰界定。在管理上，因空间上难以界分，导致生态产品边界不清，如自然资源的管理在横向上分别由规划自然资源、水利、农业、林业等部门分头管理，纵向上将管理权按市、区、街（乡镇）分级行使，条块分割与各自为战，缺少统筹协调，实际规划管理中将生态产品进行割裂开来，未能统筹考虑生态系统中气候调节、水土保持、水源涵养、生物多样性保护等多种生态服务功能，对生态产品空间的认定、范围和精准性等缺乏统一的管理细则。有的企业与所在区、乡镇、村集体等签订生态投资合同，但因权属不够清晰，导致企业难以获得稳定、持续的利益回报，有的是村民利益难以得到保障，产生合约纠纷，制约生态产品生产及其价值转化与实现。由于体制、机制或技术等多方面因素制约，生态资源及其权属难以区分，多头管理形成资源浪费，一些资源的所有权、使用权、经营权等缺乏合理界定，生态产品权益交易难以持续进行，制约了生态产品价值实现。

（四）生态补偿机制不够完善，绿色金融手段参与不足

2021年9月15日，国家出台《关于深化生态保护补偿制度改革的意见》，这对于进一步完善生态补偿制度并推进生态产品价值实现、推进绿色低碳发展提供了重要的制度保障，我国生态补偿也取得明显成效。截至2019年，我国生态保护补偿财政资金投入近2000亿元，15个

省份参与开展了 10 个跨省流域生态补偿试点，森林生态效益补偿实现国家级生态公益林全覆盖。但与此同时，从国家层面看，生态补偿机制还存在不少的难点问题，比如生态补偿缺乏标准，补偿方式单一，社会资本参与生态补偿、推进绿色低碳发展的作用发挥不够，积极性没有充分调动起来，市场化机制、绿色金融手段等参与不足。

对于北京而言，各级政府高度重视生态产品生产与绿色北京建设，但对生态产品的市场化交易还未形成长效机制，产权主体不明确，权责利不对等，在生态产品交易的种类、价格、方式方法、买方市场的形成等方面还有较长的路要走，市场化交易以及生态产业发展还需要加快。因生态产品自身的公共性、外部性及非排他性等特征存在，前期投资大，风险高，收益预期不够明显，需要一定的利益补偿才能弥补部分成本或损失，作为追求利益最大化的企业而言缺乏投资的内在激励。但政府自身财政不足以及生态补偿的长期性，完全依靠政府力量，也难以保障生态产品的持续生产与功能优化。因此构建多元化的生态补偿机制是非常必要的。生态保护、生态修复的标准和成本不断提高，对生态补偿的理由、标准、方式、程序等问题尚未厘清，如"为什么补""补给谁""补多少""怎么补""补多久"等问题缺乏明确而科学的制度规定，对于实际承担重要生态保护任务的区域或部门、主体及其具体贡献价值没有统一的生态补偿评估机制和补偿标准。现有的更多是基于主观或相对模糊的转移支付补偿，补偿方式单一、补偿标准低，绿色交易、绿色信贷、绿色基金等金融手段参与生态产品价值实现没有发挥应有的杠杆作用，未来市场空间和开发潜力巨大。

三 "双碳"背景下北京生态产品价值实现与绿色低碳发展路径

2021 年 2 月 19 日，中央全面深化改革委员会第十八次会议通过了

《关于建立健全生态产品价值实现机制的意见》，明确指出建立健全生态产品价值实现机制，是贯彻落实习近平生态文明思想的重要举措，是践行绿水青山就是金山银山理念的关键路径，是从源头上推动生态环境领域国家治理体系和治理能力现代化的必然要求。建立生态产品价值实现机制，探索政府主导、企业和社会各界参与、市场化运作、可持续的生态产品价值实现路径，推进生态产业化和产业生态化。同时，还提出建立生态产品调查监测、价值评价、经营开发、保护补偿、价值实现保障、价值实现推进等六大机制。以上文件精神为北京践行"两山"理论、加快生态产品价值实现、推进生态文明建设、推进绿色低碳发展提供重要的遵循和制度保障。结合北京生态产品价值实现与绿色低碳发展中存在的具体问题，需要进一步完善相关制度机制和创新发展路径。

在新的征程中，践行"绿水青山就是金山银山"的发展理念，坚持生态优先与绿色发展，大力推进生态文明建设，实现碳达峰、碳中和目标，应更加重视生态产品价值实现，将丰富的生态资源优势转化为发展优势，实现绿色低碳的高质量发展。北京拥有丰富的绿色生态资源，生态产品生产与生态产业化发展迅速，绿色低碳发展的新格局不断彰显。立足新发展阶段，构建新发展格局，加快构建生态产品价值实现机制，推动北京绿色低碳高质量发展是值得深入研究的重要课题。

（一）按贡献测算碳汇价值，完善生态价值核算机制

以前人们对生态、生态产品、生态价值等认识不够，特别是对生态产品的生态调节与生态服务价值认识不充分，对生态产品的内在生态价值核算缺乏科学方法和有效机制，导致生态产品价值难以实现和转化。建立和完善生态价值核算机制，为全面、准确、客观理解和核算生态产品的内在价值提供科学依据，为将生态效益纳入社会经济考评体系、生态优势转变为发展优势提供关键支撑，为将"绿水青山"转化为"金山银山"、推进绿色低碳发展提供重要抓手。

生态产品的生态价值要转化为经济价值或被社会认可，必须建立一套有效的价值核算体系，加快构建生态产品价值核算机制，市场上便于操作，明确生态产品生产及其转化过程中的权责利，特别是要核算生态产品其中人的劳动投入到底值多少？谁投入？投入多少？碳减排或者碳汇量有多少，应该给予清晰核算。加快生态产品的生态价值核算，采取现行比较成熟的碳排放或碳汇核算方法学，采用更加可行的、市场统一、标准清晰的核算方法。比如，对于森林碳汇而言，可以计算一定区域内植树造林及其养护成本以及一定时期森林碳汇量，然后核算出该区域森林生态产品的内在价值。

对生态产品的生态价值特别是碳汇价值进行科学核算，明确森林养护者对生态产品生产及其维护到底产生多大的价值和贡献，并将该贡献按照一定的比例折合成碳汇量进入碳交易平台，同时对碳排放的企业或部门进行科学核算一定时期内的碳排放量，特别是超过配额的碳排放量应该采取市场化交易手段进行核算，而不仅仅是通过行政惩罚手段。应发挥市场机制的资源配置作用，强化市场化交易对生态价值核算的认可，完善碳核算工作机制和方法体系，生态产品的碳价值核算可以进入市场进行交易。除了计算碳汇量所带来的碳价值，还可以计算该类产品的其他经济价值，如生态旅游、林木经济等价值，其他文化旅游、服务、商品等价值可以通过市场购买进行交易。根据科学的生态产品价值核算体系，进一步编制区域生态资源资产负债表，测算某时点一个地区的自然资源资产"家底"，盘点生态产品清单，为生态产品价值实现提供基础支撑。

（二）明确碳排放权等生态产权，构建生态空间资源数据库

2019 年 4 月，中共中央办公厅、国务院办公厅出台《关于统筹推进自然资源资产产权制度改革的指导意见》，明确指出自然资源资产产权制度是加强生态保护、促进生态文明建设的重要基础性制度。改革开

放以来，我国自然资源资产产权制度逐步建立，在促进自然资源节约集约利用和有效保护方面发挥了积极作用，但也存在自然资源资产底数不清、所有者不到位、权责不明晰、权益不落实、监管保护制度不健全等问题。要以完善自然资源资产产权体系为重点，以落实产权主体为关键，以调查监测和确权登记为基础，着力促进自然资源集约开发利用和生态保护修复，加强监督管理，注重改革创新，加快构建系统完备、科学规范、运行高效的中国特色自然资源资产产权制度体系。

明确生态产品产权是完善自然资源资产产权体系的重要内容。生态产品价值实现的前提是要确认产权，产权清晰才能进行正常的市场交易，实现"绿树青山"向"金山银山"的转化。首都北京率先建立统一的生态产品市场定价机制，实现标准化的定价，明确责权利关系。一是基于空间和管理的复杂性以及职能交叉、多头管理问题，应进一步完善林长制、河长制等生态治理体制机制，强化条块上的沟通协调与职能整合。二是在生态空间规划中，结合经济、文化、生态、社会等因素，强化对林地、生物多样性、耕地等多种生态要素的价值评价与产品定价，统筹考虑生态系统中气候调节、水土保持、水源涵养、生物多样性保护等多种生态服务功能，对生态产品涉及的碳排放权、林权、排污权、水权、用能权等产权进行清晰界定。以碳排放权为例，应该建立科学的碳排放权确认机制，对企业的碳排放总量、碳排放配额及企业投入碳汇、减碳所带来的权益等进行清晰界定，对从事森林植树造林、森林养护等带来的碳汇量权益进行科学界定，为生态产品的碳交易提供基础数据支撑和重要条件。三是摸清北京市所有生态资源底数，在生态产品定价的基础上对各类生态要素现状、空间用途、生态质量、分布情况等进行摸底和确权，建立综合型、全覆盖、精准化、动态监管的首都生态空间资源数据库。构建基于大数据的北京自然资源信息化支撑平台，采用新一代信息技术，利用整合集成基础测绘成果、遥感影像和各类自然资源调查数据，建立北京自然资源资产数据库，实现北京市全市范围内自然资源全要素的信息化、系统化、可视化管理，不断满足新发展阶段生态产品价值实现的高层次发展需求。

（三）吸引社会资本畅通生态补偿渠道，建立绿色金融激励机制

对于北京而言，政府部门更加重视生态产品的内在价值，进一步完善市场化交易机制。一是明确产权主体。构建多元化的生态补偿机制，制定生态保护、生态修复的标准，完善生态补偿的理由、方式、程序等，系统解决"为什么补""补给谁""补多少""怎么补""补多久"等问题，对于实际承担重要生态保护任务的区域或部门、主体及其具体贡献者建立科学的生态补偿评估机制。二是围绕生态产品交易，完善北京自然资源资产产权制度和有偿使用等制度体系，加快构建规则完善、信息对称、公平竞争的生态产品市场交易中心，搭建生态产品供给者与需求者之间的对接平台与服务桥梁，推进排污权、碳排放权等市场化交易，畅通生态产品市场交易渠道。三是引导绿色交易、绿色信贷、绿色基金、绿色保险等金融手段参与生态产品价值实现，强化财政手段和金融手段的紧密协同，在贴息、税收、担保、上市等方面通过低碳金融发展低碳产业的激励机制，畅通绿色债券、绿色基金、低碳资源产权市场等融资渠道，扩大生态产业和产品的市场发展空间，推动生态产品价值的有效转化和实现。

（四）完善生态文明政绩考核，创新绿色低碳发展机制

GDP 反映地区的经济发展水平，但片面追求 GDP 指标，就会造成严重的生态环境问题，降低人民生活质量和生态效益。要树立绿色政绩观，加快构建生态文明绿色政绩考核机制，不断增加生态产品供给。绿色政绩观不仅仅是指各级干部从事环境保护工作的思想观念，更是政治、经济、社会和生态环境保护等方面执政观念的全面更新和升级，涉

及社会经济和生态环境的协调、人与自然的和谐共生、生态安全等。①
北京践行两山理念，推进生态文明建设，应完善生态文明政绩考核机
制，增加生态产品供给，培育低碳产业体系，提高经济发展质量和生态
效益，加快推动首都绿色低碳发展。

一是以绿色 GDP 为主导构建生态文明绿色政绩考核机制。将绿色
经济、生态经济发展等指标纳入绿色政绩考核体系，将绿色政绩考核纳
入碳中和目标实现任务。继续以留白增绿不断扩大生态空间，加快传统
产业的低碳化改造，发展绿色低碳产业和低碳新能源，增加北京生态产
品供给，加快构建以生态优先、绿色发展为导向的生态文明绿色政绩考
核评价体系。完善自然资源资产负债表编制、领导干部自然资源资产离
任审计制度等，从政府职能转变、政绩考核导向上助推碳中和目标的
实现。

二是完善对口帮扶与生态补偿的协同机制，健全区际利益补偿机
制、纵向生态补偿机制等。构建污染企业与生态涵养区的定向生态补偿
机制，形成生态环境保护者受益、使用者付费、破坏者赔偿的利益导
向。根据"谁污染、谁付费"的原则，既要鼓励企业节能减排和清洁
生产，建立低碳发展型现代企业，也要鼓励企业积极发展光伏发电等，
定向参与森林碳汇行动，以精准的碳减排量和碳汇量抵扣其碳排放量，
提升对企业碳减排的主动性和政府监管的科学性与有效性，积极创新和
构建政府引导、企业行动、社会参与、市场运作、权责清晰的生态产品
价值实现路径，切实增加首都生态产品和服务供给。

三是创新绿色低碳发展机制。新发展阶段区别于传统发展模式，强
调创新、绿色、协调、开放、共享的新发展理念，是加快构建绿色低碳
体系的新发展阶段。对于北京而言，基于科技、人才、资金、信息等多
方面的资源优势，贯彻"绿水青山就是金山银山"的发展理念，加快

---

① 张智光：《面向生态文明的绿色政绩观体系重构》，《环境保护》2020 年第 21 期。

发展绿色低碳产业，特别是大力发展光伏发电、生物质能发电等，面向全国乃至全球布局绿色低碳的高科技产业链、供应链、创新链。加快绿色低碳科技创新，突破光伏发电、风力发电等关键技术瓶颈，提升绿色低碳技术竞争力，加快绿色低碳技术产业应用与转化，构建市场导向的绿色低碳技术创新体系，以创新驱动引领绿色低碳产业发展，加快构建绿色低碳的新发展格局，助推北京率先实现"双碳"目标，谱写首都绿色高质量发展新篇章。

参考文献

李宏伟：《实现生态产品价值，市场化路径有哪些》，《光明日报》2020 年 8 月 22 日。

曾贤刚：《生态产品价值实现机制》，《环境与可持续发展》2020 年第 6 期。

张林波、虞慧怡、郝超志、王昊、罗仁娟：《生态产品概念再定义及其内涵辨析》，《环境科学研究》2021 年第 3 期。

潘家华：《生态产品的属性及其价值溯源》，《环境与可持续发展》2020 年第 6 期。

郭兆晖、徐晓婧：《怎样实现生态产品价值增值》，《学习时报》2021 年 3 月 3 日。

廖茂林、潘家华、孙博文：《生态产品的内涵辨析及价值实现路径》，《经济体制改革》2021 年第 1 期。

林智钦：《发掘良好生态的经济价值》，《人民日报》2021 年 3 月 26 日。

金铂皓、冯建美、黄锐、马贤磊：《生态产品价值实现：内涵、路径和现实困境》，《中国国土资源经济》2021 年第 3 期。

李继峰、郭焦锋、高世楫、顾阿伦：《国家碳排放核算工作的现状、问题及挑战》，《发展研究》2020 年第 6 期。

基于条件价值法的京津冀生态涵养地区农户受偿意愿及影响因素研究

王瑞娟　彭文英*

摘　要：基于条件价值法开展京津冀城市群生态涵养地区生态受偿意愿评估，重点调查张家口市、承德市生态保护及区域发展情况，并选择张家口市万全区和张北镇各个乡镇进行入户调查。对上述地区进行居民访谈和问卷调查，测算出承德市以及张家口市的平均受偿意愿值为685元/人。通过托宾模型（Tobit model）进行实证分析结果显示，中青年人对于生态补偿的受偿意愿较高，学历越高者对生态补偿的受偿意愿越高，从事养殖业和经营性农业的居民对生态补偿的受偿意愿相对较高。在上述研究结果基础上，建议在生态补偿实践中综合考虑当地居民受偿意愿，提高重点生态涵养地区生态保护工作的积极性和主动性。

关键词：京津冀地区　条件价值法　受偿意愿　生态补偿

条件价值评估方法（CVM）是生态系统服务价值测算模型中的非市场价值法，属于叙述性的偏好评估模型，使用问卷的方式设置假想市

---

* 王瑞娟，博士，山西财经大学财政与公共经济学院讲师；彭文英，博士，首都经济贸易大学城市经济与公共管理学院教授。

场情景，对生态系统服务价值提供者或者生态环境破坏地区的相关利益者进行实地调查或者问卷调查，以问卷调查者的受偿意愿来测评生态环境破坏问题的经济价值。[1] 在国内外关于条件价值法的实践中，该方法主要应用于森林、湿地、流域等领域的意愿价值测评研究。[2] 本研究使用条件价值法对京津冀城市群区域进行受偿意愿的评估，并在问卷基础上对影响受偿意愿的主要因素进行分析，以了解影响生态涵养地区居民的受偿意愿以及影响受偿意愿的主要因素，为京津冀城市群区域生态补偿提供客观依据。

一　引言

京津冀协同发展纲要实施以来，相较于产业、交通的协同发展成效更为显著，生态环境改善也取得了一定成效，但京津冀城市之间的绿色利益分享机制还处于探索阶段，还没有形成常态化、规范化的横向区域生态补偿机制，加快完善生态文明机制、生态补偿机制仍是京津冀协同发展中的重要课题。京津冀城市群生态环境与区域经济发展不均衡。生态涵养功能区主要分布在西部山区，张家口、承德等地区的经济发展水平比较落后，北京市和天津市的经济发展状况较好，但人口密度大、经济体量较大、产业密集、生态效率相对较低，造成了该地区生态—经济空间分布不平衡。

京津冀城市群生态涵养地区受生态环境保护影响，发展机会受到限制，区域经济发展和生态环境保护之间的矛盾日益突出，对经济社会的发展带来极大的挑战。目前京津冀城市群生态资源配置更多的是采用无

---

[1] 秦艳红、康慕谊：《基于机会成本的农户参与生态建设的补偿标准——以吴起县农户参与退耕还林为例》，《中国人口·资源与环境》2011年第S2期。

[2] 李晓光、苗鸿、郑华、欧阳志云、消焱：《机会成本法在确定生态补偿标准中的应用——以海南中部山区为例》，《生态学报》2009年第9期。

偿调拨方式，河北的张家口、承德地区作为水源地涵养区，本身水资源紧缺，仍向京津无偿供水，一定程度上影响了自身用水的项目，而国家的相应扶持和补偿政策还不完善，形成了"欠发达地区保护环境，发达地区享受环境"的生态不公平现象，生态产品输出地和输入地之间的矛盾加剧。① 输出生态产品的生态效益输出地区缺乏生态建设和环境保护的动力，生态效益输入地区面临资源环境的约束。生态涵养地区政府因治理环境、保护水源地安全，投资较大，财政负担沉重，在不同程度上影响了当地发展工业的各种机会，也丧失了发展经济的相应机遇。② 比如张家口的污染企业数量非常多，每年关闭的数量有上百家，导致税收收入逐渐减少，也不利于促就业。

通过对京津冀城市群生态涵养地区进行实地调查和问卷调查，对张家口和承德生态环境保护和生态补偿政策的居民了解程度和满意程度进行分析，同时对该地区的生态受偿意愿进行测算，了解居民的受偿方式选择，为进一步进行京津冀城市群区域生态补偿标准的制定和补偿机制的设计提供实践经验，体现以人为本的生态补偿理念。

二 研究方法

（一）问卷设计与调查过程

参考国内外问卷设计方法和经验，③ 在条件价值法关于受偿意愿的

---

① 毛显强、钟瑜、张胜：《生态补偿的理论探讨》，《中国人口·资源与环境》2002 年第 4 期。

② 彭文英、何晓瑶：《探索跨地区生态补偿的有效机制》，《经济日报》2019 年 11 月 28 日。

③ 于庆东、李莹坤：《基于 CVM 方法的海洋生态补偿标准——以青岛为例》，《中国海洋经济》2016 年第 2 期。

原理与研究方法基础上设计调查问卷并展开实地调查。[①] 为了更深层次明确京津冀城市群中重点生态功能区居民如何看待生态补偿及环境保护，或是生态补偿的受偿意愿，课题组于 2019 年 6 月对张家口市和承德市不同地区的居民进行了线下入户问卷调查、访谈及线上问卷调查。

问卷共涉及四个部分，包含 24 个问题：第一部分调查受访者的基本情况，并给出受访者的年龄、性别、教育水平、家庭收入水平、主要从事的工作性质等个人基本信息；第二部分了解调查地区居民如何看待京津冀城市群的生态环境保护意识，如何认知生态环境保护的重要性，政府使用职能手段开展生态环境保护体现出来的重视程度及当前京津冀区域居民对于生态环境的满意程度；第三部分询问区域范围内的居民是否深入了解关于生态补偿的政策文件以及相关内容，包括对于此项内容的关注程度；第四部分主要是对区域范围内的居民调查他们的受偿意愿以及有关的问题。问卷的形式为封闭式，深入研究并讨论了相关的问题，希望能够得到更加精确的数据与信息。

此次研究的问卷调查主要通过以下两种方式：互联网问卷调查和入户调查。在入户调查环节，总共发放问卷共计 550 份，收回问卷共计 530 份，其中，有效问卷为 492 份。在互联网调查问卷中，总共有问卷 1222 份，有效问卷有 730 份。实地入户调查区域涉及张家口市万全区和张北县的 7 个镇 14 个乡，如表 1 所示。本次调研采用随机抽样方法选择调查样本，课题组分成几个小组分别在张家口市万全区和张北镇各个乡镇进行入户调查。在万全区的主要调查区域位于张家口市的市郊，主要调研万全区周边乡镇的居民受偿意愿，而张北县位于张家口市的正北偏西方向，位于河北省西北部、内蒙古高原南缘的坝上地区，植被类型以草地和森林为主，是主要的生态涵养地区，远离市中心。这两个区

---

① 王丽、陈尚、任大川、柯淑云、李京梅、王栋：《基于条件价值法评估罗源湾海洋生物多样性维持服务价值》，《地球科学进展》2010 年第 8 期。

域具有代表性和典型性。万全区为市郊农村，张北县远离市中心，均为重要的生态涵养区。

表 1　问卷调查样本区域分布情况

单位：份

市区	线上问卷	区县	乡镇	线下问卷
张家口市	251	万全区	宣平堡乡	67
			万全镇	69
			孔家庄镇	56
			张北镇	80
		张北县	小二台镇	35
			油篓沟镇	24
			公会镇	7
			两面井乡	13
			大西湾乡	11
			台路沟乡	17
			大河乡	34
			海流图乡	15
			其他乡镇	64
承德市	479	—	—	—
合计	730		492	
共计			1222	

（二）受偿意愿测算

在对城市群系统内典型生态涵养地区受偿意愿进行问卷调查的基础上，需要对接受生态补偿的受偿金额进行量化分析，测算生态涵养地区具体受偿金额。

依据样本的受偿意愿（WTA）分布频率，计算生态涵养地区居民的平均受偿意愿期望值（E_{WTA}）为：

$$E_{WTA} = \sum_{i=1}^{10} K_i P_i$$

式中，K_i 为投标额度，P_i 为某个投标额度投标人数的分布频率。将调查结果带入公式，得到生态涵养地区的受偿意愿。

本研究将受偿意愿 E_{WTA} 作为因变量分析影响生态涵养地区受偿意愿的主要因素，受偿金额在同意接受生态补偿的情况下严格为正值，在不同意接受生态补偿的情况下定义为0，故需要选择一个模型能给出受偿意愿金额的非负估计值，并且在很宽的解释变量范围内都有不错的效应，托宾模型（Tobit model）符合实现这些目标的要求。因此本研究所采用的模型设定如下：

$$y_1 = \beta_0 + X\beta + \mu$$
$$y = \text{Max}(0, y_1)$$

潜变量 y_1 满足经典线性模型假定。具体而言，它服从具有先行条件均值的正态同方差分布。以上模型意味着，当 $y_1 \geq 0$ 时，所观测到的变量 y 等于 y_1，但当 $y_1 < 0$ 时，则 $y = 0$。

其中，y_1 代表受偿意愿金额，X 包括性别、年龄、职业、文化教育程度、家庭收入来源、家庭总收入、政府重视生态环境、对生态环境满意度、生态补偿政策重要性、环保经济价值高低、生态补偿比经济金融政策的重要性。通过受偿意愿量化分析以及影响受偿意愿的影响因素分析，可以对城市群系统内生态涵养地区的居民对生态受偿意愿做出量化分析，体现以人为本的生态补偿理念。

三　结果与分析

京津冀城市群包含两个直辖市，社会经济发展及居民生活水平的区域差异显著，历史文化的区域特色也比较突出，区域生态保护及生态补偿的协商中更为关注生态保护区的受偿意愿，以生态补偿来落实生态扶贫，践行"绿水青山就是金山银山"理念。通过对京津冀重点生态功能区中的张家口市以及承德市的居民的生态补偿认知以及受偿意愿开展实地走访与调查研究，深层次的了解他们的受偿意愿，并予以实证分析。

（一）样本基本情况与描述性统计

生态涵养地区受偿意愿的测算分析是在实地调查和问卷调查基础上进行的，以调查问卷中接受现金补偿的问卷为主体，基于调查对象的受偿意愿分布频次，通过计算得出研究范围的平均受偿意愿期望值。为了能够保证调查结果的精准度，首先对于调查人员开展了综合性的培训；然后与当地的村干部合作，开展问卷调查，并且在调查的过程中与被调查人员进行详细的交流，确保调查结果真实可靠。

从样本基本情况的角度来看，被调查者的年龄范围主要在 26～50 岁，占到全体被调查人员的 3/4，其中，36～50 岁的被调查者人数最多，接近了全体被调查人员的 1/2；教育水平以初中为多数，占全体被调查人员的 1/3，其次为本科以上，占总样本量的 28.9%，主要原因是入户调查者多为当地农民，文化程度普遍较低，同时对各乡镇的事业单位及政府公职人员进行了实地问卷调查，这部分样本群体整体文化素质相对较高；小学及以下样本量最小，保证了不同层次居民的利益诉求；职业以农民、事业单位公职人员和个体经营者为主，占总样本量的 55.9%；家庭收入以工资性收入和经营性收入为主，占总样本量的 75.2%，如表 2 所示。

从生态涵养地区居民对生态环境的满意程度来看，19.23% 的居民对目前的生态环境保护不满意或不太满意，满意的占 80.77%，其中，非常满意的占 12.27%、一般满意的占 38.38%；比较满意的占 30.11%，如表 3 所示，这说明张家口和承德市的居民对目前的生态环境保护基本是满意的，生态环境现状是比较理想的。但从整个满意度来评价，一般满意水平以下的比例达到 58% 左右，如图 1 所示，还有进一步提升的空间，因此，张家口和承德的生态环境需要改进和投入的空间较大，要针对现在较为突出的生态环境问题集中予以治理和维护，实现生态环境和经济发展良性互动。

表 2　样本基本特征统计

变量	选项	频率	占比（%）	变量	选项	频率	占比（%）
性别	男	567	44.4	学历	高中（中专或中技）	226	17.6
					大专	155	12.2
	女	711	55.6		本科及以上	356	28.9
年龄	18~25 岁	121	9.5	家庭收入来源	种植业	194	15.3
	26~35 岁	356	27.9		养殖业	97	7.9
	36~50 岁	605	46.4		林业	19	1.6
	51~60 岁	157	12.1		工资性收入	756	60.0
	61 岁及以上	39	2.7		经营性收入	212	15.2
职业	农民	295	23.1	家庭总收入	5000 元以下	104	8.1
	乡村干部	36	2.9		5000 元~1 万元	105	8.4
	政府公务员	56	4.4		1 万~2 万元	175	13.8
	事业单位人员	300	23.3		2 万~3 万元	221	16.8
	个体经营者	120	9.5		3 万~5 万元	224	17.8
	私企员工	100	7.9		5 万~8 万元	187	14.6
	国企员工	92	7.5		8 万~10 万元	131	10.2
	其他	279	21.4		10 万~20 万元	106	8.4
学历	小学及以下	93	7.2		20 万元以上	25	2.0
	初中	448	34.1				

表 3　居民对生态环境保护的满意程度

居民满意度	频率	百分比（%）	有效百分比（%）	累积百分比（%）
不满意 =1	70	5.73	5.73	5.73
不太满意 =2	165	13.50	13.50	19.23
一般满意 =3	469	38.38	38.38	57.61
比较满意 =4	368	30.11	30.11	87.73
非常满意 =5	150	12.27	12.27	100.00
合计	1222	100.00	100.00	

从居民对生态补偿政策的认知层面分析，在生态补偿政策以及经济金融政策这两者谁更重要的问题上，认为两者同等重要的被调查者占比

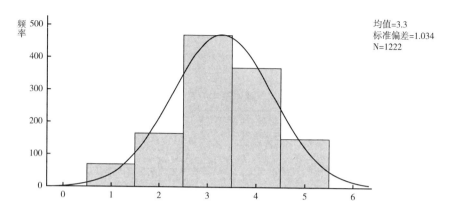

图1 居民对目前生态环境保护的满意程度

为53.52%，认为前者远比后者重要的占比为20.21%，认为前者略微
比后者重要的占比为9.82%，认为后者比前者重要的占比为16.45%
（见表4、图2）。认为政府制定生态补偿政策比较重要和非常重要的居
民占到78.89%，认为不重要和不太重要的居民占到9.98%，这说明当
地居民对于生态补偿政策的制定相对比较迫切（见表5、图3）。这在
一定程度上体现出生态涵养地区的人民群众对生态补偿的各项政策重视
程度极高，对于政府抱持着更大的期望，希望能够在保护生态环境及生
态补偿政策中弥补发展权的损失，也在一定意义上激励此区域中的居民
加入保护环境的行列。

表4 与经济金融政策相比，生态补偿政策的重要性

选项	频率	百分比（%）	均值	标准差
远比不上经济金融政策＝1	86	7.04	3.27	1.10
略次于经济金融政策＝2	115	9.41		
与经济金融政策同样重要＝3	654	53.52		
略优于经济金融政策＝4	120	9.82		
远优于经济金融政策＝5	247	20.21		
合计	1222	100		

资料来源：Wind，中关村上市公司协会整理。

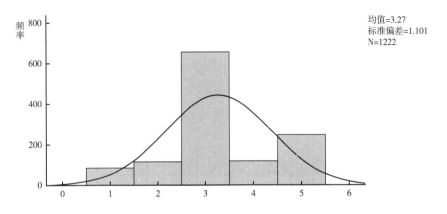

图 2 与经济金融政策相比，生态补偿政策的重要性

表 5 政府制定生态补偿政策的重要性

选项	频率	百分比（%）	均值	标准差
不重要 = 1	24	1.96	4.12	1.02
不太重要 = 2	98	8.02		
一般重要 = 3	136	11.13		
比较重要 = 4	408	33.39		
非常重要 = 5	556	45.50		
合计	1222	100.00		

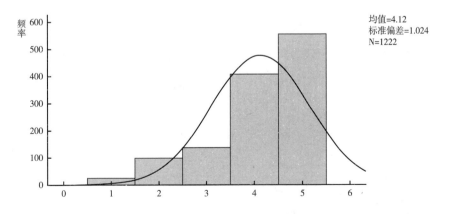

图 3 政府制定生态补偿政策的重要性

（二）受偿意愿和受偿意愿值分布

在 1222 份有效问卷中，投标额度分别为 100 元、150 元、200 元、250 元、300 元、350 元、400 元、500 元、800 元、1000 元，分别占 4.3%、6.5%、2.5%、1.9%、6.4%、2.6%、6.1%、14.6%、7.9%、47.3%（见图 4）。其中受偿意愿 1000 元的比例最高，达到 47.3%（见表 6）。根据被调查居民的受偿意愿额度频率分布数据，严格参照受偿意愿期望值计算公式，得出生态涵养地区平均受偿意愿值，最终得出承德市以及张家口市的平均受偿意愿值为 685 元/人。

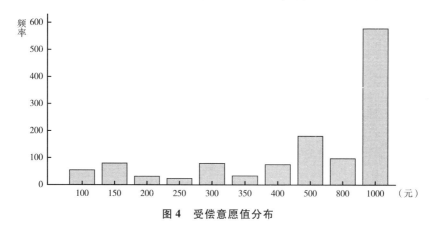

图 4 受偿意愿值分布

表 6 样本受偿意愿的频率分布

受偿意愿区间	受偿意愿（元）	频率	占比（%）
100	100	53	4.3
150	150	79	6.5
200	200	30	2.5
250	250	23	1.9
300	300	78	6.4
350	350	32	2.6
400	400	74	6.1
500	500	179	14.6
500 ~ 800	800	96	7.9
800 ~ 1000	1000	578	47.3
合计	—	1222	100
平均受偿意愿	685		

（三）基于问卷的受偿意愿影响因素分析

此项研究的样本数量为 1278 份有效问卷，筛选掉不符合统计学意义的数据，最终纳入托宾模型分析的总共有 1222 份问卷，如表 7 所示。生态补偿金额为 10 分值变量（1 = 100 元，2 = 150 元，3 = 200 元，4 = 250 元，5 = 300 元，6 = 350 元，7 = 400 元，8 = 500 元，9 = 800 元，10 = 1000 元），本研究将其看作连续变量，可看到生态补偿金额的均值为 7.402，说明样本生态补偿最低金额的均值在 400~500 元；年龄为分类变量，47% 的样本年龄在 36~50 岁；职业类型为分类变量，其中农民占 21.7%；学历为分类变量，33% 的样本为初中学历；收入主要来源为分类变量，可看到 61% 的样本主要收入来源为工资性收入；家庭年总收入为 9 分值变量（1 = 5000 元以下，2 = 5000 元~1 万元，3 = 1 万~2 万元，4 = 2 万~3 万元，5 = 3 万~5 万元，6 = 5 万~8 万元，7 = 8 万~10 万元，8 = 10 万~20 万元，9 = 20 万元以上），本研究文将其看作连续变量；根据政府对于生态环境的重视程度，将其划分为 5 分值的变量（5 = 非常重要，4 = 比较重要，3 = 一般重要，2 = 不太重要，1 = 不重要），本研究将其看作连续变量，均值为 4.228，反映出政府较为看重生态环境；根据对于生态环境的满意程度，将其划分为 5 分值变量（5 = 非常满意，4 = 比较满意，3 = 一般满意，2 = 不太满意，1 = 不满意），均值为 3.305，说明对环境满意度为中等水平；环保经济价值分为 3 分类变量，仅有 5% 的人认为环保经济价值低；生态补偿政策重要性均值为 4.12。

表 7　样本描述性统计

变量名	观测值	均值	标准差	最小值	最大值
生态补偿金额	1222	7.402	3.365	0	10
年龄					
18~25 岁	1222	0.097	0.297	0	1
26~35 岁	1222	0.291	0.455	0	1

变量名	观测值	均值	标准差	最小值	最大值
36～50 岁	1222	0.466	0.499	0	1
51～60 岁	1222	0.124	0.330	0	1
61 岁及以上	1222	0.021	0.143		
职业					
农民	1222	0.217	0.413	0	1
乡村干部	1222	0.029	0.169	0	1
公务员	1222	0.044	0.205	0	1
事业单位人员	1222	0.242	0.429	0	1
个体经营者	1222	0.092	0.289	0	1
私企员工	1222	0.079	0.270	0	1
国企员工	1222	0.077	0.266	0	1
其他	1222	0.219	0.414	0	1
学历					
小学及以下	1222	0.069	0.254	0	1
初中	1222	0.333	0.471	0	1
高中(中专或中技)	1222	0.179	0.384	0	1
大专	1222	0.127	0.333	0	1
本科及以上	1222	0.292	0.455	0	1
收入主要来源					
种植业/林业	1222	0.162	0.369	0	1
养殖业	1222	0.080	0.272	0	1
工资性收入	1222	0.613	0.487	0	1
经营性收入	1222	0.145	0.352	0	1
家庭年总收入	1222	4.687	2.062	1	9
政府重视生态环境	1222	4.228	0.961	1	5
对生态环境满意度	1222	3.305	1.200	1	5
生态补偿政策重要性	1222	4.120	1.024	1	5
环保经济价值高低					
高	1222	0.534	0.499	0	1
中	1222	0.416	0.493	0	1
低	1222	0.051	0.220	0	1
生态补偿比经济金融政策的重要性	1222	3.276	1.093	1	5

基于上述分析，此项实证分析使用 Stata16.0 实施模型操作，最终数据如表8所示。从回归结果我们可以看到，年龄对生态补偿意愿金额

表 8 生态补偿金额的 Tobit 模型实证分析结果

变量	系数	标准差
年龄(对照组:18~25 岁)		
26~35 岁	0.967 ***	(0.368)
36~50 岁	1.374 ***	(0.359)
51~60 岁	1.292 ***	(0.425)
61 岁及以上	-0.008	(0.722)
职业(对照组:农民)		
乡村干部	-1.816 ***	(0.603)
公务员	-1.689 ***	(0.553)
事业单位人员	-1.146 ***	(0.368)
个体经营者	-0.251	(0.447)
私企员工	-0.335	(0.447)
国企员工	-0.616	(0.459)
其他	-0.576 *	(0.327)
学历(对照组:小学及以下)		
初中	-0.357	(0.393)
高中(中专或中技)	0.443	(0.434)
大专	0.624	(0.485)
本科及以上	0.891 *	(0.473)
收入主要来源(对照组:种植业/林业)		
养殖业	-1.911 ***	(0.493)
工资性收入	0.216	(0.316)
经营性收入	-0.836 **	(0.408)
家庭年总收入	0.126 **	(0.051)
政府重视生态环境	0.153	(0.111)
对生态环境满意度	-0.169 **	(0.080)
生态补偿政策重要性	0.807 ***	(0.116)
环保经济价值高低		
中	-0.362 *	(0.209)
低	-1.998 ***	(0.437)
生态补偿比经济金融政策的重要性	0.023	(0.091)
常数项	2.876 ***	(0.751)
N	1160	
Pseudo R^2	0.056	

注:" * "代表在 0.1 水平显著;" ** "代表在 0.05 水平显著;" *** "代表在 0.01 水平显著。

的影响显著，与 18~25 岁相比，26~35 岁、36~50 岁、51~60 岁的生态补偿意愿金额较高，61 岁及以上影响不显著；相较于农民，其他职业类型的生态补偿意愿金额较低，这也在一定程度上表明农民是生态补偿的利益关切者。

同时，从表 8 可以看出本科及以上的个体相较于小学及以下的生态补偿意愿金额更高，随着学历的提高，补偿意愿不断提升，本科及以上高于大专，大专高于高中和初中；相较于主要收入来源为种植业或农业而言，主要收入来源为养殖业和经营性收入的生态补偿意愿金额较低；家庭年总收入同生态补偿意愿金额呈正相关，同生态环境满意度呈正相关；认为生态补偿政策重要性越高的人，生态补偿意愿金额越高；相较于认为环保经济价值高的个体，认为环保经济价值中或低的个体其生态补偿意愿金额较低。在生态补偿意愿调查中，居民普遍认为生态补偿政策比金融政策更重要，对生态补偿的重视程度更高。

综上，对样本区域进行调查问卷分析可以发现，年龄、职业、学历对生态补偿均有不同程度的影响，总体来看，中青年人对于生态补偿的受偿意愿较高，学历越高者对生态补偿的受偿意愿越高，从事养殖业和经营性农业的居民对生态补偿的受偿意愿相对较高。同时，居民对生态环境保护的重视程度相对较高，对生态补偿政策的重视程度较高，在经济发展和生态环境保护之间更加倾向于重视生态环境保护。

为了在更深层次上推动京津冀城市群的经济发展与生态环境保护更加协调，统筹实施区域之间的共同发展，在实施跨区生态环境保护的相关工作中，应当对生态保护区居民的意愿给予充分的尊重与支持，使他们能够在生态补偿中获得较为合理的补偿量，带动他们加入生态环境保护的行列，在更深层次上推动城市群的协调统一发展。

调研过程中存在农户不愿接受生态补偿及生态受偿意愿较低的农户案例，通过深入访谈反馈结果显示，农户生态受偿意愿较低甚至不愿接受生态补偿的主要原因包括：相关政策法律不健全，补偿款不到位的现象存在；政府执行效率较低，执行力度小；现行补偿标准较低，补偿资金不充足；农户担心获得补偿款后影响其他收入等。因此，需要充分尊重经济发展水平较低的生态涵养地区农户的受偿意愿，适当提高生态补偿标准，实施多样化的生态补偿方式以提高生态补偿效率。

在生态补偿标准制定过程中应坚持以人为本的区域协调发展原则，兼顾不同层面利益相关者的利益目标，实现区域协调发展。生态保护区和受益区之间的利益分配公平问题会对城市群系统的经济—生态协同发展造成影响。在进行生态补偿机制构建过程中，应为不同利益主体的沟通搭建有效平台，以政府为主导，平衡多方利益相关者的利益，提高沟通协商的效率，使补偿资金得到公平有效的利用，实现区域均衡发展。在生态补偿协商过程中，应鼓励公众参与，通过公众或者其利益代表参与协商，也可以通过相应合法的组织来代表利益相关方，参与生态补偿协商。

参考文献

秦艳红、康慕谊：《基于机会成本的农户参与生态建设的补偿标准——以吴起县农户参与退耕还林为例》，《中国人口·资源与环境》2011 年第 S2 期。

李晓光、苗鸿、郑华、欧阳志云、消焱：《机会成本法在确定生态补偿标准中的应用——以海南中部山区为例》，《生态学报》2009 年第 9 期。

毛显强、钟瑜、张胜：《生态补偿的理论探讨》，《中国人口·资源与环境》2002 年第 4 期。

彭文英、何晓瑶：《探索跨地区生态补偿的有效机制》，《经济日报》2019 年 11 月 28 日。

于庆东、李莹坤：《基于 CVM 方法的海洋生态补偿标准——以青岛为例》，《中国海洋经济》2016 年第 2 期。

王丽、陈尚、任大川、柯淑云、李京梅、王栋：《基于条件价值法评估罗源湾海洋生物多样性维持服务价值》，《地球科学进展》2010 年第 8 期。

新发展格局中北京森林
碳汇潜力与挑战研究

刘小敏*

摘　要：双碳目标是我国构建新发展格局中的重要举措，事关中华民族永续发展和构建人类命运共同体。双碳目标对北京森林资源的碳汇能力提出新的要求。本报告从北京森林碳汇核算出发，系统地估算了北京山区森林碳汇能力，结合北京近年来碳排放量特征，评估实现碳中和目标的减排路径中森林碳汇能力提升潜力及面临的挑战。北京森林资源碳汇能力仍不足以支撑其二氧化碳排放量的中和需求，在假定实现各行业碳排放总量减排80%的前提下，北京仍需以年均5%的增速提升森林碳汇能力。同时，在统计方面要加强森林资源碳汇能力核算体系的建设，在能源结构方面做好实施全面去化石能源战略准备。

关键词：碳中和　森林碳汇　碳减排　北京

生态文明建设是新时代中国特色社会主义的一个重要特征，是实现中华民族伟大复兴中国梦的重要内容。"十四五"时期，我国进入新发展阶段，开启全面建设社会主义现代化国家新征程，深入贯彻新发展理

---

* 刘小敏，博士，北京市社会科学院市情研究中心助理研究员。

念，加快构建新发展格局，推动高质量发展，创造高品质生活，对加强生态文明建设提出了新的要求。2020 年 9 月 22 日，习近平总书记在联合国大会上正式宣布中国在 2030 年前实现碳达峰、2060 年前实现碳中和"双碳目标"。[①] 双碳目标成为推进我国生态文明建设的重要战略手段，低碳发展模式成为我国经济现代化路径选择，也是"绿水青山就是金山银山"核心理念的生动实践。森林生态系统作为绿水青山的直接载体之一，其价值评估与价值实现的作用不断凸显。北京市在生态文明发展道路上走在全国的前列，但自然资源，尤其是山区的森林资源的生态服务价值核算、生态产品价值补偿仍处于探索之中，面临与其他地区同样的深层次问题，北京的功能定位以及在新发展格局中加强区域协调发展及高质量发展需求不断增强，使得进一步完善北京山区森林资源生态服务系统的价值核算与实现路径的重要性进一步凸显。因此，本研究将从北京山区森林资源价值核算出发，以北京双碳减排目标为约束，重点对北京山地森林资源的碳汇价值进行评估，结合北京的碳排放现状，客观分析北京森林资源在碳中和路径设计方面所能发挥的潜力与面临的挑战。

一 森林资源生态系统服务价值评估体系

党的十九届五中全会提出，加快构建以国内大循环为主体、国内国际双循环相互促进的新发展格局。新发展格局下，深化生态补偿制度改革，是贯彻新发展理念、推动高质量发展的必然要求，也是完善生态文明制度体系的重要举措。中央全面深化改革委员会审议通过的《关于深化生态保护补偿制度改革的意见》提出，围绕生态文明建设总体目标，加强同碳达峰、碳中和目标任务衔接，进一步推进生态保护补偿制度建设，发挥生态保护补偿的政策导向作用。

---

① http：//www. gov. cn/xinwen/2021 - 04/22/content_ 5601515. htm.

完善生态补偿制度，加快自然资源资产价值实现路径与体制机制建立，成为我国生态文明建设中的重要任务之一。党的十八大以来，生态补偿加速推进，生态补偿地位不断提升，基本覆盖重点生态功能区与流域、大气、森林、草原、海洋等重点领域，国家生态补偿格局基本建立。然而，面对自然资源生态价值实现并非易事，技术支撑力不足、财政资金力度不够、市场化和多元化生态补偿机制不健全、实施保障能力弱、科技支撑作用发挥不充分等问题，迫切需要继续深化改革，不断完善制度，探索完善我国自然资源资产特别是完善森林资源的碳汇价值核算评估以及价值实现路径，推进森林资源价值在双碳目标中发挥更重要的作用。

在很长一段时间内，我国在不同层面均存在对森林资源资产价值认识不足的问题，认为没有劳动参与的自然资源是没有价值的。这种认识上的偏差致使生态环境受到一定程度的破坏。改革开放后，我国政府对生态环境保护重视程度不断提升，保护森林等自然环境成为社会治理中的重要内容。1983 年，中国林学会便开展了森林综合效益评估研究，一些关于森林资源价值，主要是围绕实物量核算方法的研究逐步展开，如孔繁文等①、侯元兆等②、欧阳志云等③。同时，学术界也在不断探索构建既具有中国特色又与国际接轨的森林资源核算理论框架和核算方法，如方精云等④深入开展我国森林资源物量估算，并发表系列具有影响力的成果，促进我国森林资源生态服务价值的核算研究（洪尚群等⑤、李金昌⑥、

---

① 孔繁文、何乃蕙、高岚：《中国森林资源价值的初步核算》，《数量经济技术经济研究》1990 年第 11 期。
② 侯元兆、王琦：《中国森林资源核算研究》，《世界林业研究》1995 年第 3 期。
③ 欧阳志云、王效科、苗鸿：《中国陆地生态系统服务功能及其生态经济价值的初步研究》，《生态学报》1999 年第 5 期。
④ 方精云、刘国华、徐嵩龄：《我国森林植被的生物量和净生产量》，《生态学报》1996 年第 5 期。
⑤ 洪尚群、马丕京、郭慧光：《生态补偿制度的探索》，《环境科学与技术》2001 年第 5 期。
⑥ 李金昌：《要重视森林资源价值的计量和应用》，《林业资源管理》1999 年第 5 期。

侯元兆等①、李忠魁等②）。党的十八大后，生态文明建设成为我国"五位一体"总体布局的一部分，我国对于生态文明建设的重视程度达到新高度，对森林资源资产评估（张国君等③、杨景海等④）及价值实现（于丽瑶等⑤）的研究与实践不断增多。同时，我国一些地区与城市开始开展包括森林资源在内的自然资源资产价值实现的实践活动，如浙江丽水、福建厦门、贵州、深圳盐田、江西资溪等地区开展了多种形式的生态系统的价值核算、实现以及考核等方面的实践活动。这些实践活动为我国推进森林资源的价值实现以及生态文明建设积累了经验。

不过，这些研究与实践活动也暴露出在森林资源价值核算中值得深入研究的问题，比如森林生态系统的服务功能及其价值仍难以被客观、准确地计量、评估，特别是在核算与评估时存在较多的问题，如指标体系和核算方法不规范导致结果不切实际、实际价值核算困境（李忠魁等⑥）和定价困境（杨建州等⑦）、重复计算（仇琪等⑧）等。这些问题成为当前实现森林资源价值的重要障碍。随着我国双碳目标的提出，森林资源价值核算以及基于碳汇能力生态服务价值估算将进一步成为关注的重点，我们需加强森林资源的生态服务价值核算与研究，完善森林资源价值认识理论体系、建立统一可对比的价值核算方法及核算体系。北京应抓住建设国际科创中心的契机，发挥人才、科技资源优势，强化在我国生态文明建设中的领先地位，加强森林资源等自然资源价值实现研

① 侯元兆、吴水荣：《森林生态服务价值评价与补偿研究综述》，《世界林业研究》2005 年第 3 期。
② 李忠魁等：《对我国森林资源价值核算的评述与建议》，《林业资源管理》2016 年第 1 期。
③ 张国君、于峰杰：《森林资源资产评估方法的探讨》，《科学技术创新》2018 年第 7 期。
④ 杨景海、王珊：《森林资源资产评估问题及对策研究》，《会计师》2017 年第 15 期。
⑤ 于丽瑶、石田、郭静静：《森林生态产品价值实现机制构建》，《林业资源管理》2019 年第 6 期。
⑥ 李忠魁等：《对我国森林资源价值核算的评述与建议》，《林业资源管理》2016 年第 1 期。
⑦ 杨建州、戴小廷、王湘湘：《森林环境资源及其定价理论探讨》，《林业经济问题》2011 年第 6 期。
⑧ 仇琪等：《森林资源价值评价中重复计算问题的研究》，《林业调查规划》2013 年第 2 期。

究，在新发展格局下，争当碳达峰、碳中和"领头羊"，推进北京高质量发展。

（一）森林资源内涵、价值以及核算方法

森林是由林木、林地、林内动植物和微生物以及森林生态环境共同构成的一个整体，是人类发展不可缺少的重要自然资源。森林不仅能为经济社会发展和人民生活提供木材和非木材产品等物质产品，还具有生态功能及社会服务功能的特征，如减灾、防风固沙、防治沙化及荒漠化、汇碳固碳、蓄水等功能。

森林等自然资源的存在价值曾被否认，其理论依据是自然资源没有劳动属性。随着人类活动不断拓展，森林资源的价值属性不断凸显。森林资源资产在现有认识和管理水平条件下，通过经营利用，能给其产权主体带来一定经济利益，因而具备价值。于是，人们把森林生态系统的服务功能划分为提供产品、调节功能、文化功能和生命支持功能四大类（魏远竹等[1]），建立了林木产品、林副产品、气候调节、光合固碳、涵养水源、土壤保持、净化环境、养分循环、防风固沙、文化多样性、休闲旅游、释放氧气、维持生物多样性等13项功能（赵同谦等[2]）。由于碳排放约束不断收紧，森林的碳汇服务价值在森林资源服务价值核算中的重要性不断提高（徐成立等[3]、简盖元等[4]），在我国双碳目标提出后，森林碳汇服务价值更是成为森林资源生态服务价值核算的重中之重。

---

① 魏远竹、叶莉、谢帮生：《新一轮林改背景下福建林业科技需求分析》，《林业经济》2013年12期。

② 赵同谦等：《中国森林生态系统服务功能及其价值评价》，《自然资源学报》2004年第4期。

③ 徐成立、王雄宾、余新晓、鲁绍伟、樊登星、范敏锐、赵阳：《北京山地森林生态服务功能评估》，《东北林业大学学报》2010年第7期。

④ 简盖元、冯亮明、刘伟平：《森林碳生产的属性分析》，《林业经济问题》2011年第4期。

就森林资源服务价值核算而言，由于森林资源具备广泛的服务功能，以及森林资源系统本身的复杂性，森林资源生态服务价值核算专业要求高。《森林资源资产评估技术规范（试行）》中的第四条将森林资源资产评估的概念定义为：森林资源资产评估是根据特定的目的、遵循社会客观经济规律和公允的原则，按照国家法定的标准和程序，运用科学可行的方法，以统一的货币单位，对具有资产属性的森林资源实体以及预期收益进行的评定估算。

在方法上，资产价值评估的基本方法包括成本法、市价法和收益法三类。成本法是基于资产的一般商品属性，即资产的价值取决于构建时的生产耗费，通过资产的构建成本来对资产进行估价的评估方法。市价法是基于市场的替代原则，以使用价值为基础，通过市场上同类资产或有相同效用的资产价格来对资产进行估价的方法。收益法是基于资产的可获益性特征，即资产的资本属性，通过资产预期收益的折现或资本化对资产进行估价的方法。因此，这些资产价值评估的通用方法也是森林资源价值评估的基础方法，在实际应用时，森林资源服务价值可根据其价值内容而选择相应的估算方法，如森林资源的涵养水源服务价值可采用成本法与市价法，固碳服务价值则选择市价法。

（二）森林资源资产服务价值研究

我国从 20 世纪 80 年代开始森林生态系统服务功能评价工作以来，不同学者在不同时期对我国森林资源生态服务价值进行了不同层面的估算。早期，我国著名植物学家张新时根据 Constanza 等的研究，按照面积比例对我国生态系统的服务功能经济价值进行初步评估。蒋延玲、周广胜[①]根据全国第 3 次森林资源清查资料及 Constanza 等的方法估算了我

---

① 蒋延玲、周广胜：《中国主要森林生态系统公益的评估》，《植物生态学报》1999 年第 5 期。

国 38 种主要森林类型生态系统服务的总价值，结果表明森林生态系统的最大价值反映在生态效益上，其价值是经济价值的 3.92 倍。赵同谦等[1]评价我国森林生态系统的林副产品提供的 10 项服务功能的总价值为 14060 亿元。王兵等[2]基于第 6 次全国森林资源清查数据，采用市场价值法、费用代替法、替代工程等，评估了 2003 年我国经济林生态系统服务价值总量为 1.176×10^9 元，并指出涵养水源＞固碳制氧＞生物多样性＞保育土壤＞净化环境＞营养积累。中国林业科学研究院依据第七次全国森林资源清查和森林生态定位检测结果对森林生态服务功能的评估显示，全国森林生态服务功能年价值量就达到了 10.01 万亿元，这个数值相当于 2008 年国内生产总值（GDP）的 1/3。谢高地等[3]采用单位面积生态系统价值当量因子方法，对中国生态系统提供的 11 种生态服务价值进行核算，中国各种生态系统年提供总服务价值量为 38.10 万亿元，其中，森林提供总服务价值占比为 46%。

在研究体系中，这些成果均将森林资源价值分为实物资源价值、环境资源价值和社会效益价值，对实物资源价值和环境资源价值指标形成了比较一致的观点，前者包括林木、林地、林产品、其他森林动植物的价值，后者包括森林固碳制氧、涵养水源、保护土壤、净化环境、防护农田、维持生物多样性，以及改善生存生活环境等。森林社会效益价值受各地自然状况和社会经济特点的影响，其内涵不尽相同，主要内容包括提供就业、促进当地产业发展（如生态旅游业）、改善生产生活环境、发展生态文化等，可得到森林资源生态服务价值。随着国家"双碳目标"的提出，森林资源的固碳价值的重要作用不断凸显，并且随着"碳排放权"的稀缺性趋紧，森林资源的固碳价值也不断提高，市

① 赵同谦等：《中国森林生态系统服务功能及其价值评价》，《自然资源学报》2004 年第 4 期。
② 王兵、鲁绍伟：《中国经济林生态系统服务价值评估》，《应用生态学报》2009 年第 2 期。
③ 谢高地、张彩霞、张昌顺等：《中国生态系统服务的价值》，《资源科学》2015 年第 9 期。

场交易机制不断成熟，价值发现机制不断完善，"碳排放"约束下的森林资源价值实现路径不断清晰。

（三）北京森林资源生态服务价值核算

张彪等[①]以北京市森林资源第6次二类调查数据为基础，采用区域水量平衡法和土壤蓄水能力评估了森林水源涵养的功能，得到2004年北京市森林生态涵养水源 $1.26 \times 10^9 m^3$ ，且以怀柔、延庆、密云、门头沟和房山等区为主，累积贡献63.3%。余新晓等[②]根据观测和研究资料，采用替代工程、市场价值等方法，从两个方面评价了北京山地森林生态系统服务功能的价值，结果表明，面积为4056.64平方公里的北京山地森林生态系统的生态服务功能价值每年为167.78亿元，其中涵养水源价值为91.67亿元，净化水质价值为15.3亿元，保持土壤价值为2806.92万元，固碳制氧价值为2.24亿元，净化环境价值为48.65亿元，游憩价值为9074.98万元，林果品价值为8.73亿元。徐成立等[③]根据《森林生态系统服务功能评估规范》，采用北京市第六次森林资源清查数据、多年观测数据以及公共数据对北京市山地森林的生态服务功能进行评估，结果表明：北京山地森林生态服务功能价值为329.36亿元，各服务功能价值量依次为：涵养水源＞固碳释氧＞保育生物多样性＞净化大气＞森林游憩＞保育土壤＞营养物质积累。

综述以上研究，我们发现森林生态系统的价值评估与实现存在多方面的深层次问题。首先，价值核算与定价问题，主要体现在核算方法及其合理性方面，从现在的研究成果看，不同研究人员由于采用研

---

① 张彪等：《北京市森林生态系统的水源涵养功能》，《生态学报》2008年第11期。

② 余新晓、秦永胜、陈丽华等：《北京山地森林生态系统服务功能及其价值初步研究》，《生态学报》2002年第5期。

③ 徐成立、王雄宾、余新晓、鲁绍伟、樊登星、范敏锐、赵阳：《北京山地森林生态服务功能评估》，《东北林业大学学报》2010年第7期。

究方法以及数据选择等多方面原因，研究结果差异较大，核算价值难以达成共识，因此，需要成立权威机构，给出统一的核算体系与核框架，使资源资产核算科学性、标准化，为价值市场实现奠定基础。其次，市场交易平台与机制建设困境，产品交易价值市场认可度不高，定价机制不完善，主场主体不完善，购买主体、消费主体单一，难以充分激活市场。

北京实施非常严格的生态保护发展规划，设立生态涵养发展区，为保护区域内的生态环境、保护森林系统及水源系统，对生态涵养发展区实施严格的发展限制。这虽然在一定程度上有效地实现了生态保障的目的，但同时也限制了本地区的经济发展，在经济规模与发展效率等方面，生态涵养发展区与北京各发展新区之间有明显的差距。另外，北京在碳中和目标中将承担更加重要的任务，要率先实现碳中和目标，在路径设计与机制构建方面，要大胆创新，实施政策先行先试，为我国实现碳中和目标树立标榜，而北京山区的森林资源碳汇价值必将得到充分利用与挖掘。因此，系统估算北京森林碳汇的生态服务价值以及森林碳汇所面临的挑战，对于当前北京"十四五"发展规划制定适宜的碳达峰及碳中和发展战略具有十分重要的作用。

二 北京森林资源碳汇价值实现评估

（一）北京森林资源资产现状

北京位于华北平原的西北部，北与内蒙古高原接壤，属于燕山山脉的一部分，西与山西高原毗连，属太行山的余脉。北京市总面积 1.6 平方公里，其中山区占 62%，平原占 38%。北京属暖温带半湿润季风大陆性气候区，多年平均降水 638.8 毫米，降水分布极不均匀，主要集中在夏季且多以暴雨形式出现，年蒸发量达 1800~2000 毫米。根据北京市园林局统计数据，2020 年，北京林地面积为 113 万公倾，森林面积 84.8 万公顷，森林覆盖率 44.4%，活立木蓄积量为 3064.18 万立方米，乔木林蓄积量为 2520.67 万立方米，其他林木蓄积总量为 543.48 万立方米，林木蓄积总量约为 6128.33 万立方米。

从区域层面看，北京森林主要分布于生态涵养发展区及昌平等山区，其面积占北京森林面积的 87.06%，其中怀柔区、密云区、延庆区占比分别高达 19.36%、17.99%、14.88%，是北京森林资源较丰富区域。基于加快生态文明建设、完善生态补偿机制、区域协同发展，重点分析北京生态涵养发展区等山地区域森林资源情况（见表 1）。

表 1　北京森林资源区域分布情况

单位：万公倾,%

地区	森林面积	占比
北京	84.83	—
门头沟	6.97	8.22
房山	7.34	8.66
怀柔	16.42	19.36
平谷	6.39	7.54
密云	15.26	17.99
延庆	12.28	14.48
昌平	9.17	10.81
生态涵养发展区	73.85	87.06

从森林资源分布区域看，北京森林资源主要分布在西部及北部、东北部山地区域。

森林资源价值与林种结构高度相关，不同林种资源的生态服务价值差异较大。按起源不同，森林可分为天然林和人工林种，其中，天然林面积占比为 36.7%，蓄积量占比为 44.88%（见表 2）。

表 2　北京森林资源总量及结构

项目	面积(万公顷)	面积占比(%)	蓄积量(万立方米)	蓄积量占比(%)
森林资源总量	84.83139	—	1425.33	—
#人工林	37.15	63.2	785.65	55.12
#天然林	21.58	36.7	639.68	44.88

（二）评估思路及方法

1. 评估思路

首先，树立阶段性思维，生态系统具备多项功能，为此，价值评估与实现时不可能一蹴而就，应形成系统性阶段性思维，先解决重点的可操作性问题，完善解决机制与方案，待成熟后再推广，从而实现目标。

其次，注重理论的适应性，从结构来看，北京的森林林种结构中，森林资源以防护林为主，约占 64%，经济林约占 24%，特用林约占9%，用材林占比较小，这种林种结构决定我们对于森林资源的经济价值评估应该有所保留，除了经济林外，应该突出北京森林的生态服务价值，生态效益是主要的目标评估。

最后，在评估对象选择上，根据北京各区森林面积统计数据，北京86% 以上的森林资源聚集在生态涵养发展区及山区，城区的森林资源仅占 14%，因此，应重点估算生态涵养发展区的森林资源价值。另外，从区域协同发展来说，北京各区县之间的协同发展具有重要的时代意义，也是我们开展生态价值评估的初衷，通过建立生态服务价值体系，完善生态补偿制度，最终实现区域间的协同发展。

2. 评估方法

森林生态系统的固碳释氧是其最重要的功能之一，随着我国提出碳中和目标，森林生态系统的固碳能力是影响碳中和目标实现的关键变量，森林生态系统的固碳能力也是影响北京碳中和目标实现的关键变量。目前，森林生态系统的固碳能力（也可称为碳汇及林分净生产力）

的测量方法可分为以生物量为基础的生物量法、蓄积量法及生物量清单法和以大气监测为基础的涡旋相关法及涡度协方差法等。孙翀（2013）利用全国森林资源清查资料中的北京市部分，应用生物量转换因子法，通过建立不同的森林类型蓄积量与生物量的回归方程，估算北京市不同时期森林的生物量和碳储量，并对碳储量的变化进行了分析，结果表明，北京市森林碳储量 5 年内由 796 万吨增加到 852 万吨。

对照北京的情况，参考孙翀（2013）的研究成果，此处采用蓄积量法，其中对固碳密度关键因参数进行界定，具体公式为：

$$C_{ij} = \delta \times \rho \times \gamma$$

其中，c_{ij}，第 i 类地区第 j 类森林类型的固碳密度；δ，生物量扩大系数；ρ，容积系数；γ，含碳率。

参数值确定方法：森林资源蓄积扩大系数 δ，IPCC 默认值为 1.9，根据测树学求得，中国阔叶林针叶林的平均生物量占整棵树的 16%，树叶占 7%，树干占 52%，树根占 25%，得到树林生物扩大系数为 1.9。容积系数 ρ，IPCC 默认值为 0.5。含碳率 γ，IPCC 默认值为 0.5，我国平均针叶林大于 0.5，阔叶林小于 0.5。

（三）北京山区森林生态系统碳汇能力估算

1. 山区森林资源碳储量估算

针对北京山区森林资源情况，为估算简化，将森林资源分为林分（乔木林地）、经济林、灌木及其他林地（枯倒木、散生木和四帝树）分别予以估算。参照孙翀（2013）的分析，北京山区森林面积可对应折算成林分为 36.9 万平方米，经济林为 14.8 万平方米，灌木为 13.3 万平方米，其他林木为 8.9 万平方米，根据对应的参数，得到相应碳储量分别为 651.8 万吨、175.0 万吨、87.3 万吨、91.1 万吨，合计为 1005.2 万吨（见表3）。

表3　2020年北京山区森林资源量及碳储量

单位：万公顷，万吨

北京山区森林	面积	碳储量
林分	36.9	651.8
经济林	14.8	175.0
灌木	13.3	87.3
其他林木	8.9	91.1
合计或均值	73.9	1005.2

2.山区森林资源固碳年净增量估算

森林年储碳增量决定森林的生态经济价值量。所谓年储碳增量即每年新增碳汇量，是相对于上一年森林碳汇总量的变化，因此，其估算思路有两种：一种是建立生态净增量参数，利用增量参数来估算森林年碳净增量，具体可以参照我国的《森林生态系统服务功能评估规范》（中华人民共和国林业行业标准 LY/T1721－2008），设定一个林分净生力指标来根据碳汇总量进行折算，如程兆伟等[①]依此计算得出舒兰市森林植被年固碳量为31570吨二氧化碳；另一种是根据森林生物量增量来估算，可以用森林资源的变动来估算。其中，赵海珍等[②]利用蓄积量的年生长率替代各部分的增长率，推导出森林单位面积的年固碳量。

为此，我们选择第二种估算思路，以北京生物量总量增长率为依据，粗略估算年净碳汇量，北京活立木蓄积量由2005年的1521.4万立方米增长到2018年的2246.78万立方米，年均增长量约为3%，因此，以此值为增长率来估算年净碳汇量，大概为85.7万吨碳（仅含森林生

①　程兆伟、岳晓辉、秦增亮等：《舒兰市森林碳汇与其他生态效益分析》，《中国林业经济》2010年第1期。

②　赵海珍、李文华、黄瑞玲等：《拉萨达孜县北京杨人工林生态系统服务功能评价》，《中国人口·资源与环境》2010年第S2期。

态系统），折算成二氧化碳为 322 万吨。

另外，也可以对比 2008 年结果[①]来估算北京森林碳汇增量，对比发现，北京森林的碳储量有明显的增长，增长了近 35%，年均增长量为 25 万吨，如果简要地换算成森林碳汇总量，则其年均碳汇量为 83.3 万吨。该值与由生物量增长率估算的结果近似。

三 新发展格局中北京森林碳中和潜力及挑战

（一）北京碳排放总量的变动特征

目前，北京在节能减排方面处于全国领先水平。根据北京市统计年鉴数据估算得到，2020 年，万元 GDP 能耗和碳排放分别下降至 0.21 吨标准煤和 0.42 吨二氧化碳，为全国最优水平。从人均碳排放量看，北京人均碳排放量较碳排放总量更早达峰。2010 年碳排放量为 7.2 吨二氧化碳每万人，2019 年，已下降到 5.3 吨二氧化碳每万人，下降了 26.4%，远低于发达国家值，达到国际领先水平。

从总量变动看，根据对北京的碳排放总量进行测算，可得到碳排放可以分为三个阶段：第一，平稳增长阶段。1995～1999 年北京市二氧化碳排放增长较为缓慢，从 8054 万吨增长到 8397 万吨，增长 4.26%，这一阶段与全国碳排放的变化趋势较为接近。第二，快速增并达峰阶段。从 2000 年开始，北京市的温室气体排放进入了迅速增长时期，2000～2010 年，北京市碳排放增长 88.78%。2010 年二氧化碳排放 1.42 亿吨，达到历史最高点。第三，不断下降阶段。2010 年之后，北京市碳排放呈现减少趋势，2019 年二氧化碳排放为 1.15 亿吨，较 2010

---

① 孙翊、刘琪璟：《北京主要森林类型碳储量变化分析》，《浙江农林大学学报》2013 年第 1 期。

年减少约 19.01% 。

从行业角度看，不同部门的排放路径：第一，总体特征，自 1995 年以来，北京工业部门的碳排放比重呈持续下降趋势，而建筑和交通部门的碳排放比重呈快速上升趋势。2007 年，建筑部门（含居民建筑能耗）的碳排放超过工业部门，成为北京市碳排放量最大的部门。2014 年，交通部门的碳排放超过工业部门，工业部门碳排放比重降至第三位。从发达国家的经验来看，由工业占主导的碳排放格局转向由建筑、交通等消费部门为主导的碳排放格局，是一个区域实现碳排放峰值的基本标志。部分行业碳排放量占总排放量排序情况如表 4 所示。第二，分部门特征，工业部门的碳排放总量在 2004 年前后达到峰值，之后呈现下降趋势，2019 年碳排放量 1512.7 万吨，仅为峰值水平的 37.11% ，与 2015 年的 2198.24 万吨相比，也下降了 31.2% 。交通部门上升最快，2016 年交通部门二氧化碳排放量为 2081.2 万吨，1995 ~ 2016 年，交通部门的碳排放总量增长 6.29 倍。1995 年交通部门碳排放总量占北京市碳排放总量的比例仅为 6.89% ，2016 年这一比例上升至 25.55% 。2019 年，交通部门的碳排放量仍在上升，高达 2177 万吨，但是增长趋势有所放缓。可见，北京各部门碳排放的规律与发达国家基本一致，北京产业结构的深度调整，加速工业部门率先达峰。不过，从发达国家经验看，建筑部门和交通部门的碳排放均保持长时间的增长，这两个部门要实现峰值将是一个长期挑战。

表4 2020 年北京各行业碳排放量占比排序

部门	排放占比（%）	排序
生活消费	22.98	1
交通运输、仓储和邮政业	20.84	2
制造业	15.80	3
电力、热力、燃气及水生产	7.60	4

从能源来看，煤炭是碳排放中最大的能源品种，1995 年以来，北京不断优化能源结构，降低原煤结构比重，煤炭占比由 2010 年的 29.59% 下降到 2019 年的 1.81%，其中，煤炭占比在 2009 年被外购电力超越，2013 年被石油超越，2015 年被天然气超越。天然气占比由 2010 年的 14.58% 上升到 2019 年的 34.01%。风能、太阳能等新兴能源占比也不断上升，由 2010 年的 0.09% 上升到 2019 年的 3.17%。

（二）北京碳中和潜力及挑战

北京碳中和实现路径中，森林碳汇压力较大。2019 年，北京终端消费二氧化碳排放总量大概是 10517.29 万吨，当年森林生态系统实现新增二氧化碳汇量大概是 322 万吨，仅能实现碳排放总量 3% 左右的碳中和，如果全面核算，考虑到城市公园绿地，可能实现当前碳排放量的 4.6%，两者之间的差距仍很大。

要及时或提前实现 2060 年碳中和目标，北京面临经济持续增长所带来的产业及生活能源消费需求不断增长的压力。做一个简单的情景假设，北京 GDP 增长率在 2020～2030 年按 2010～2020 年的平均增长值增长，2031～2060 年年均增长 6%，与 2020 年相比，2030 年 GDP 将达到 15.3358 万亿元，2060 年 GDP 将达到 88.03 万亿元。如果对照当前的能耗水平，则到 2030 年碳排放总量将高达 3.16 亿吨，2060 年将达 8.8 亿吨，显然这是不可接受的，不过，它直观地反映了在 GDP 持续增长的前提下，北京的减排压力将持续变大。

在减排目标设计方面，未来仍需要较大幅度地提升森林碳汇能力。到 2060 年，如果暂不考虑直接固碳（CCS）能力与成本，假设北京森林系统碳汇能力年均增长 3%，到 2060 年森林系统碳汇能力约为 1000 万吨二氧化碳，而年均增长 5% 时，碳汇能力约为 2266 万吨二氧化碳。

以 2019 年北京碳排放量为基准，北京各部门碳排放量下降率保持在年均 4% 左右，2060 年的碳排放量为 2244 万吨，需要森林系统碳汇能力年均增长 5%，即北京森林碳储量最少以 5% 的增长率增长，才能基本实现以森林系统的碳汇来实现碳中和。

在碳中和约束下，可分解得到各行业的碳排放目标约束，假定 2060 年北京各行业二氧化碳排放总量在 2019 年的基础上以年均增长 4% 的速度减排，到 2060 年，各行业二氧化碳排放总量下降为 2019 年排放量的 19.5%，二氧化碳排放总量为 2244 万吨，具体如表 5 所示。

表 5　2060 年北京碳中和行业减排路径

单位：万吨

项目	二氧化碳排放	2060 年目标
终端消费量	7327.0	1431.4
农、林、牧、渔业	39.8	7.8
工业	1512.7	295.5
建筑业	125.3	24.5
交通运输、仓储和邮政业	2177.9	425.5
批发和零售业	197.9	38.7
住宿和餐饮业	65.0	12.7
其他	386.8	75.6
居民生活	2105.0	411.2
消费量合计	11488.4	2244.4

根据表 5，在碳中和背景下，北京终端能源消费二氧化碳排放总量为 1431.4 万吨，居民生活能源消费二氧化碳排放总量仅为 411.2 万吨。北京各行业二氧化碳排放空间非常有限。

四　北京森林碳中和的路径选择策略及措施

（一）结果分析

自然资源产品生态服务价值核算是加快生态文明建设、完善生态补偿机制、发挥市场机制在生态补偿中的作用等的基本条件。21 世纪以来，随着我国对生态环境保护的重视，一些生态保护主体功能区，比如北京的生态涵养发展新区，为保护生态环境做出了巨大的牺牲，与发展新区相比，在经济发展方面明显落后。党的十九大报告明确提出加快生态补偿机制建设，促进区域协同发展，北京的生态补偿机制完善也迫在眉睫。我国提出双碳目标以后，自然资源特别是森林资源生态服务价值核算与应用研究变得更为紧迫。虽然目前生态补偿工作取得一定进展，但从协同发展的角度看，仍然较为缓慢，缺乏长效机制，特别是生态补偿标准缺乏，补偿标准没有按市场化运作进行科学计算，补偿效果不佳，难以调动生态功能区的内生发展动力。

基于这样的背景，我们从理论到方法对森林资源碳汇进行总结，并系统地对北京山区森林生态系统服务，主要是碳汇服务进行估算，结果表明，2019 年，北京碳汇增量约为 322 万吨二氧化碳。同时，估算 2019 年北京碳排放总体特征与总量，其中，北京终端消费二氧化碳排放总量大概是 10517.29 万吨，仅能实现碳排放总量中 3% 左右的碳中和，两者之间的差距仍很大，碳中和任务非常艰巨。

尽管北京碳中和时间可能提前至 2050 年，为分析简便，我们仍以 2060 年作为碳中和目标年，并以此作碳中和情景分析，结果发现，随着北京经济持续发展，北京能源消费需求以及碳排放减排压力将持续增加，到 2060 年，北京各行业二氧化碳排放量将面临减排 80% 以上的任务，由此倒逼北京在能源利用效率、能源结构以及交通出行方式和居民能源消费方式方面将发生根本的变化，包括能源结构的全面去化石能源化、交通用能全部新能源化等革命性变化。碳中和目标将对北京的经济发展方式、居民生活方式产生深刻的影响。

（二）北京碳中和路径选择及措施

结合前文对森林碳汇能力以及北京碳排放的特征分析，北京实施碳中和路径包括两个方面：一方面是要在工业、建筑业、交通服务业以及居民领域大力实施节能减排，实施革命式的能源结构优化，另一方面，也要不断加强北京植树造林活动，提升森林碳汇能力。

1. 具体路径

（1）大幅提升行业能源利用效率，直接大幅度降低行业能源强度，这是最经济、最直接也是最重要的碳中和条件。

（2）优化能源结构，大力发展低碳和非碳能源，实行清洁电力和天然气替代，实施去化石能源战略，大幅度降低能源碳排放系数。

（3）实施重点行业零排放政策，包括零碳建筑、低碳交通、电动汽车、氢能航空等，加强各行业碳基能源的循环利用，这是北京"碳中和"的必由之路。

（4）将北京森林资源总量提升至当前水平的至少一倍以上，同时，改善林分结构，提升单林碳汇能力。

2. 具体的政策措施

（1）在工业领域，加强能源消费循环利用，在保障能源作为原料投入下，实现工业能源消费零增长。推动行业开展排放总量控制。建立以严控新增碳排放为先导、以管理排放配额为核心的全口径工业行业总量控制体系；构建以强度目标和减排任务量为载体的差异化非工业领域总量控制体系。建立符合 MRV 要求的温室气体和二氧化碳排放监测统计核算体系，开展第三方核定。

（2）全面实施交通用能新能源化，全面禁行化石能源，大力提倡能源绿色出行，完善公共交通体系。

（3）实施居民能源绿色化，全面完成建筑节能改造，完成居民能源消费绿色化升级改造，加快居民能源消费绿色化，并逐步停止使用天然气。

（4）实行能源结构去化石能源战略，加快太阳光伏技术、风力发电技术、生物质能发电等先进储能颠覆性技术的研发与应用。

（5）建立一套权威的自然资源生态服务价值核算体系。建立一套标准生态资源核算框架，探索与国民经济核算体系相结合，实施普查制度，为进一步实现生态价值，建立市场交易机制打下重要的物理基础。优化提升森林资源服务价值核算技术，在森林资源生态服务核算时，为保障核算的科学性，重点加强并完善森林区域边界确定、品种明确和优化生态核算标准和核算基本框架，并探索与国民经济核算体系的有效衔接。

（6）制定森林碳汇产业发展规划，创新森林碳汇项目开发模式。森林碳汇将在碳中和路径中发挥重要作用，尽管目前的作用非常有限，但是与碳捕捉以及碳储蓄相比，森林碳汇是最为经济且安全有效的碳中和方式。北京森林资源仍非常有限，面对碳中和压力，北京应制定森林碳汇发展规划，提前布局碳中和发展规划，加快森林碳汇计量监测体系建设，组建碳资产经营公司。推进林业碳汇发展，增强固碳能力，推进新一轮百万亩造林绿化工程，加强低质低效林改造，推广高碳汇树种，增加森林蓄积量，发挥城市绿地、湿地固碳作用，提升生态系统碳汇增量。

（7）加强碳汇领域专业人才储备，强化森林碳汇产业的科技支撑和人才保证。要发挥首都科技和人才优势，开展低碳前沿技术研究，为国家实现碳中和目标提供技术支持。做好碳汇领域高端领军人才的引进工作，加大本土人才培养开发力度，重点培养碳交易师、碳审计师、碳资产评估师、碳计量监测师等专业技术人才，调动碳汇人才积极性，抓好能力建设和基础研究，积极争取应对气候变化及低碳发展专项资金，加快试点示范基地建设，注重人才实践能力建设，在碳汇项目实践中开发人才、培养人才和储备人才，争得发展优先权。

参考文献

谢高地、张彩霞、张昌顺等：《中国生态系统服务的价值》，《资源科学》2015年第9期。

王兵、鲁绍伟：《中国经济林生态系统服务价值评估》，《应用生态学报》2009 年第 2 期。

徐成立、王雄宾、余新晓、鲁绍伟、樊登星、范敏锐、赵阳：《北京山地森林生态服务功能评估》，《东北林业大学学报》2010 年第 7 期。

余新晓、秦永胜、陈丽华等：《北京山地森林生态系统服务功能及其价值初步研究》，《生态学报》2002 年第 5 期。

简盖元、冯亮明、刘伟平：《基于碳汇价值的森林最优轮伐期分析》，《林业经济问题》2011 年第 1 期。

侯元兆、吴水荣：《森林生态服务价值评价与补偿研究综述》，《世界林业研究》2005 年第 3 期。

后　记

　　本书以习近平新时代中国特色社会主义思想和视察北京重要讲话精神为指引，立足新发展阶段，贯彻新发展理念，深刻把握首都发展要义，落实首都城市战略定位，以北京新版总规为纲，从不同的维度研判2020～2021年北京城市发展的主要工作与成就、主要问题及发展展望，注重学术性与应用对策研究相结合，注重北京城市发展的最新统计数据及其模型分析，提出北京构建新发展格局及推动北京城市高质量发展的路径选择和对策建议。本书是以北京市社会科学院城市问题研究所的全体研究人员为核心团队成员，由科研机构、高等院校等各方专家、学者共同撰写完成。本书由北京市社会科学院皮书论丛资助出版，是《北京城市发展报告》（第五辑）的系列研究成果。

　　本书共分为城市经济篇、城市社会篇、城市文化篇、城市生态篇等四个板块。每个板块按所涉及领域进行专门研究，以北京构建新发展格局为主题深入系统地研究北京城市发展状况和演化特征及其未来趋势，聚焦北京城市发展问题，提出加快北京构建新发展格局的对策建议。

　　本书由北京市社会科学院城市问题研究所所长、研究员陆小成任主编，负责北京城市发展报告的总体设计和结构安排、板块汇总及修改等工作。城市问题研究所副所长、副研究员穆松林任副主编，参与全书稿总研究报告撰写、修改等工作。穆松林负责城市经济篇的组稿及修订工作。陆小成负责城市社会篇、城市文化篇的组稿及修订工作。杨波参与全书稿总研究报告撰写、负责城市生态篇的组稿及修订工作。

感谢北京市社会科学院党组书记唐立军、鲁亚副院长、田淑芳副院长、赵弘副院长、杨奎副院长等院领导对本书的指导和关心。感谢北京市社会科学院各研究所、科研处、智库处及其他职能处室和院外高校科研机构、政府部门等领导专家对本研究论丛的大力支持。

书中引用和参考许多专家学者的观点，一并表示感谢。有的引用或参考没有进行及时的注释，对可能存在的疏忽请专家批评和指正。由于水平和能力有限，不妥之处在所难免，也许还有部分观点值得进一步商榷和论证。敬请城市经济、城市治理、首都发展、京津冀城市群以及社会学、文化学、生态学等领域的领导、专家、学者、读者提出批评意见或建议。

2021 年 6 月 30 日

图书在版编目（CIP）数据

北京城市发展报告. 2020－2021：北京构建新发展格
局研究／陆小成主编. －－ 北京：社会科学文献出版社，
2021.9
　　ISBN 978－7－5201－9167－8

　　Ⅰ.①北…　Ⅱ.①陆…　Ⅲ.①城市建设－研究报告－
北京－2020－2021　Ⅳ.①F299.271

　　中国版本图书馆 CIP 数据核字（2021）第 204558 号

北京城市发展报告（2020~2021）
——北京构建新发展格局研究

主　　　编／陆小成
副 主 编／穆松林

出 版 人／王利民
组稿编辑／邓泳红
责任编辑／吴　敏
责任印制／王京美

出　　　版／社会科学文献出版社（010）59367127
　　　　　　地址：北京市北三环中路甲 29 号院华龙大厦　邮编：100029
　　　　　　网址：www. ssap. com. cn
发　　　行／市场营销中心（010）59367081　59367083
印　　　装／三河市龙林印务有限公司

规　　　格／开本：787mm×1092mm　1/16
　　　　　　印张：21.25　字数：288 千字
版　　　次／2021 年 9 月第 1 版　2021 年 9 月第 1 次印刷
书　　　号／ISBN 978－7－5201－9167－8
定　　　价／79.00 元

本书如有印装质量问题，请与读者服务中心（010－59367028）联系